金陵全書

甲編·方志類·通志

康熙江南通志（四）

（清）于成龍　王新命　等修
（清）張九徵　陳焯　等纂

南京出版社
南京出版傳媒集團

圖書在版編目（CIP）數據

康熙江南通志 /（清）于成龍等修；（清）張九徵等纂. -- 南京：南京出版社，2017.7
（金陵全書）
ISBN 978-7-5533-2005-2

Ⅰ. ①康… Ⅱ. ①于… ②張… Ⅲ. ①江南（歷史地名）-地方志-清代 Ⅳ. ①K928.649

中國版本圖書館CIP數據核字（2017）第272969號

書　　名　【金陵全書】（甲編・方志類・通志）
　　　　　康熙江南通志
編 著 者　（清）于成龍　王新命等　修　（清）張九徵　陳焯等　纂
出版發行　南京出版傳媒集團
　　　　　南 京 出 版 社
　　　　　社址：南京市太平門街53號　　郵編：210016
　　　　　網址：http://www.njcbs.cn　　電子信箱：njcbs1988@163.com
　　　　　天猫1店：https://njcbcmjtts.tmall.com/　　天猫2店：https://nanjingchubanshets.tmall.com/
　　　　　聯系電話：025-83283893、83283864（營銷）　025-83112257（編務）

出 版 人　朱同芳
出 品 人　盧海鳴
責任編輯　崔龍龍　楊傳兵　王松景　凌　霄
裝幀設計　楊曉崗
責任印制　楊福彬

製　　版　南京新華豐製版有限公司
印　　刷　南京凱德印刷有限公司
開　　本　889毫米×1194毫米　1/16
印　　張　407.5
版　　次　2017年7月第1版
印　　次　2017年7月第1次印刷
書　　號　ISBN 978-7-5533-2005-2
定　　價　10400.00元（全八册）

天猫1店　　天猫2店

江南通志卷之第三十一

選舉 進士

明洪武辛亥科吳伯宗榜

趙 權句容人仕知縣　漆居恭武進人

錢 棠無錫人仕至郎中　許 靈無錫人仕至給事中

葛 桓無錫人仕至御史　郭 昌江陰人仕至知府

秦 亨亳州人仕至御史　吳 斌五河人仕至御史

郭 琳盱眙人仕至御史　劉 允當塗人仕至副使

乙丑科丁顯榜

許 晉句容人　凌 輅句容人仕至知府

俞本蕪湖人仕知縣　周原繁昌人仕至同知

馮原智吳縣人仕通判　陸鎰吳縣人仕至主事

王遜崑山人　余文六合人仕至給事中

陳杰高郵人仕推官　鄧祐江都人

高迪興化人仕主簿　栢齡高郵人仕縣丞

顧禔松江人仕至員外郎　張禮松江人仕至御史

唐盛松江人仕至大理卿　王覬華亭人

馬鑲武進人　唐俊民武進人

陳迪宜興人仕至主事　盛思民丹徒人仕至副使

楊靖山陽人仕至尚書　盛安丹徒人仕至國子監學正

鄒英 金壇人仕至僉事
秦逵 宣城人仕至尚書
胡昌齡 歙縣人
程善 婺源人
陳敬宗 貴池人仕至給事中
孫仁 壽州人仕至御史
張敏德 蒙城人仕至御史
李裕 壽州人仕知縣
楊吉 壽州人
張博 泗州人仕知縣
孫盛 泗州人仕至郎中
蕭敏 合肥人仕至御史
武信 滁州人仕至知府

戊辰科任亨泰榜

齊德 溧水人仕至尚書
施顯 常熟人會元
繆煜 江陰人仕至員外郎
任有常 丹徒人仕至副使

陳文銘　臨淮人　　吳　敬　盱眙人仕至御史

祝　淵　舒城人仕至主事　　張　禧　英山人仕至御史

辛未科許觀榜

吳　斌　句容人仕至知府　　許　觀　貴池人仕至侍郎

沈　暹　上海人仕至行人　　于德恭　宿遷人仕至知府

鄭道同　歙縣人

甲戌科張信榜

俞　允　江寧籍松江人仕至主事　　任　勉　松江人仕至叅政

顧　恒　松江人仕知縣　　呂　祥　華亭人仕知縣

陳　獻　鹽城人仕知縣　　郇　旃　沭陽人仕至鴻臚寺少卿

鄧彥質 霍丘人仕至僉事　郎　彧 蒙城人仕知縣

李　彬 蕪湖人仕知縣

丁丑科韓克忠榜

齊　政 山陽人仕至知府　顧　彬 高郵人仕至給事中

惠　忠 合肥人　丁德量 蕭縣人仕至御史

汪　回 休寧人　魏　益 碭山人仕知縣

庚辰科胡靖榜

劉　永 句容人仕至知州　孫　讓 溧水人

胡　濙 武進人仕至尚書　唐　復 武進人仕至知府

陳　善 崑山人仕至行人　黃　鉞 常熟人

蕭　潭　吳江人　　周　銓　懷遠人仕至副都御史

王　郁　靈璧人仕知縣　　王　彝　懷寧人

劉　福　通州人仕至給事中　　顧　祥　通州人仕至主事

顧　謙　儀真人仕至僉事　　尹惟忠　海門人仕至同知

秦　鳳　舒城人仕至郎中　　唐吉祥　歙縣人

朱元貞　婺源人　　張禮聞　廣德人仕至紀善

王　能　鳳陽人　　盧　廣　壽州人仕至御史

盛　敬　當塗人仕至御史　　汪浚民　繁昌人仕至給事中

嚴　升　繁昌人仕至御史

永樂甲申科曾棨榜

王仲壽 江寧人仕至參政　丁瑺 上元人仕至都御史
曹廣 江寧人　史彬 溧陽人仕至知州
范進 句容人仕知縣　李時勉 江寧人仕至祭酒
楊勉 江寧人仕至侍郎　仲昌 沭陽人仕至太僕寺卿
劉瑩 桐城人　聶聰 潛山人仕至御史
殷日旴 吳縣人仕教諭　沈達 吳縣人仕知縣
曹鼎 長洲人　吳文華 長洲人仕至行人
殷贇 常熟人仕至知府　鄧翼 嘉定人仕知縣
徐迪 嘉定人仕知縣　范彬 吳縣人仕至員外郎
張庸 吳縣人仕知縣　沈忠 吳縣人

楊旻 長洲人仕知縣　周文郁 長洲人仕知縣

王玭 嘉定人仕至僉事　劉庸 上海人仕至御史

馮吉 上海人仕知縣　周霖 上海人仕至知州

張循理 松江人仕至御史　白瑜 武進人仕至給事中

段民 武進人仕至侍郎　殷序 無錫人仕至知府

謝芳 武進人　杜欽 宜興人仕至給事中

韓庸 江陰人仕至給事中　宦績 江陰人仕推官

朱貞 江陰人仕至參議　蔡庸 江陰人仕知縣

杜春 丹徒人仕至僉事　李顯 金壇人仕至通判

張英 江都人仕至知府　林正 江都人仕至給事中

趙　理　江都人仕知縣　　黃惟正　江都人仕至長史

黃　用　如皋人仕知縣　　馬　忠　典化人仕助教

汪景明　黟縣人　　胡文郁　黟縣人

王士貞　婺源人　　金　輝　休寧人

汪彥純　黟縣人　　俞士貞　婺源人

汪　獻　休寧人　　汪良士　婺源人

許　森　宣城人仕至御史　　王　槐　太平人仕至御史

鄭　瀾　涇縣人仕至給事中　　鄭景曜　建德人仕至參政

吳　淵　青陽人仕至僉事　　彭　禮　當塗人仕至郎中

錢　潤　當塗人仕至知府　　曹　福　太平人仕至郎中

張信當塗人仕知縣　吳鐸當塗人仕至員外郎

李衡太平人仕至侍郎　周祐當塗人仕至同知

胡智當塗人仕至員外郎　劉璚太平人仕教授

後敏太平人仕至右叅議　孫昇建平人仕至長史

周晃繁昌人仕教授　邢郁繁昌人仕知縣

湯紀廣德人　李鑑建平人仕知縣

趙琰鳳陽人　洪清太和人仕至提舉

劉志學五河人仕知縣　白貢和州人仕知縣

丙戌科林環榜

趙益江寧人　王琮高淳人

劉紹 吳縣人仕至副使　仇忠 吳縣人仕至御史

呂旦 崑山人　葉承宗 嘉定人仕至僉事

李玉 吳縣人仕至評事　陳達 長洲人仕至紀善

高庸 長洲人仕知縣　徐瑢 金壇人仕至御史

沈驥 上海人仕知縣　劉鑑 高郵人仕知縣

戈斌 通州人仕至御史　汪善 歙縣人

汪澍 黟縣人　濮陽恭 太平人仕至副使

謝孚 太平人仕至副使　王紹 舒城人仕至御史

陳厚 合肥人　張庸 滁州人仕至僉事

白春 六安人仕至御史　曹士正 蕭縣人

己丑科蕭時中榜

盛衍　江寧人　　陳祚　吳縣人

金庠　長洲人仕至侍郎　　朱約　華亭人仕至主事

邵聰　如皋人仕至庶吉士　　苗衷　定縣人榜眼

郭震　臨淮人仕至叅政

壬辰科馬鐸榜

楊清　上元人仕至主事　　劉璿　句容人仕至御史

史循　江寧人　　方復　潛山人仕至庶吉士

陳鎰　吳縣人仕至都御史　　劉璉　崑山人江寧籍仕至侍郎

楊伸　常熟人仕至主事　　彭脊　嘉定人仕至叅政

史詠 溧陽人仕至同知　黃翰 松江人仕至按察使

張思安 無錫人仕至副使　顏澤 江陰人

檀凱 建德人仕至府丞　吳賜 貴池人仕至御史

徐俊 建德人仕至庶吉士　周常 定遠人仕至御史

鞠祥 和州人仕至太常寺丞　蔣禮 和州人仕至編修

乙未科陳循榜

劉麒 江寧人　姚堅 江寧人

張益 江寧人　宋拯 江寧人仕至長史

童文 上元人仕至員外郎　吳璘 江寧人

曹義 句容人仕至吏部尚書　謝璘 句容人仕至郎中

高志　句容人仕至僉事
謝瑶　吳縣人仕至御史
徐方　吳縣人仕至知縣
李義　長洲人仕至郎中
沈暘　吳縣人仕至庶吉士
俞士悅　長洲人仕至太保尚書
李賁　蘇州人仕至侍郎
朱杲　崑山人仕至太常寺卿
曹衡　華亭人仕至知府
吳士彧　華亭人仕至主事
徐景安　華亭人仕至庶吉士
顧珪　松江人仕至主事
陳文璧　松江人仕至員外郎
張衡　松江人仕至御史
沈敬　松江人仕至僉事
李昇　松江人仕至郎中
唐哲　松江人仕至御史
陳善　宜興人仕至員外郎
王諭　山陽人仕至御史
高穀　興化人

陳孚 山陽人仕至員外郎　王珣 高郵人仕至御史
陳敏 通州人仕至僉事　史常 溧陽人仕至知府
方勉 歙縣人　鄭猷 六合人仕至檢討
鄭行簡 歙縣人　張文中 婺源人
王俊得 黟縣人　葛貞 太平人仕至參政
吳進 太平人仕至御史　陳杲 青陽人仕至行人
曾讓 合肥人仕至御史　謝暉 合肥人仕至檢討
丁毅 無爲人仕至庶吉士　陳芳 靈璧人
李芳 穎上人仕至給事中　盛能 穎上人
饒政 望江人　談信 廣德人仕至知府

張堅 蕪湖人仕至庶吉士

戊戌科李麒榜

許英 溧水人仕知縣

劉江 江寧人仕至長史

莊約 上元人仕至郎中

楊瑛 溧陽人仕至教授

徐棨 上元人

張銘 句容人仕至員外郎

周禮 句容人仕至同知

嚴珪 吳縣人仕至郎中

莫珪 吳縣人仕知縣

曹洪 吳縣人

孔友諒 婺源人仕至給事中

周璲 長洲人仕至都事

沈善 長洲人仕至御史

袁方 常熟人仕至主事

姚華 吳江人仕至庶吉士

吳得 吳縣人仕至行人

楊　珙　吳江人仕至庶吉士
陳　詢　松江人仕至祭酒

馮　敬　松江人仕至編修
沈　讓　松江人仕至員外郎

韓　著　松江人仕至教授
盛　祥　丹徒人仕至知州

陸　坦　丹徒人仕至按察使知事
謝志道　休寧人

金　廉　山陽人仕至尚書
王　圭　黟縣人

胡永興　黟縣人
董　璘　高郵人榜眼

撒　祥　高郵人
陳　彝　高郵人

謝　涇　江都人仕至員外郎
許　鵬　如皋人仕至庶吉士

夏大有　寧國人
盧　璟　廬江人仕至御史

徐　智　青陽人
吳　安　青陽人仕知縣

段㭎 懷遠人仕至大理寺正　車義 臨淮人仕至知府

倪鼎 碭山人　張政 廣德人仕至按察使

王憲 含山人

辛丑科曾鶴齡榜

任祖壽 上元人　李輅 江寧人

方義 懷寧人　任倫 望江人仕至御史

范達 長洲人仕至御史　郤明 吳縣人仕知縣

繆讓 長洲人仕至御史　陳融 長洲人仕至判官

嚴士安 松江人仕至御史　朱忠 松江人

高斂 松江人仕至副使　陸徵 松江人仕至知府

陸呂江陰人　陳旋定遠人仕至按察使

王璉丹陽人仕至御史　高昭寶應人仕至御史

陸通宣城人仕至評事　羅銓山陽人仕至按察使

劉伯大涇縣人仕至御史　劉從善東流人

陳穀泗州人仕至參政　王憲合肥人仕至按察使

錢敏舒城人仕至知府　鄭泰舒城人仕至左侍郎

郭智蕪湖人仕至按察使

甲辰科邢寬榜

張祺江寧人仕至御史　尹豳上元人仕至布政使

吳名江寧人　達旺江寧人

徐縉　江寧人仕知縣　　胡玉　上元人

邢寬　無為人狀元仕至學士　　王琳　溧陽人仕至叅政

夏瑜　吳縣人仕至郎中　　許震　吳縣人仕至給事中

顧巽　長洲人　　張經　崑山人

顧讓　崑山人仕至主事　　魚侃　常熟人仕至知府

俞本　華亭人仕至按察使　　李源　華亭人仕至叅政

陳質　上海人仕至叅政　　董敬　武進人仕至僉事

殷時　丹陽人仕至郎中　　邵旻　通州人仕至太理寺評事

丁亨　宣城人　　黃壽　五河人

丁寧　五河人仕至知府　　金皓　盧江人仕知縣

葛　陵　廬江人仕至郎中　張　祐　含山人

李　茂　蕪湖人仕縣丞

宣德丁未科馬愉榜

周益友　望江人　吳　惠　吳縣人仕知縣

虞　禎　吳縣人仕至御史　蔣性中　松江人仕至叅議

葉　蓁　歙縣人　李　貴　定遠人仕至主事

劉　遜　盱眙人仕至員外郎　吳　鑑　合肥人仕至御史

桑　宏　舒城人仕至大理寺評事　葉　清　巢縣人仕至御史

庚戌科林震榜

柳　華　吳縣人仕至副使　趙　忠　長洲人仕至叅議

虞瑛　崑山人仕至主事　王復　崑山人仕至御史

張棡　長洲人仕至知府　逯端　武進人

王通　山陽人仕至僉事　羅寧　安東人

沈翼　山陽人仕至尚書　楊寧　歙縣人

吳寧　歙縣人　湯鼎　無爲人仕至通政使

程憲　婺源人

癸丑科曹鼐榜

梅森　上元人仕至叅議　徐理　吳縣人仕至尚書

沈譓　常熟人仕至主事　程式　常熟人仕至郎中

范宗　吳縣人仕至叅政　陳璞　嘉定人仕至按察使

唐世良 武進人仕至參議　汪敬 婺源人

羅瑛 貴池人　方果 合肥人

馬諒 和州人仕至戶部侍郎　吳昇 懷寧人

正統丙辰科周旋榜

陶元素 上元人　謝佑 桐城人仕至右布政

伊侃 吳縣人仕至給事中　顧睢 長洲人仕至庶吉士

周觀 長洲人仕至寺副　龔理 崑山人仕至布政使

韋觀 武進人仕知縣　黃輿 武進人

史濬 金壇人仕至運使　方貴文 歙縣人

楊鏞 懷遠人仕至參政　陳翼 虹縣人仕至尚書

程思溫　婺源人
康汝芳　祁門人
李春　無爲人仕至左叅政

己未科施槃榜

倪謙　上元人仕至太子少保
張諫　句容人仕至御史
鄒幹　江寧人仕至禮部尚書
施槃　吳縣人狀元
張獻　吳縣人仕至主事
祝顥　長洲人仕至叅政
周賢　長洲人仕至叅政
張和　崑山人仕至副使
夏遂　崑山人仕至員外郎
張穆　崑山人仕至叅政
呂囦　常熟人仕至布政使
莫震　吳江人仕至同知
錢溥　松江人仕至尚書
楊璿　無錫人仕至都御史

王　訥 無錫人仕至知州　成始終 無錫人仕至僉事

王　璟 海州人　史　敏 山陽人仕至參政

牛　吉 徐州人仕至僉事

壬戌科劉儼榜

芮　釗 溧陽人仕至都御史　鄭　溫 吳縣人

朱　驥 常熟人仕至參議　徐　正 吳江人仕至給事中

韓　雍 長洲人仕至都御史　黃　鑑 蘇州人仕至郎中

沈　訥 崑山人仕至副使　陳　浩 松江人仕至知府

黃　宗 松江人仕至參政　秦　顒 武進人

楊　鏞 武進人仕至參政　吳　瑀 山陽人仕至御史

黃　諫高郵人仕知知府　程　信休寧人

魏　貞懷遠人仕至御史　胡　珉舒城人仕至主事

胡　淵廬江人仕至給事中　薛　遠無爲人仕至尚書

張　瑄江浦人仕至尚書　楊　愈蕪湖人仕至知府

倪　讓全椒人仕至郎中

乙丑科商輅榜

張　紳句容人仕至叅政　章　綸桐城人仕至知府

劉　昌吳縣人仕至叅政　唐　維吳縣人仕至僉事

徐　昌崑山人　項　聰崑山人仕至布政

葉　盛崑山人仕至侍郎　潘　瑄嘉定人仕至郎中

錢昕　常熟人仕至布政使　　徐瑄　嘉定人仕至巡撫

陳璉　崑山人仕至郎中　　錢博　華亭人仕至按察使

全智　上海人仕至參議　　宋璪　松江人仕至御史

盛俊　松江人仕至副使　　浦清　松江人仕至副使

陳璚　華亭人仕至御史　　陸愷　武進人仕至郎中

許篪　無錫人仕至員外郎　　卞榮　江陰人仕至郎中

馬琉　丹陽人仕至僉事　　馬顯　山陽人仕至御史

張讓　太平人仕至給事中　　趙昂　壽州人仕至編修

許仕達　歙縣人　　李友聞　祁門人

胡深　祁門人　　余厰　霍丘人

羅紳 無爲人仕至郎中　劉會 英山人

劉清 滁州人仕至參政　戴瑤 含山人仕至主事

方杲 合肥人

戊辰科彭時榜

沈琮 上元人仕至僉事　蔣敷 江寧人仕至郎中

汪甫 潛山人　陸阜 吳縣人仕至知府

陳鑑 長洲人仕至祭酒　任孜 長洲人仕至知府

瞿泰安 崑山人仕至郎中　沈祥 崑山人仕至參議

陳錡 崑山人仕至郎中　吳淳 常熟人仕至御史

梅倫 吳江人仕至參議　王汝霖 崑山人仕至布政使

鄭文康 崑山人
孫瓊 崑山人仕至郎中
夏寅 松江人仕至布政使
沈獻 華亭人仕至中書
張鎣 華亭人仕至尚書
盛綸 松江人仕至叅政
周駿 松江人仕至光祿卿
朱瑄 松江人仕至副使
楊恕 華亭人仕至主事
毛玉 武進人仕至給事中
王讓 武進人
吳禮 武進人
陳蘭 江陰人仕至僉事
倪敬 無錫人仕至御史
錢澍 金壇人仕至苑馬卿
王豪 金壇人仕至僉事
李瓚 山陽人仕至布政使
謝環 海州人仕至叅政
韓敏 山陽人仕至叅政
楊宜 歙縣人

江　眞　歙縣人　　程　昊　婺源人

朱永寧　歙縣人　　汪回顯　祁門人

李　寬　盱眙人　　謝　騫　太平人仕至叅政

戴　昂　宿州人仕至御史　　王　璽　和州人仕至鹽運使

景泰辛未科柯潛榜

周　欽　江寧人仕至御史　　童　軒　江寧人

吳　璘　上元人仕至僉事　　王惟善　上元人

田　斌　江寧人　　朱　華　上元人仕至僉事

曹　景　句容人仕至副使　　潘　鏞　上元人仕至知府

姚　旭　桐城人仕至布政　　陳　僎　吳縣人仕至僉事

周　澂吳縣人　顧　珣吳縣人

盛　杲吳縣人仕至知府　莫　灝吳江人仕至行人

李秉彛崑山人仕至給事中　章　格常熟人仕至大理卿

陸　杲常熟人仕至參政　程　宗常熟人仕至尚書

李　毓常熟人　繆　樸常熟人仕至郎中

章　表常熟人仕至參議　王　儀常熟人仕至御史

周　興上海人仕至寺副　王　佑華亭人仕至僉事

袁　愷青浦人仕至布政使　唐　瑜上海人仕至御史

王　輿武進人探花　相　傑華亭人仕至主事

高　禋華亭人仕至主事　陳　杰武進人仕至主事

劉　觀武進人仕至布政使　盛　顒無錫人仕至侍郎

周　淸無錫人仕至御史　徐　溥宜興人仕內閣學士至

張述古宜興人仕至僉事　張　海安東人仕至知府

龔　謙高郵人　莊　歙歙縣人

孫　仁貴池人仕至侍郎　靳　敏盱眙人仕至御史

鄭　時舒城人仕至尚書　吳　琛繁昌人仕至御史

葉　鸞舒城人仕至副史　張　𢍰巢縣人仕至知府

甲戌科孫賢榜

浦　鏞上元人仕至知府　龍　晉上元人仕至知府

潘　傑上元人仕至郎中　徐　毅上元人仕至僉事

金紳上元人仕至侍郎　胡寬江寧人仕至御史
羅淮江寧人仕至叅政　王璘江寧人仕至副使
王魯溧水人仕知縣　鄭瑛六合人仕至主事
吴禎潛山人仕至都御史　黄讓蕪湖人仕至御史
馮定吴縣人仕至副使　蔣昂長洲人仕知縣
孔鏞長洲人　杜庠長洲人仕知縣
顧瑾崑山人　趙博崑山人仕至主事
錢俊崑山人仕至副使　夏璣崑山人仕至御史
蔣紱常熟人仕至知縣　陳璧常熟人仕至僉事
楊集常熟人仕至知州　高宗本常熟人仕至副使

章律常熟人仕至都御史　李清松江人仕至布政使
顏正松江人仕至副使　張祚松江人仕至副使
張晼松江人仕至僉事　朱倫松江人仕至御史
高舉松江人仕至僉事　郁文博上海人仕至副使
曹泰松江人　葉萱松江人仕至布政使
鄭珪松江人仕至郎中　王績松江人仕至知府
王珪松江人仕至參政　金純上海人仕至布政使
吳玘松江人仕至府尹　沈瀲松江人仕至知府
徐轄武進人探花　孫璚無錫人仕知縣
楊琛無錫人仕至郎中　杜宥江陰人仕至御史

徐宗 通州人
蔣敵 丹徒人仕至給事中
甯珍 丹徒人仕至叅議
葉淇 山陽人仕至尚書
史灌 山陽人仕至副使
吳節 山陽人仕至御史
劉永通 太平人仕至主事
楊璧 太平人仕至叅議
趙昌 涇縣人仕至布政使
陳孟晟 銅陵人仕至僉事
鍾珹 太平人仕至副使
張僖 靈璧人仕至叅政
朱紳 合肥人仕至布政使
沈譓 合肥人
汪霦 六安人仕至都御史
方暕 歙縣人
程景雲 休寧人
程永 婺源人
程泰 祁門人

天順丁丑科黎淳榜

李慶 江寧人　朱貞 江寧人仕至參政

葉華 懷寧人仕至知州　鄒和 上元人仕至知州

莊澈 江寧人仕至知州　黃金 桐城人仕至郎中

黃憲 桐城人仕至知府　洪清 懷寧人仕至主事

汪洋 潛山人仕至郎中　方佑 桐城人仕至知府

顧以山 吳江人仕至僉事　范純 嘉定人仕至副使

劉瀚 長洲人仕至副使　張翥 長洲人仕至按察使

陸鏞 崑山人仕至知州　錢源 崑山人仕至參議

湯琛 常熟人仕至僉事　宋瑛 松江人仕至主事

宋訥　上海人仕至叅議　唐珣　華亭人仕至御史
談倫　上海人仕至侍郎　鄭鼐　武進人仕至叅議
李澄　上海人仕至叅議　李祥　青浦人仕至叅政
吳忱　華亭人仕至叅政　鍾震　上海人仕至主事
白昻　武進人仕至尚書　孔宗顯　武進人仕至叅議
嚴萱　江陰人仕至僉事　胡信　丹徒人仕至知府
吉惠　丹徒人仕至知府　吳淵　武進人仕至知府
沈珏　淮安人仕至少卿　李安　丹陽人
袁絜　丹徒人仕至知府　畢玉　山陽人仕知縣
尹進　江都人仕至僉事　吳眞　歙縣人

程廣婺源人　朱穩婺源人

端宏當塗人仕至布政使　夏志明當塗人仕至知州

章顯廣德人仕至御史　楊完定遠人

柳瑛臨淮人　秦民悅舒城人仕至尚書

淩文上元人仕至參議　盧雍江寧人仕至布政使

石澄滁州人仕至少卿　劉必賢滁州人仕至知州

庚辰科王一夔榜

沈鐘上元人仕至副使　王嶶江寧人仕至參議

徐傅長洲人仕至主事　郭經崑山人仕至僉事

盛侅吳江人　張悅華亭人仕至尚書

王倫華亭人仕至僉事　王霽上海人仕至大理寺卿
李宗羨武進人　陸愉武進人仕至主事
談經無錫人仕至主事　秦夔無錫人仕至布政使
沈暉宜興人仕至侍郎　張盛宜興人仕至參政
王誼江陰人仕至僉事　葉贊山陽人仕至郎中
陳讓山陽人仕至知府　吳宣丹徒人仕至御史
陳峻丹徒人仕至僉事　張溥江都人仕至大理評事
張鼒江都人仕至參政　曹英高郵人
周銓興化人仕至知府　王震高郵人仕至知府
謝潤祁門人　饒欽祁門人

陳　奎　海門人仕至員外郎　　劉　釗　當塗人仕至參政

江　豫　太平人仕至知府　　郭　昇　潁州人仕至參議

陸　輝　靈璧人　　方　全　廬江人仕至參政

潘　禎　六安人仕至布政使　　朱　賢　六安人仕至御史

黃　璵　全椒人

甲申科彭教榜

周　源　上元人仕至員外郎　　倪　岳　上元人仕至尚書

夏　時　太倉人仕至郎中　　張　泰　太倉人仕至修撰

吳　鉞　崑山人會元　　孫　義　上元人仕至鹽運使

翟　瑄　上元人　　趙　應　嘉定人仕至通政使

張玘上元人仕至按察使　何愉桐城人仕至員外郎

周瑄吳縣人仕至參政　曹宏句容人仕至副使

周觀長洲人仕至主事　朱萱崑山人仕至評事

沈瑄常熟人仕至評事　馬愈嘉定人仕至主事

戴春華亭人仕至知府　董綸青浦人仕至御史

姜浩上海人仕至行人　陳賓無錫人仕至布政使

汪進婺源人　汪杲休寧人

孫蕃江都人仕至知府　左暉涇縣人仕至知府

陳輕青陽人仕至僉事　黃澄鳳陽人仕至參政

葉琦祁門人　張謹定遠人

陳道　泗州人仕至尚書

成化丙戌科羅倫榜

翟瑛　江寧人

徐完　江寧人仕至僉事

唐寬　上元人仕至知州

王浩　上元人仕至御史

金澤　江寧人仕至御史

蔣誼　江寧人仕至御史

强珍　溧陽人仕至都御史

戴仁　句容人仕至御史

石淮　江浦人仕至僉事

莊杲　江浦人仕至郎中

江弘濟　桐城人仕至御史

呂讚　太湖人仕至主事

陳琦　吳縣人仕至副使

陳策　蘇州人仕至主事

林符　蘇州人仕至副使

顧福　吳縣人仕至參政

胡琮 長洲人仕至參議　　趙禎 長洲人仕至知府

徐容 崑山人仕至參政　　管昌 崑山人仕至寺丞

李傑 常熟人仕至尚書　　徐恪 常熟人仕至侍郎

陸潤 常熟人仕至知府　　沈海 常熟人仕至知府

金奭 吳江人仕至主事　　徐傅 嘉定人仕至御史

吳黼 松江人仕至同知　　陶永淳 松江人仕至同知

張弼 華亭人仕至知府　　張誥 華亭人仕至副都御史

柳淳 松江人仕至布政使　　曹鼐 松江人仕至僉事

莫譓 松江人仕至僉事　　陸簡 武進人仕至詹事

畢宗賢 武進人仕州同　　華秉彝 江陰人仕至郎中

薛爲學武進人仕至御史　胡熙武進人仕知縣

芮畿宜興人仕至給事中　顔瑄江陰人仕至主事

陳蕙江陰人仕至郎中　楊理山陽人仕至侍郎

羅鵾宿遷人仕至僉事　乙瑄海州人仕至叅議

石渠清河人仕至按察使　馬岱江都人

柳琰儀真人仕至主事　丘俊江都人仕至僉事

俞俊揚州人仕至副使　張文泰州人

胡徹歙縣人　張瓛婺源人

程敏政休寧人　汪奎婺源人

張巘泰州人　王達涇縣人仕至知府

李紀 江都人仕至副使　程宏 祁門人

汪直 祁門人　李廷璋 石埭人仕至副使

王杲 靈璧人仕至太僕寺卿　孔舉 舒城人仕至叅議

錢山 滁州人仕至副使　吳璋 全椒人

李秉東 豐縣人仕至員外

己丑科張昇榜

吳珵 江寧人仕至郎中　丁鏞 上元人仕至知府

鄧存德 江寧人仕至知府　李昊 上元人仕至叅議

湯鼐 句容人仕至御史　俞祿 六合人仕至給事中

李秉東 江寧人仕至郎中　許暠 句容人仕知縣

李　璡　懷寧人仕至知府
王　瑞　望江人

張　習　吳縣人仕至僉事
葉　祚　蘇州人仕至參議

奚　昌　吳縣人
顧　竑　吳縣人

朱　紳　崑山人仕至知府
王　鼎　常熟人仕至參政

瞿　俊　常熟人仕至副使
黃　著　吳江人仕至御史

徐日旴　嘉定人仕至參議
陸　奎　嘉定人仕至尚書

李　良　嘉定人仕至知府
丁　溥　松江人仕至編修

喬維翰　上海人仕至編修
侯　方　松江人仕至僉事

沈　璐　上海人仕至僉事
金　爵　松江人仕至副使

曹時中　松江人仕至副使
奚　昊　松江人仕至郎中

張衎松江人仕至推官　白玢武進人仕至尚寶卿
姚倫武進人　李睿武進人仕至布政使
談綱無錫人仕至知府　邵珪宜興人仕至知府
王纓宜興人仕至主事　邵暉宜興人仕至郎中
費誾丹徒人仕至侍讀學士　趙祥丹徒人仕至郎中
沈純山陽人仕至布政使　張和山陽人仕至御史
張鋭江都人仕至副使　吳傑江都人仕至叅政
高銓江都人　冀綺寶應人仕至府尹
謝恭休寧人　汪正歙縣人
黃文琰祁門人　宋驥舒城人仕知縣

楊　惇　六安人仕至光祿少卿　　顧　佐　吳縣人仕至戶部尚書

李　蕙　太平人仕至都御史　　張貞觀　沛縣人

張　佶　徐州人仕至僉事　　張　斗　沛縣人

壬辰科吳寬榜

黃　謙　江寧人仕至太醫院使　　俞　璣　貴州前衛籍教諭中式

金　源　上元人仕至知州　　沈　鎧　上元人仕至主事

吳文度　江寧人仕至尚書　　任彥常　江寧人仕至僉事

陳　理　溧水人仕知縣　　吳　泰　江浦人仕至布政使

茆　欽　溧水人仕至大理卿　　彭　恭　潛山人仕至郎中

賀元忠　吳縣人仕至副使　　張　瑾　吳縣人仕至行人

朱福 吳縣人仕至僉事
吳寬 長洲人狀元太子太保
顧餘慶 長洲人仕至叅議
文林 長洲人仕至知府
王經 長洲人仕至僉事
吳琳 長洲人仕至叅議
高敞 崑山人仕至府尹
姜昂 崑山人仕至叅議
蕭奎 常熟人仕至僉事
褚祚 常熟人仕至御史
董彝 常熟人仕至長史
瞿明 常熟人仕至郎中
沈鎣 嘉定人仕至僉事
湯全 松江人仕至御史
顧純 松江人仕至員外郎
濮晉 武進人
蔣容 武進人仕至知州
卞謜 武進人仕至主事
白坦 武進人仕至員外郎
邵賢 宜興人仕至僉事

李震宜典人仕至主事　張昞江陰人仕知縣

楊一清丹徒人仕至太子太保　陳以忠丹陽人仕至叅政

達毅丹徒人仕至郎中　金廸安東人

沈環宿松人仕至運使　毛鉉典化人仕至郎中

陳璧高郵人仕至太僕卿　張稷寶應人仕至御史

吳郁休寧人　吳憲歙縣人

汪山歙縣人　董綱涇縣人

江漢旌德人　吳凱合肥人

謝理太平人

乙未科謝遷榜

俞經 江寧人仕至知府
姚昺 江寧人仕至知府

陳鉞 溧陽人仕知縣
繆樗 溧陽人仕至御史

曹灟 句容人仕至知州
余順 懷寧人

袁宏 桐城人仕至太僕卿
柯忠 懷寧人仕至副使

徐源 長洲人仕至御史
王鏊 吳縣人會元仕至大學士

唐韶 常熟人仕至御史
顏經 吳縣人任至郎中

吳瑞 崑山人仕至郎中
劉杲 長洲人仕至按察使

秦瓛 崑山人仕至副使
劉傳 嘉定人仕至知府

周木 常熟人仕至參政
吳洪 吳江人仕至侍郎

金楷 嘉定人仕至知州
金章 崑山人仕至僉事

吳愈 崑山人仕至叅政　周儀 嘉定人仕知縣

孫裕 崑山人仕至知府　王僑 崑山人仕至郎中

錢承德 常熟人仕至運同　秦蕃 常熟人仕知縣

王臯 華亭人仕至員外郎　張轂 上海人仕至叅議

陸怡 武進人仕至主事　王沂 武進人

趙溥 武進人仕知縣　華山 無錫人仕至叅議

吳淑 宜興人仕至僉事　卜同 宜興人仕至僉事

李雲 宜興人仕至布政使　許芳 江陰人

李參 江陰人仕知縣　李琨 江陰人仕至御史

冒政 泰州人仕至巡撫　張璲 寶應人仕至同知

陳相　泰州人仕至參政　佟珍　淮安人仕至參政

尹珍　山陽人仕至知府　吳珍　沭陽人仕至御史

唐相　歙縣人　潘洪　宿遷人仕至知府

陳謨　建德人仕至僉事　方陟　合肥人仕至參議

仰昇　無爲人仕至布政使　張超　臨淮人仕至郎中

湯鼒　壽州人仕至御史　劉愷　滁州人仕至僉事

鄒魯　太平人仕至僉事　施裕　金山衛人仕至太僕寺丞

戊戌科曾彥榜

伊乘　上元人仕至僉事　王欽　上元人仕至知府

陳紋　上元人仕至推官　王進　上元人仕知縣

曹玉　江寧人仕至副使

張鑑　江寧人仕至郎中

黃肅　六合人仕至副使

陳璚　長洲人仕至御史

沈元　長洲人仕至知州

虞臣　崑山人仕至叅議

王倬　崑山人仕至副使

蔣廷貴　長洲人仕知縣

管琪　崑山人仕至叅政

張翬　崑山人仕知縣

龔弘　蘇州人仕至叅政

劉纓　蘇州人仕至尚書

孫衍　華亭人仕至尚書

陳栗　松江人仕至主事

陳章　華亭人仕至知府

許璘　華亭人仕至僉事

王屏　華亭人仕知縣

周洪　上海人仕至御史

周麐　武進人仕至太僕丞

過鶴　無錫人仕至太僕丞

繆昌　無錫人仕至布政使　　宗鉞　宜興人仕至副使

丁璣　丹徒人仕至僉事　　魏璽　山陽人仕至郎中

顧達　淮安人仕至太僕寺少卿　　韋斌　山陽人仕至副使

史放　山陽人仕至太僕寺丞　　葛萱　高郵人仕至僉事

吳湜　歙縣人　　鄭逵　歙縣人

汪貴　歙縣人　　方進　歙縣人

洪遠　歙縣人　　吳裕　休寧人

汪舜民　婺源人　　倪進賢　婺源人

馮璐　績溪人　　汪瀅　績溪人

胡富　績溪人　　王珣　祁門人

徐說　宣城人仕至通政使
許濟　貴池人仕至御史
夏祚　太平人仕至布政使
汪宗禮　繁昌人仕至御史
姜洪　廣德人仕至巡撫
陳亮　廣德人仕至知府
王楫　虹縣人仕至參政
李經　臨淮人
程泰　太和人
張綱　來安人
陳秉彝　沭陽人仕至知州
袁清　邳州人仕至知府
孫珩　徐州人仕至參議

辛丑科王華榜

胡璟　江寧人仕至知府
吳彥華　江寧人仕至布政
梅純　江寧人
沈庠　上元人仕至副使

王敞 江寧人仕至太子少保　徐欽 江寧人

熊宗德 江寧人仕至知府　方向 桐城人仕至知府

薛英 長洲人仕至僉事　沈林 長洲人仕至御史

顧源 長洲人仕至御史　顧景祥 長洲人仕至同知

孫霖 長洲人仕至副使　朱栻 崑山人仕至御史

賈宗錫 常熟籍鳳陽人仕至副使　聞釗 常熟人仕知縣

馮玘 常熟人仕至副使　葉巒 常熟人仕知縣

葉預 常熟人仕至知州　趙寬 吳江人仕至按察使

譚詔 松江人仕至副使　湯冕 華亭人仕至郎中

侯直 松江人仕至叅政　倪黻 松江人仕至尚寶丞

王　恩華亭人仕至主事　張弘宜松江人仕至副使

吳鳳鳴松江人仕知縣　張　縉華亭人仕至副使

薛承學武進人仕知縣　陳　周無錫人仕至叅政

呂　卣無錫人仕至御史　芮　稷宜興人仕至給事中

劉維武江陰人　儲　材宜興人仕至員外郎

楊　綸丹陽人　孫　昷金壇人

章　啓丹徒人　高　雲山陽人仕至郎中

孫　榮山陽人仕知縣　胡　玉泰州人仕至叅政

顧　雄通州人　黄　華歙縣人

謝　瑩祁門人　張　寧無爲人仕知縣

汪堅 婺源人　陳效 南陵人

張敏 祁門人　陳延 定遠人仕知縣

韓福 天長人仕至御史　王嶽 靈璧人仕至長史

張佐 廣德人仕至僉事　余璘 廣德人仕至員外郎

葛鏞 嘉定人仕至大理寺正

甲辰科李旻榜

張志淳 江寧人仕至左侍郎　馬巘 江寧人仕至員外郎

俞雄 江寧人仕至太常寺丞　莊溥 江寧人仕至宗人府經歷

潘絡 上元人仕至主事　陳言 上元人

倪綱 句容人仕至行人　高平 句容人仕知縣

楊循吉　吳縣人仕至主事　　曹暠　吳縣人仕至知州

沈杰　長洲人仕至布政使　　陸巘　吳縣人仕至知府

丘鎬　吳縣人仕至同知　　朱文　崑山人仕至副使

林鳳　吳縣人　　夏昂　吳縣人仕至郎中

沈瀚　崑山人仕至同知　　盛洪　崑山人仕至副使

陳愷　崑山人仕至郎中　　郁容　常熟人仕至僉事

范輪　常熟人仕至郎中　　蔡坤　常熟人仕至僉事

朱希吉　常熟人仕知縣　　李宗祐　嘉定人仕至郎中

傅謐　崇明人仕至郎中　　朱恩　崑山人仕至尚書

姜清　松江人仕至通政　　黃金　松江人仕至參議

金獻民 上海人仕至尚書
白圻 武進人仕至都御史
邵寶 無錫人仕至尚書
陳昌 無錫人仕至郎中
莫聰 無錫人仕至員外郎
吳學 無錫人仕至按察使
胡孝 宜興人仕至知府
華烈 無錫人仕推官
張愷 無錫人仕至運使
華珏 無錫人仕至郎中
陸里 宜興人仕知縣
何義 江陰人仕至郎中
孫冕 金壇人仕知縣
匡翼之 贛榆人仕至苑馬卿
陳琳 睢寧人仕知縣
王益謙 安東人仕至郎中
褚瓘 泰州人會元
黃瓚 儀真人
吳山 高郵人仕至郎中
方榮 歙縣人

鮑楠歙縣人　吳瀚歙縣人

曹祥歙縣人　程玠歙縣人

潘珏婺源人　胡光績溪人

孫怡祁門人　張綸宣城人仕至都御史

貢欽宣城人仕至郎中　郭鏞鳳陽人

趙竑壽州人仕至給事中　黃金定遠人仕至主事

黃廣潁上人　姚壽舒城人仕至御史

陳大章泗州人仕至太僕卿　李贇蕪湖人仕至布政使

李貢蕪湖人仕至侍郎　汪宗器繁昌人仕至少卿

徐傑繁昌人仕知縣　危容懷寧人

丁未科費宏榜

陳欽 江寧人　陳鎬 江寧人

張贊 上元人仕至僉事中　倪阜 上元人仕至布政使

曾昂 江寧人仕至給事中　蔣浤 上元人仕至參議

錢灝 江寧人仕至參議　胡汝礪 溧陽人仕至尚書

史學 溧陽人仕至參政　潘楷 江寧人仕至布政使

馮浩 江浦人仕至知州　戴恩 潛山人仕至知府

毛理 吳縣人仕至參政　張贊 吳縣人仕至僉事

倪天民 吳縣人仕至參議　周亮采 吳縣人仕至行人

陸完 長洲人仕至副使　文森 長洲人仕至御史

陶纘　崑山人仕至通判
徐璘　崑山人仕至御史

陸昆　崑山人
沈時　崑山人仕知縣

蘇奎　常熟人仕知縣
葉紳　吳江人仕至少卿

吳鎣　吳江人仕至郎中
楊瑛　嘉定人仕至知府

張瑋　蘇州人仕至郎中
胡承　蘇州人仕至長史

杜啓　吳縣人
王秩　崑山人仕至僉事

唐禎　松江人仕至員外郎
韓鼐　松江人仕至僉事

袁翶　松江人仕至同知
彭敷　華亭人仕至大理寺卿

張黼　松江人仕至府丞
吳華　武進人仕至布政使

王珣　武進人仕至知府
吳儼　宜興人仕至禮部尚書

俞世德 無錫人仕至御史　朱珏 無錫人仕知縣

華津 無錫人仕至叅政　屈霖 江陰人仕至員外郎

方天然 江都人仕知縣　曹忠 江陰人仕至郎中

仲棐 寶應人仕至主事　郘棠 通州人仕至叅政

唐弼 歙縣人　汪侃 歙縣人

汪瘠 黟縣人　沈淮 涇縣人

童寛 涇縣人　程昊 祁門人

董傑 涇縣人　吳必顯 石埭人仕至知府

胡昂 貴池人仕知縣　張充 鳳陽人

孫孺 鳳陽人仕至叅議　胡顯宗 臨淮人

張守亨　潁州人
李葵　潁州人仕至僉事
紀鏞　太和人
張淳　合肥人仕至都御史
丁榮　懷寧人
王琚　望江人
戴初　建平人仕知縣
姜溥　廣德人仕至御史
王珍　和州人仕知縣
趙容　和州人仕至知府
楊錦　嘉定人仕至副使
李性明　蕭縣人仕至主事

弘治庚戌科錢福榜

胡拱　江寧人仕至參政
張琮　江寧人仕至御史
徐琟　江寧人仕至參議
陸徵　溧陽人仕至御史
楊鉞　句容人仕知縣
趙欽　句容人仕至給事中

劉溥懷寧人仕至檢討　雷宗桐城人

吳玉榮潛山人仕至給事中　陸坦吳縣人仕至郎中

王倖吳縣人仕至郎中　鍾永吳縣人

張約長洲人仕至郎中　張安甫崑山人仕至知州

金冕崑山人仕至僉事　周烱常熟人仕至主事

時中常熟人仕至僉事　朱稷常熟人至主事

盧翊常熟人仕至御史　王哲吳江人仕至副使

黃暐金山衛人仕至郎中　張鋼金山衛人仕至參政

錢福華亭人仕至修撰　張天爵上海人仕至郎中

周佩青浦人仕至郎中　唐貴武進人仕至給事中

許慶 武進人
徐紘 武進人仕至副使
馮夔 無錫人仕至僉事
羅柔 無錫人仕至知府
楊文 無錫人仕至監丞
茹鑾 無錫人仕至叅議
陸廣 無錫人
靳貴 丹徒人仕至大學士
段敏 金壇人
田祐 贛榆人仕至副使
王瑩 山陽人仕至知府
仲本 寶應人仕至按察使
馬繼祖 如皋人
沙立 徐州人
汪淵 歙縣人
何勝 歙縣人
左然 涇縣人
趙履祥 涇縣人仕至僉事
周冕 貴池人仕至員外
張輝 石埭人仕至僉事

張　金　廣德人仕至知府　石　祿　滁州人仕至知州

孫　鄘　定遠人　軒　廣　太和人

丁　佩　六安人仕至郎中

癸丑科毛澄榜

鄭允宣　上元人仕至參議　李　儀　上元人

范　琪　溧水人仕至僉事　王　弘　六合人仕至副使

楊　升　吳縣人仕至給事中　王獻臣　吳縣人仕知縣

沈　燾　長洲人仕至編修　徐　翊　長洲人仕至員外

毛　澄　崑山人仕至庶子　馬　慶　崑山人仕至御史

黃　清　崑山人仕至主事　褚　圻　常熟人仕至知府

鄒韶 常熟人仕至知府　吳一鵬 常熟人仕至知府

顧守元 常熟人仕至舍人　曹鏷 吳江人仕至同知

盛應期 吳江人仕至同知　顧清 華亭人仕至尚書

宋愷 華亭人仕至參政　趙松 上海人仕至少卿

錢啓宏 青浦人仕至主事　王大用 上海人仕至主事

黃明 華亭人仕至副使　周杲 華亭人仕知縣

范鏞 華亭人仕至都御史　李希顏 華亭人仕至按察使

白金 武進人仕至參政　錢榮 無錫人仕至郎中

秦金 無錫人仕至尚書　陳策 無錫人仕至布政使

王恂 無錫人　杭濟 宜興人仕至布政使

王　德　無錫人仕知縣	陶廷威　江陰人仕至主事
夏從壽　江陰人仕至都御史	薛　格　江陰人仕至檢討
馮　經　金壇人仕知縣	居　達　丹徒人仕至參議
夏　易　江都人仕至僉事	鄭　瑞　鹽城人仕至按察使
吳　煥　山陽人仕至主事	高　濟　江都人仕至員外
盧　瀚　江都人仕至知府	徐　蕃　泰州人
陳　玉　高郵人仕至侍郎	夏　璲　高郵人仕至僉事
陳　澍　高郵人仕至知府	冒　鸞　如皋人
程　杲　祁門人	程忠顯　歙縣人
李　濬　鳳陽人仕至給事中	謝朝宣　臨淮人仕至按察使

李嶽　五河人仕至僉事　　蔚春　合肥人仕至參政

胡爟　蕪湖人仕至主事　　邢珣　當塗人仕至布政使

丙辰科朱希周榜

高節　上元人仕至參政　　楊溥　江寧人仕知縣

龍霓　江寧人仕至僉事　　吳大有　上元人仕至參政

劉麟　江寧人仕至尚書　　李熙　上元人仕至副使

金達　江寧人仕至僉事　　史後　溧陽人仕至少卿

金麒壽　上元人　　羅鳳　江寧人仕至知府

余洙　溧陽人仕至主事　　弓元　江浦人仕至御史

黃宏　六合人仕至少卿　　周璽　太湖人仕至府丞

嚴經 吳縣人仕至知府　陳霽 吳縣人仕至編修

陸昌 吳縣人仕至主事　顧璘 吳縣人仕至尚書

皇甫錄 長洲人仕至員外　顧言 長洲人仕至主事

朱希周 崑山人仕至侍讀　顧潛 崑山人仕至御史

李熙 崑山人仕至御史　沈信 崑山人

蔣欽 常熟人仕至御史　陳言 常熟人仕至知府

郁勳 常熟人仕知縣　汝泰 吳江人仕至郎中

陳天祥 吳江人仕至御史　徐忱 吳江人仕至給事中

董忱 松江人仕至知府　戴晃 吳江人

董恬 松江人仕至少卿　張鳴鳳 松江人仕至副使

張弘至　松江人仕至給事中
趙經　松江人仕至少卿
沈恩　松江人仕至布政使
楊偉　松江人仕至副使
曹閔　松江人仕至僉事
唐錦　上海人仕至副使
莊襗　武進人仕至叅政
楊溢　武進人
唐欽　武進人
王禾　武進人
張邦瑞　宜興人仕至主事
儲秀　宜興人仕至主事
華昶　無錫人仕至布政使
呂元大　無錫人仕至通政使
鄧洹　無錫人
黄昭　江陰人仕至副使
高賓　江陰人仕至僉事
袁陽　丹徒人仕知縣
湯禮敬　丹陽人仕至給事中
貢安甫　江陰人仕至僉事

湯沭　江陰人仕至侍郎　孫烱　金壇人仕至副使

李春　高郵人仕至少卿　陳瀾　山陽人會元探花

趙鶴　江都人　胡獻　興化人

左唐　江都人　張拱　寶應人仕知縣

張羽　泰興人　周臣　通州人

徐昂　江都人　林正茂　泰州人仕至布政使

程琯　歙縣人　程材　歙縣人

葉天爵　婺源人　吳遠　歙縣人

張芝　歙縣人　戴銑　婺源人

吳宗周　宣城人　王壽　婺源人

汪循 休寧人　戴敏 婺源人

左輔 涇縣人　吳景 南陵人

李嘉祥 貴池人仕至員外　徐聯 鳳陽人仕至僉事

張昊 天長人仕至御史　錢朝鳳 廬江人仕至參議

周璽 合肥人仕至給事中　戴達 靈壁人仕至知府

濮韶 當塗人仕至編修　潘鎧 六安人仕至僉事

己未科倫文叙榜

張宏 江寧人仕至主事　史良佐 江寧籍崑山人仕至副使

梁材 江寧人仕至尚書　鄭瓛 江寧人仕至運使

周鉞 高淳人仕知縣　丁楷 懷寧人仕至御史

李　樨 懷寧人仕至參議
賈　銓 桐城人仕至知府
賀　泰 吳縣人仕推官
都　穆 吳縣人仕至主事
倪　議 吳縣人仕至給事中
許　銘 吳縣人仕至員外
許應龍 長洲人仕至主事
史　鑑 長洲人仕至御史
周道禾 長洲人仕至同知
周　倫 崑山人仕至員外
許　立 崑山人仕至御史
吳　蘭 崑山人仕至御史
杭　東 崑山人仕知縣
錢仁夫 常熟人仕至員外
周　滌 常熟人仕至主事
吳　堂 常熟人仕至御史
丁　仁 常熟人仕至行人
徐　江 吳江人仕至同知
黃　瑄 崇明人仕至主事
陳艮珊 華亭人仕至布政使

王泰 上海人仕至參議　徐南 上海人仕知縣

曹豹 青浦人仕知縣　周塤 武進人

楊塤 武進人　黃俊 武進人仕至運使

吳山 武進人仕至長史　芮思 宜興人仕知縣

葛嵩 無錫人仕至給事中　莫息 無錫人仕至主事

杭淮 宜興人仕至都御史　高貫 江陰人仕至副使

林鶚 江陰人仕至員外　劉乾 靖江人仕至光祿寺卿

楊清 清河人仕至參議　王軏 江都人

朱應登 寶應人　唐澤 歙縣人

汪大章 休寧人　沙鵬 江都人仕至按察使

凌　相　通州人仕至巡撫　　吳　漳　歙縣人

汪　標　祁門人　　方　謙　祁門人

王　藎　宣城人　　於　鄗　太平人仕至御史

呂　盛　建平人仕至副使　　章　瑞　績溪人

周　鉞　宿州人　　儲　珊　潁州人仕至僉事

壬戌科康海榜

凌雲翰　上元人仕至知州　　殷　鏊　江寧人仕至僉事

姚　隆　江寧人仕至知府　　金　賢　江寧人仕至知府

劉　弼　江寧人仕至知府　　曹　崑　句容人仕至太僕卿

曹　岐　句容人仕至太僕卿　　丁　沂　溧水人仕至御史

王材 望江人
錢如京 桐城人仕至尚書
李淳 太湖人仕至按察使
嚴紘 江浦人仕至布政使
姚欽 吳縣人仕至評事
劉布 長洲人仕至主事
盛鐘 長洲人仕至主事
朱袞 長洲人仕至御史
高嶼 崑山人仕知縣
陳察 常熟人仕至御史
陸經 常熟人仕至行人
周用 吳江人仕至給事中
陸鏊 吳江人仕推官
沈炤 嘉定人仕至行人
王彔 華亭人仕至郎中
張龍 上海人仕至參政
張萱 青浦人仕至參議
唐懽 華亭人仕知縣
宋昻 華亭人仕至僉事
郁侃 上海人仕至知府

陸節 武進人　徐問 武進人

王奎 武進人仕至僉事　惲巍 武進人

朱紘 無錫人仕至御史　俞泰 無錫人仕至叅政

儲南 宜興人仕至主事　薛金 江陰人仕至僉事

卞思敏 江陰人仕至郎中　蕭杲 丹徒人仕知縣

虞夔 金壇人仕知縣　藍郁 鹽城人仕知縣

甯溥 山陽人仕至副使　葉相 江都人

吳閲 泰興人仕至行人　楊果 興化人

何棐 泰興人仕至副使　朱嘉會 寶應人仕至副使

胡煜 歙縣人　汪鉉 婺源人

趙永 臨淮人仕至侍郎　梅珂 蕪湖人仕知縣

方進 婺源人　潘珍 婺源人

楊欽 合肥人仕至鴻臚卿　汪彬 祁門人

乙丑科顧鼎臣榜

沈環 上元人仕至郎中　王韋 江寧人仕至少卿

胡汝楫 溧陽人仕知縣　黃琮 上元人仕至長史

潘鵬 懷寧人仕至按察使　蕭世賢 桐城人仕至副使

徐縉 吳縣人仕至庶吉士　周明弼 吳縣人仕知縣

顧棠 吳縣人仕知縣　崔傑 吳縣人仕至主事

陸芸 吳縣人　倪璋 吳縣人仕知縣

顧應祥 長洲人　郁　浩 長洲人

顧鼎臣 崑山人仕至大學士　魏　校 崑山人仕至主事

金　澂 崑山人仕知縣　張文麟 常熟人仕至知府

王艮翰 常熟人仕至主事　顧　達 常熟人仕至郎中

陳九章 吳江人　顧　綸 嘉定人仕知縣

楊　卣 嘉定人　安　磐 嘉定人仕至給事中

周　墨 崇明人　徐禎卿 崇明人

朱　表 崇明人仕知縣　周　廣 崇明人仕知縣

張　寬 崇明人　陸　深 上海人仕至侍郎

張　鷗 上海人仕至主事　陶　驥 上海人仕至員外

吳　哲　華亭人仕至主事
郜天和　宜興人仕至給事中

方　學　無錫人仕至知府
顧可學　無錫人仕至尚書

許　完　丹徒人仕至御史
曹　倣　丹徒人仕至太僕卿

張　簡　江陰人仕至布政使
王　栻　金壇人仕知縣

胡　璉　沭陽人仕至侍郎
楊　輔　邳州人仕至副使

索承學　邳州人仕至郎中
高　滂　江都人

王　儼　江都人
盛　儀　江都人

夏　曆　高郵人仕知縣
張　翀　泰興人仕至知府

安　金　江都人仕至光祿寺卿
張承仁　泰州人仕至御史

姚繼巖　通州人
潘　旦　歙縣人

程文 婺源人　潘選 婺源人

李汎 祁門人　程定 績溪人

章嵩 涇縣人　江文敏 旌德人

陳鉞 鳳陽人　陶金 天長人仕至主事

曹琥 巢縣人仕至知府　常道 來安人

正德戊辰科呂柟榜

景暘 上元人仕至左中允　鄭諫 江寧人仕至運使

周金 江寧人仕至尚書　邵鏞 江寧人仕至副使

羅輅 江寧人仕至少卿　易蓁 江寧人仕至知府

蔣達 江寧人仕至光祿卿　曹鏜 句容人仕至僉事

黃志達　溧水人仕至員外　余珊　桐城人仕至按察使

許路　桐城人仕至郎中　倪璣　長洲人仕至給事中

薛瑞　長洲人仕至少卿　尤樾　長洲人仕至少卿

方鵬　崑山人仕至太常寺卿　蔡芝　崑山人仕至副使

周愚　崑山人仕至僉事　方鳳　崑山人仕至僉事

張申甫　崑山人仕至按察使　丁奉　常熟人仕至郎中

王崧　長洲人仕至知府　吳山　吳江人仕至尚書

吳巖　吳江人仕至參政　申惠　吳江人仕至副使

沈灼　嘉定人仕至御史　周坤　崇明人仕至知府

姜龍　崇明人仕至副使　陸伸　崇明人

張　紘上海人仕至知府　　姜　岐松江人仕至評事

蔣　愷松江人仕至參議　　蘇　恩松江人仕至御史

毛汝乾武進人仕至御史　　丁致詳武進人仕至參政

陸　範武進人仕至御史　　陸巽章武進人

段　金武進人仕至主事　　葛　恒無錫人仕至參政

成　周無錫人仕至僉事　　陸　禮無錫人仕至知府

顧可適無錫人仕至副使　　李　覺無錫人

茹鳴鳳無錫人　　胡　忠宜興人仕至副都御史

徐　度江陰人仕至副使　　唐　鵬丹徒人仕至員外

王　潮丹徒人仕至侍郎　　李　元山陽人仕至參政

潘　塤山陽人仕至副都御史　楊　谷山陽人仕至叅政

高　琩睢寧人　凌　楷通州人

王大用儀真人仕至副都御史　李　穩碭山人

曹　深歙縣人　胡大全歙縣人

王　寵歙縣人　吳　瓚休寧人

胡　德婺源人　潘　鑑婺源人

程　昌祁門人　蕭　瑞涇縣人

汪　瑛旌德人　祝　鑾當塗人仕至叅政

張永泰定遠人　王　芳五河人仕至僉事

魏　境合肥人仕至鴻臚寺卿　彭辦之六安人仕至叅政

于　鏊 滁州人仕至按察使　張　楠 來安人仕至參議

辛未科楊慎榜

李　重 江寧人仕至副使　王　鑾 江寧人仕至郎中

王　介 江寧人仕至僉事　何　鉞 江寧人仕至知府

王以旂 江寧籍吳縣人仕至尚書　馬性魯 溧陽人仕至知府

王　瑋 江浦人仕至御史　齊之鸞 桐城人仕至副使

陸　俸 吳縣人仕至知府　盧　雍 吳縣人仕至副使

朱　寅 長洲人仕至主事　陶　麟 吳縣人仕至僉事

彭　昉 吳縣人仕至通判　歐　洙 吳縣人仕至御史

祝　續 長洲人仕至布政使　徐　明 長洲人仕至郎中

柴奇　崑山人仕至府尹　任忠　崑山人仕至布政使

柴太　崑山人仕至主事　毛震　崑山人仕知縣

周震　崑山人仕至叅議　周懋文　崑山人仕知縣

楊繼文　常熟人仕至副使　陳寰　常熟人仕至祭酒

金符　吳江人仕至御史　何璧　崇明人仕至知州

俞璋　吳縣人仕至評事　金濂　上海人仕至知府

戴恩　華亭人仕至叅議　孫承恩　華亭人仕至尚書

楊璨　青浦人仕至府丞　金臯　上海人仕至庶吉士

沈霽　華亭人仕至叅政　宋臣　華亭人仕至員外

李儒　華亭人　毛憲　武進人仕至給事中

蔣洽　武進人仕至郎中　　鄒輗　武進人仕至副使

吳誾　武進人仕至御史　　蔣亨　武進人仕至僉事

龔大有　武進人仕至御史　　顧天祐　武進人

蔣益　武進人仕至知府　　李杲　宜興人仕至主事

孫方　丹陽人仕至御史　　于湛　金壇人仕至郎中

尹京　山陽人仕至副使　　徐晉　江都人

俞敦　江都人　　何棠　泰興人

陳應武　高郵人　　韓鸞　泰州人仕至副使

王紀　泰州人　　儲洵　泰州人

唐濂　歙縣人　　王錫　婺源人

戴　吉　婺源人　潘　錡　婺源人

戴　祥　績溪人　張仕鎬　歙縣人

王　遵　宣城人仕至布政使　貢　珊　宣城人仕知縣

汪　珊　貴池人仕至侍郎　鄭正義　建德人

余　翱　定遠人　沈　俊　合肥人

李鳳來　桐城人仕至太常寺卿

甲戌科唐皐榜

顧　瑮　上元人仕至副使　雷應龍　江寧人仕至御史

何　遵　江寧人仕至主事　童　楷　上元人仕教授

方　楷　安慶人仕至郎中　黃　訓　吳縣人仕至給事中

韓奕 吳縣人仕至僉事　顧似 吳縣人仕至大理少卿

周鳳鳴 崑山人仕至大理寺丞　蔣儀 崑山人仕至僉事

開東昌 常熟人仕至主事　浦旒 常熟人仕至主事

蔣山卿 常熟人仕至知府　茅貢 常熟人仕至副使

王問 吳縣人仕至行人　唐恩 嘉定人仕知縣

周在 崇明人仕至僉事　唐符 崇明人仕至參政

王經 崇明人仕至御史　吳鸞 崇明人仕至主事

胡岳 華亭人仕至大理寺卿　金皥 上海人仕至主事

楊秉義 華亭人仕至給事中　周鵷 華亭人仕至知府

陸翱 華亭人仕至御史　吳稷 上海人仕至長史

江南通志　卷之第三十一

呂律　武進人仕至知府
蔣同仁　武進人仕至參議
喻義　無錫人仕至知府
陸卿　無錫人仕至主事
張汝欽　無錫人仕至員外
顧可久　無錫人仕至副使
錢憲　無錫人仕知縣
吳仕　宜興人仕至參政
張萊　丹徒人仕至主事
戴仲倫　丹徒人仕至運同
吉棠　丹陽人仕至僉事
孫悅　丹徒人仕至御史
蔡昂　山陽人仕至尚書
萬雲鵬　鹽城人仕至布政使
蔣山卿　儀真人
陳輔　儀真人仕至僉事
蔣承恩　儀真人仕至長史
張翻　泰興人
唐皐　歙縣人狀元
吳繼塋　歙縣人

鄭佐 歙縣人　胡松 績溪人

葉天球 婺源人　李崧祥 貴池人仕至布政使

喻智 當塗人仕至都御史　潘潤 建平人仕至副使

姚鳳 懷遠人仕至郎中　曹驄 霍丘人仕至郎中

薛蕙 亳州人仕至郎中　葛禬 合肥人仕至侍郎

方鐸 合肥人仕至主事　鄭本公 霍山人仕至太僕寺卿

孫存 滁州人仕至布政使

丁丑科舒芬榜

陳沂 上元人仕至太僕寺卿　楊翺 江寧人仕至長史

曹鎡 句容人　王暐 句容人仕至尚書

胡　侍　溧陽人

蔣　琪　溧陽人仕至僉事

李　傑　六合人仕至僉事

孔　麐　江浦人仕至知府

江　珊　望江人仕至知府

張國紀　宿松人

伍餘福　吳縣人仕至知府

沈　濙　吳縣人仕至少卿

朱　臣　吳縣人

馬　津　崑山人仕至御史

王舜漁　崑山人仕至副使

王舜耕　崑山人仕至御史

陳　逅　崑山人仕至副使

孫　舟　崑山人仕至主事

陸　金　吳江人仕至副使

儲良材　吳江人

浦　鋐　嘉定人仕至御史

顧　昺　吳江人仕至知府

顧　濟　崇明人仕至給事中

朱　洸　崇明人仕至御史

楊瑀 崇明人仕至參議　張淮 崇明人仕至副使
儲昱 松江人仕至參議　朱豹 上海人仕至知府
朱鼒 松江人仕至郎中　曹鉉 武進人仕至御史
曹懷 無錫人仕知縣　楊淮 無錫人仕至郎中
王瑞之 江陰人仕至按察使　王莘 江陰人仕至副使
曹弘 江陰人仕至御史　蔣舜民 江陰人仕至僉事
王臬 金壇人仕至副使　胡效才 沭陽人仕至知府
丁瓚 丹徒人仕至副使　崔桐 海門人
高淪 江都人仕至知州　樓觀 江都人
孫崚 高郵人仕至主事　華湘 泰州人仕至同知

季方　高郵人仕至參政　　馬津　徐州人仕至副使

林時　歙縣人　　方紀達　歙縣人

汪思　婺源人　　程資　婺源人

汪溱　祁門人　　江元輔　婺源人

鄭建　祁門人　　胡宗明　績溪人

倪鷴　涇縣人　　梅鷴　旌德人

陳鈇　貴池人仕至知府　　何相　貴池人仕至御史

王世祿　廣德人仕至員外　　田秀　霍丘人仕至太僕寺卿

李紹賢　泗州人仕至行人司　　王崑　靈璧人仕知縣

潘鋭　六安人仕至行人司　　王祐　建平人仕至副使

夏宗仁 建平人仕知縣

辛巳科楊維聰榜

趙兌 上元人仕至叅政

何唐 桐城人仕至郎中

吳檄 桐城人仕至叅政

朱佩 吳縣人仕至叅政

朱鴻漸 吳縣人仕至副使

吳文之 吳縣人仕至庶吉士

蔣詔 吳縣人仕至郎中

朱紈 長洲人仕至叅政

查應兆 長洲人仕至布政使

李松 長洲人仕至御史

張寰 崑山人仕至叅議

張羽 崑山人仕至郎中

王同祖 崑山人仕至司業

陸鰲 崑山人仕至寺丞

吳瀚 吳縣人仕至都御史

屈儒 崑山人仕至僉事

張鳳來　常熟人仕至主事

瞿　祥　常熟人仕至御史

沈　漢　吳江人仕至給事中

管　律　嘉定人仕至給事中

王　積　崇明人仕至副使

顧　溱　崇明人仕至僉事

王世芳　崇明人仕至副使

施一德　崇明人仕至僉事

張　寅　崇明人仕至左春坊

富好禮　華亭人仕至副使

郁　山　華亭人仕至知府

李　翺　華亭人仕至少卿

趙　綸　上海人仕至主事

孫　鑾　武進人仕至太僕寺卿

孫　益　武進人仕至知府

龔大稔　武進人至僉事

惲　釜　武進人仕至知府

眭　紘　武進人仕知縣

華　金　無錫人仕至副使

浦　瑾　無錫人仕知縣

張　袞　江陰人仕知縣
仲　選　沭陽人仕至副使
楊　銓　邳州人仕至郎中
佟應龍　山陽人仕至知府
劉守艮　贛榆人仕至郎中
高　澐　江都人
呂　綸　江都人仕至知府
王大化　儀真人仕至知州
徐　嵩　泰州人仕至副都御史
錢　鏵　海門人
鮑　說　歙縣人
潘　鎰　婺源人
潘　潢　婺源人
謝　霖　祁門人
程　輅　績溪人
吳大本　宣城人仕至副使
沈　奎　涇縣人仕至御史
汪　堅　旌德人
端廷赦　太平人仕至都御史
胡明善　霍丘人仕至御史

魏珽 合肥人仕至知府　吳廷翰 無爲人仕至參議

何椽 巢縣人仕至都御史　徐行健 鳳陽人

嘉靖癸未科姚淶榜

司馬泰 江寧人仕至副使　鄭淮 上元人仕至知府

陳府 上元人仕至御史　鄭濂 江寧人仕至副使

狄沖 溧陽人仕至郎中　汪漢 懷寧人仕至知府

汪居安 桐城人仕至郎中　盧襄 吳縣人仕至參議

魏應名 吳縣人仕至郎中　朱節 吳縣人仕至知府

劉烱 長洲人仕至知府　王庭 長洲人仕至僉事

顧夢圭 崑山人仕至按察使　陸晁 崑山人仕至副使

晉　憲　崑山人仕至通判
朱　觀　崑山人仕至副使
王　㷍　崑山人仕至參議
沈大楠　崑山人仕至知府
張京安　長洲人仕至員外
馮　冠　長洲人仕至員外
沈　韓　長洲人仕至長史
王　評　長洲人仕至主事
陸　堂　長洲人仕至參政
夏玉麟　長洲人仕至知府
謝　表　長洲人仕至員外
史　臣　吳江人仕至僉事
盛應陽　吳江人仕至知府
毛　衢　吳江人仕至參議
單　鉞　嘉定人仕至主事
范　箕　吳江人仕至郎中
龔　轅　崇明人仕至主事
徐　楷　華亭人仕至少師
石英中　上海人仕至主事
潘　恩　上海人仕至都御史

張國維 上海人仕至郎中　李白章 華亭人仕至副使

顧文隆 華亭人仕至主事　須灝 華亭人仕至僉事

胡統 武進人仕至評事　董紹 武進人

華鑰 無錫人仕至郎中　王名 無錫人仕至知州

茹鳴金 無錫人仕至副使　周鰲 江陰人

鄔紳 丹徒人仕至副使　吳淮 丹徒人仕至知府

王學古 金壇人仕至副使　盧蕙 山陽人仕至御史

胡有恒 山陽人仕至布政使　馬坤 通州人

李夢周 海門人　舒經 徐州人

程旦 歙縣人　方潤 歙縣人

胡道芳歙縣人　方遠宜歙縣人
謝應龍祁門人　戴靜夫休寧人
程煌婺源人　葉份婺源人
魏景星宣城人　方升婺源人
焦煜太平人　董鋐涇縣人
孫昺太平人仕知縣　許琯太平人仕至主事
周易當塗人仕至叅議　楊東太平人仕至御史
陳世輔定遠人　謝朝輔臨淮人
汪琯婺源人　張國維定遠人仕至郎中
許廷桂蒙城人仕至御史　張翀全椒人

宋　錦　和州人仕至知府　　　　陳　情　來安人仕至副使

吳昌齡　六安人仕至知府　　　　吳　瀛　吳縣人補殿試

丙戌科龔用卿榜

方　鵬　懷寧人仕至僉事　　　　方　克　桐城人仕至苑馬寺少卿

張　蘷　桐城人仕至主事　　　　楊春芳　宿松人仕至御史

袁　襄　吳縣人仕至僉事　　　　王　守　吳縣人仕至光祿卿

沈　椿　吳縣人仕至主事　　　　伊敏生　吳縣人仕至御史

陸　粲　長洲人仕至給事中　　　查懋光　長洲人仕至主事

蔡子皋　崑山人仕至通政　　　　秦　鰲　崑山人仕至給事中

楊　儀　常熟人仕至郎中　　　　沈　寅　常熟人仕知縣

周　懋　常熟人仕知縣　　陳仲錄　吳江人仕知縣

金　洲　嘉定人仕知縣　　諸　傑　上海人仕至尚寶少卿

俞宗梁　吳縣人　　張　鵠　上海人仕至僉事

顧中立　華亭人仕至參議　　葛　桂　上海人仕至知府

馮　恩　松江人仕至大理寺丞　　戴邦正　上海人仕至參政

顧中孚　華亭人仕至參政　　華　察　無錫人仕至侍讀學士

楊　僎　無錫人　　談　愷　無錫人仕至總督

夏　雷　鹽城人仕至參政　　方　岑　江都人

蔣應奎　江都人　　查懋光　休寧人

程　霆　婺源人　　余　棐　婺源人

汪仲成績溪人　戴嘉猷績溪人

張眞南陵人　宋邦輔東流人仕至御史

謝九成繁昌人仕至員外　孫錦宿州人

楊世相潁州人仕知縣　戚賢全椒人仕至給事中

杜璁合肥人仕至僉事　岳倫無爲人仕至主事

己丑科羅洪先榜

金清上元人仕至叅政　劉鳳句容人仕至主事

楊沔句容人仕至按察使　丁祀懷寧人仕知縣

王穀祥長洲人仕至員外　吳子孝長洲人仕至主事

張裕長洲人仕至知府　皇甫汸長洲人仕推官

孫雲 崑山人仕至僉事
諸邦憲 崑山人仕至主事
朱隆禧 崑山人仕至府丞
張意 崑山人仕至副使
王三錫 崑山人仕至知州
胡萬里 溧陽人仕至知府
陳儒 崑山人仕至知州
高進 崑山人
張文鳳 常熟人仕至郎中
范來賢 長洲人仕至知府
陳鉞 長洲人仕至主事
周相 吳江人仕至副使
丘峻 嘉定人
郟鼎 崇明人仕至主事
曹逵 崇明人仕至御史
沈愷 華亭人仕至參政
朱深 華亭人仕知縣
徐宗魯 華亭人仕至御史
唐順之 武進人仕至僉都御史
王袁 無錫人仕至知府

安如山 無錫人仕至僉事　　黃正色 無錫人仕至太僕卿

張　選 無錫人仕至通政司參議　　曹　察 無錫人仕至知府

薛　甲 江陰人仕至副使　　眭　曄 丹陽人仕至給事中

盧　淮 山陽人仕至編修　　胡思忠 桃源人仕至知府

曾　銑 江都人　　程　烈 歙縣人

鮑象賢 歙縣人　　黃　訓 歙縣人

汪尚寧 歙縣人　　王　鉅 婺源人

方　舟 婺源人　　黃　福 休寧人

汪大受 婺源人　　蔣　貫 祁門人

鄭　恭 績溪人　　方　涯 太平人

章允賢青陽人仕至給事中　柯喬青陽人仕至副使

倪嵩太平人仕至御史　褚寶鳳陽人仕至郎中

劉昺鳳陽府仕至僉事　張溪壽州人仕知縣

吳价壽州人仕至僉事　曾翀霍丘人仕至御史

胡松滁州人仕至尚書　馮彬溧陽人仕至副使

呂高丹徒人仕至少卿　陳大綸舒城人仕至知府

繆希亮溧陽人

壬辰科林大欽榜

謝少南上元人仕至布政使　楊成上元人仕至知府

沈越江寧人仕至同知　伊敏生上元人仕至御史

張合　江寧人仕至副使
史際　溧陽人仕至太僕少卿

楊伊志　吳縣人仕至僉事
楊雷　吳縣人仕至僉事

徐禎　長洲人仕至布政使
皇甫涍　長洲人仕至主事

周大禮　崑山人仕至參政
朱桂　崑山人仕至知府

張玉桂　常熟人仕至郎中
施雨　常熟人仕至郎中

錢籍　常熟人仕至御史
張珪　崇明人仕至郎中

顧存仁　崇明人仕至給事中
陳如綸　崇明人仕至副使

朱默　崇明人仕至主事
周復俊　崇明人仕至副使

唐國相　松江人仕至侍郎
王教　松江人仕至參政

包節　華亭人仕至光祿卿
白悅　武進人仕至尚寶司丞

周　山　武進人仕至主事　吳希孟　武進人仕至給事中

浦應麒　無錫人仕至贊善　尤　魯　無錫人仕至府丞

王　瑛　無錫人仕至知府　承　林　江陰人

錢　亮　丹徒人仕至參政　嚴　寬　丹徒人仕至知府

茅　盤　丹徒人仕至參政　林　春　泰州人會元

桑　喬　江都人　賀　恩　儀真人仕至郎中

張　遜　高郵人仕至知府　陸期范　興化人

錢　嶫　通州人　王　京　高郵人仕至太僕寺丞

王獻芝　歙縣人　洪　垣　婺源人

余　光　祁門人仕至御史　邢　址　當塗人仕至知府

董珆　涇縣人
王廷幹　涇縣人仕至知府

左鎰　涇縣人仕至尚寶卿
張翼翔　鳳陽人仕至給事中

張鶚　泗州人仕至員外
張光祖　潁州人仕至御史

潘高　合肥人仕至參議
陳澍　合肥人仕至知府

潘子正　六安人仕至參政

乙未科韓應龍榜

許穀　上元人仕至尚寶司卿
陳鳳　江寧人仕至僉事

朱尚質　句容人
馬從謙　溧陽人仕至光祿少卿

胡叔元　溧陽人
謝袞　桐城人仕至長史

徐桂　潛山人仕至知府
馬承學　吳縣人仕至通判

錢邦彦 吳縣人仕至員外
陸坤 崑山人
王三接 崑山人仕至主事
盧梗 崑山人仕至主事
錢泮 常熟人仕至主事
沈瀚 吳江人仕至郎中
陳椿 吳江人仕至郎中
翁燦 松江人仕至副使
趙憲 上海人仕至郎中
曹嗣榮 松江人仕至同知
奚良輔 上海人仕至參議
陳瑚 華亭人仕至僉事
李人龍 松江人仕至知府
包孝 華亭人仕至御史
薛應旂 武進人仕至副使
吳性 武進人仕至尚寶司丞
姚文𤋮 武進人仕至主事
陳崇慶 武進人仕至僉事
章甫 武進人
王立道 無錫人仕至編修

陸子明 無錫人仕至僉事　張珍 丹陽人仕至給事中

王曄 金壇人　楊上林 山陽人仕至給事中

張旦 寶應人仕至郎中　陳堯 通州人

牛斗 山陽人仕至主事　沈良才 泰州人

吳應奎 休寧人　謝鎰 祁門人

吳瓊 祁門人　舒遷 黟縣人

徐祚 宣城人　顧承芳 臨淮人仕至郎中

楊時秀 懷寧人仕至僉事　何成慶 霍丘人仕至參議

李增 潁州人仕至知府　方介 合肥人仕至知府

竇潤 滁州人仕至主事　吳潘 全椒人

戊戌科茅瓚榜

盧璧　江寧人仕至苑馬寺卿　　王心　上元人仕至主事

許東望　安慶人仕至參議　　陸師道　吳縣人仕至主事

陳鎏　吳縣人仕至主事　　袁袠　吳縣人仕至主事

章煥　長洲人仕至主事　　倪璦　長洲人

李憲卿　崑山人仕至主事　　郭惟清　崑山人仕至僉事

張情　崑山人仕至副使　　趙承謙　常熟人仕至主事

李遇春　常熟人仕推官　　吳崑　吳江人仕至員外

沈啓　吳江人仕至主事　　汝齊賢　吳江人仕知縣

趙汴　崇明人仕知縣　　朱家相　崇明人

葉遇春　崇明人仕至治中　　莫如忠　華亭人仕至布政使
董子儀　上海人仕至副使　　繆文龍　上海人
白若圭　武進人　　王問　無錫人仕至僉事
俞憲　無錫人仕至按察使　　馮煥　淮安人仕至主事
臧珊　淮安人仕至知府　　曹守貞　江都人
唐臣　興化人仕至御史　　汪伊　歙縣人
鮑道明　歙縣人　　胡川楫　歙縣人
查秉彝　婺源人　　潘釴　婺源人
游震得　婺源人　　胡宗憲　績溪人
周怡　太平人仕至太常卿　　楊金　太平人仕至副使

李　綸　潁上人仕至布政使　　董子策　合肥人仕至僉事

丘　玳　六安人仕至知府　　吳　蘭　霍丘人仕至主事

蔣宗魯　溧陽人仕至都御史　　孫　孟　和州人仕至知府

辛丑科沈坤榜

林一鳳　上元人仕至參政　　殷　邁　江寧人仕至祭酒

張　祥　上元人仕至苑馬卿　　阮　屋　江寧人仕至僉事

路伯鏜　江寧人仕至行人　　張　鐸　江寧人仕至副使

齊　傑　桐城人仕至知府　　盛汝謙　桐城人仕至侍郎

張　科　太湖人仕至員外　　陳　志　宿松人

嚴　訥　吳縣人仕至大學士　　吳三樂　吳縣人仕至通政使

范惟一 吳縣人仕至太僕寺卿

劉璧 吳縣人

徐履祥 長洲人仕知縣

徐岱 長洲人仕至叅政

袁祖庚 長洲人仕至副使

沈坤 崑山人狀元仕至修撰

金世龍 崑山人仕推官

俞鸞 崑山人

周玉 常熟人

浦之浩 嘉定人

唐愛 嘉定人

王佇 崇明人

吳俊 嘉定人仕至主事

陸樹聲 華亭人仕至尚書

孫績 松江人仕至副使

吳天壽 上海人仕至布政使

唐志大 華亭人仕至大理寺副

何良傅 華亭人仕至郎中

張鶚翼 上海人仕至御史

謝應徵 華亭人仕至御史

陸從大 華亭人　董士弘 武進人仕至參政

蔣珊 武進人仕至知府　王覺 武進人仕至主事

周嶅 武進人仕至知府　張詳 武進人

夏子開 無錫人仕至知府　華舜欽 無錫人仕至知府

周俊民 無錫人仕至通判　吳楨 無錫人仕知縣

華雲 無錫人仕至郎中　萬士亨 宜興人仕至郎中

萬士和 宜興人仕至尚書　徐亮 江陰人

何遷 江陰人仕至郎中　朱應奎 丹陽人仕至副使

張習 寶應人仕至郎中　王景祥 歙縣人

戴章甫 休寧人　鄭維誠 祁門人

梅守德 宣城人仕至叅政　徐紳 建德人仕至巡撫
徐養正 青陽人仕至尚書　宋治 臨淮人仕至叅議
楊吉 舒城人仕至叅政　徐貢元 繁昌人仕至侍郎
杜璁 合肥人仕至僉事

甲辰科秦鳴雷榜

甘觀 上元人仕至評事　鄭河 江寧人仕推官
彭謙 溧陽人　馬震章 溧陽人仕至按察使
何璋 溧陽人仕至知府　許彥忠 句容人仕至叅議
阮鶚 桐城人仕至都御史　趙釴 桐城人仕至御史
戴完 桐城人仕至副使　章士元 吳縣人仕至布政使

戈九章 吳縣人
查懋昌 長洲人仕至主事

皇甫濂 長洲人仕至主事
劉　鳳 長洲人仕至僉事

全　美 崑山人仕至副使
張　俔 崑山人

瞿景淳 常熟人榜眼仕至侍郎
繆　宣 常熟人仕知縣

朱　木 常熟人仕至同知
倪　潤 常熟人

申思藼 吳江人仕知縣
季德甫 太倉人仕至知州

淩汝志 太倉人仕至府丞
袁福徵 松江人仕至長史

王　會 華亭人仕至副使
張承憲 華亭人仕至給事中

宋　賢 華亭人仕至御史
彭應麟 華亭人仕至知府

楊允繩 松江人仕至給事中
蔣　孝 武進人仕至主事

金九齡武進人仕至知府　金九成武進人仕至主事

吳嶽武進人仕至通判　葉材武進人仕至主事

吳情無錫人仕至諭德　馮有年無錫人仕至主事

俞謹無錫人仕知縣　李文麟無錫人仕至主事

尤瑛無錫人仕至參政　曹三暘宜興人仕至尚書

陳皐謨江陰人仕至郎中　劉光濟江陰人仕至尚書

胡景榮江都人仕至長史　王一陽江都人仕至主事

朱日藩寶應人　吳祀泰州人仕至御史

王臣歙縣人　汪一中歙縣人

江珍歙縣人　方瑜歙縣人

汪垍 休寧人　汪任 祁門人

戚愼 宣城人　畢鏘 石埭人仕至尚書

劉崙 無爲人仕至僉都御史　王詢 巢縣人仕至都御史

丁未科李春芳榜

戴愬 江寧人仕至知府　李春芳 句容人狀元仕至大學士

馬一龍 溧陽人仕至司業　狄斯彬 溧陽人仕至參議

韓叔陽 高淳人仕至副使　袁洪愈 吳縣人仕至尚書

張勉學 長洲人仕至副使　郭仁 長洲人仕至御史

章美中 崑山人仕至副使　顧柄 常熟人仕至參議

徐栻 常熟人仕至尚書　皇甫湙 吳江人仕至參議

張任　嘉定人仕至巡撫　凌雲翼　太倉人仕至尚書

王世貞　太倉人仕至尚書　顧允揚　太倉人仕至知府

徐敦　太倉人仕至參議　王任用　太倉人仕至主事

楊豫孫　華亭人仕至太理卿　徐陟　華亭人仕至侍郎

周思兼　華亭人仕至副使　李貽祥　華亭人仕至郎中

龔愷　華亭人仕至副使　高士　華亭人仕至主事

朱大韶　松江人仕至司業　惲紹芳　武進人仕至參議

丘緯　武進人仕至知府　邵德　無錫人仕知縣

秦梁　無錫人仕至布政　沈晃　丹徒人仕至知府

于業　金壇人仕至御史　王樵　鎮江人

孫世芳淮安人仕至學士
周鍠宿遷人仕至運使
朱箎桃源人仕至副都御史
何璿泰興人仕至主事
郝成性江都人仕至叅議
李彬泰州人仕至主事
王陳策泰州人仕至知府
吳國相泰州人仕至主事
孫袞如皋人仕至御史
朱乾亨徐州人仕至知府
汪道昆歙縣人
程嗣功歙縣人
殷正茂歙縣人
鄭綺歙縣人
胡曉績溪人
葉應麟建德人仕至僉事
李一元建德人仕至廵撫
吳仲禮貴池人仕至叅政
章世仁青陽人仕至叅政
李心學臨淮人仕至布政使

高尚文　當塗人仕至都察院都事

庚戌科唐汝楫榜

黄甲　上元人仕至主事
張翰翔　溧陽人仕至僉事
張蘊　高淳人仕至副使
欽拱極　吳縣人仕至知府
錢鑄　吳縣人仕知縣
崔學履　吳縣人仕至尚寶少卿
歐珮　吳縣人
丘鵬　長洲人仕至員外
劉畿　長洲人仕至總督
周後淑　崑山人仕至知府
朱景賢　崑山人仕至員外
沈紹慶　崑山人仕至僉事
陳治安　崑山人
沈應魁　常熟人仕至僉事
錢庶　常熟人仕至行人
錢有威　常熟人仕至郎中

陳諫 常熟人仕至知府　錢之選 常熟人仕至郎中

時通 常熟人仕至副使　徐學詩 嘉定人仕至尚書

張楙 嘉定人仕至員外郎　沈陽 嘉定人仕至知府

孟羽正 華亭人仕至郎中　董傳策 松江人仕至知府

袁世榮 松江人仕世僉事　孫應魁 上海人仕至主事

白啓常 武進人仕至光祿寺少卿　黃憲卿 武進人仕至副使

謝教 武進人仕至運使　馬濂 無錫人仕至運使

鄭伯興 無錫人仕至副使　薛如淮 江陰人仕至主事

陳斗南 鹽城人仕至主事　葉恩 山陽人仕至御史

裴天祐 贛榆人仕至光祿卿　蕭可教 江都人仕至主事

周　岱　泰興人仕至主事　　宗　臣　興化人

張　選　高郵人仕至僉事　　方弘靜　歙縣人

郘　齡　休寧人　　方邦慶　婺源人

麻　瀛　宣城人　　孫　濬　宣城人仕至給事中

查　鐸　涇縣人　　施堯臣　青陽人仕至府尹

陸　東　銅陵人仕知縣　　巫繼咸　廣德人仕至御史

沈應乾　五河人仕至叅政　　甯　珂　廣德人仕至郎中

王文翰　蒙城人仕至叅政　　吳國寶　無爲人仕至主事

姚世熙　舒城人仕至布政使　　柳希玭　盧江人仕至叅政

曹　本　巢縣人仕至郎中

癸丑科陳謹榜

何汝健 上元人仕至參議
胡汝嘉 江寧人仕至副使

江奎 句容人仕至知府
朱賢 江浦人仕至御史

汪若泮 江浦人
於惟一 懷寧人仕至副使

齊遇 桐城人
林有望 桐城人仕至僉事

金燕 潛山人仕至給事中
燕仲義 吳縣人仕至知府

鄒察 長洲人仕至知府
徐君楫 長洲人仕至御史

歸大道 長洲人仕至副使
顧章志 太倉人仕至右侍郎

徐爌 太倉人仕至太僕卿
王宇 崑山人仕至太僕卿

戴文奎 崑山人仕知縣
許從龍 崑山人仕至給事中

凌邦奇 崑山人仕至同知　沈熙載 崑山人仕至僉事
劉　泉 常熟人仕推官　張書紳 常熟人仕至同知
宋繼祖 常熟人　龎　遠 吳江人仕至光祿寺卿
吳邦楨 吳江人　王可大 吳江人仕至知府
徐師曾 吳江人仕至給事中　吳承燾 吳江人仕至右布政
葉可成 吳江人仕至主事　顧曾唯 吳江人仕至御史
張九一 嘉定人仕至右副都御史　周道光 太倉人仕至知府
張大韶 太倉人仕至副使　曹　灼 太倉人仕至知府
屠　寬 上海人仕至僉事　唐自化 上海人仕至郎中
余文榮 青浦人仕至知府　華秉中 松江人仕至給事中

唐繼祿 上海人仕至都御史　龔情 松江人仕至寺丞
吳可行 武進人仕至檢討　萬鵬 武進人仕知縣
秦禾 無錫人仕至知府　汪汝達 無錫人仕至叅議
黨緒 無錫人仕至知府　祝舜齡 無錫人仕至主事
楊準 宜興人仕至叅政　陳甲 江陰人仕知縣
趙與治 江陰人仕至郎中　季科 江陰人仕至叅政
曹天章 金壇人仕至編修　姜寶 鎮江人
夏儒 丹徒人仕至員外　季永康 鹽城人
凌儒 泰州人仕至御史　孫應鰲 如皋人仕至給事中
史起蟄 江都人仕至主事　程金 歙縣人

方艮曙 歙縣人　程廷策 休寧人

江一麟 婺源人　汪春時 婺源人

李叔和 祁門人　方敏 祁門人

何烇 南陵人　許汝驥 寧國人

何惟懿 蒙城人仕知縣　張烈文 巢縣人仕至副使

王可立 來安人仕至參議

丙辰科諸大綬榜

姚汝循 上元人仕至知府　吳宗周 懷寧人仕至主事

阮自嵩 桐城人　吳一介 桐城人仕至布政使

馮秢 吳縣人仕至知府　楊成 長洲人仕至尚書

葛綸　崑山人仕至鹽運使　葛邦典　常熟人仕至知府

查光述　常熟人仕至御史　陳瓚　常熟人仕至右侍郎

錢于鄰　吳江人仕至僉事　王道充　太倉人仕推官

姚體信　松江人仕至叅政　趙灼　上海人仕至通政

楊銓　松江人仕至叅政　楊道亨　松江人仕至副使

夏時　松江人仕至給事中　包檉芳　松江人仕至副使

趙大河　江陰人仕至僉事　胡應嘉　淮安人仕至叅議

袁隨　通州人仕至布政使　陳應詔　泰州人仕至主事

張膽　高郵人　黃鶚　泰州人仕至員外

陳汲　泰州人仕至主事　李承式　泰興人仕至布政使

程大賓歙縣人　　尹　校歙縣人

葉宗春祁門人　　唐汝廸宣城人仕至按察使

屠羲英寧國人仕至祭酒　　施篤臣青陽人仕至府尹

方　新青陽人仕至參政　　解明瑞太平人仕至副使

李　維蒙城人仕至評事　　常三省泗州人仕至參議

張人紀合肥人仕至主事　　楊　兆舒城人仕至尚書

張　諧六合人仕至參政　　謝　封無爲人仕至主事

金　璵六安人仕至僉事　　徐必進六安人仕至副使

沈　桂無爲人仕至主事

己未科丁士美榜

皮　豹上元人仕至知府　　侯必登上元人仕至知府
朱　纁溧陽人仕至尚寶司　　韓邦憲高淳人仕至知府
雷鳴春懷寧人仕至知府　　程光甸太湖人仕至主事
戈九疇吳縣人仕至知府　　王天爵吳縣人仕至按察使
顧　堅吳縣人仕至主事　　蔣　彬吳縣人仕至知府
范惟丕吳縣人仕至光祿寺卿　　張憲臣崑山人仕至按察使
徐廷祼崑山人仕至叅議　　錢順時常熟人
沈人种嘉定人仕至副都御史　　王世懋太倉人仕至太常寺卿
張振之太倉人仕至副使　　張　烈松江人仕至主事
張仲謙上海人仕至按察使　　顧名世上海上仕至尚寶司丞

包汴 松江人仕至叅議　秦嘉楫 上海人仕至僉事

金定 松江人仕至僉事　陳紹登 武進人仕至副使

趙熙靖 武進人　吳椿 武進人

華汝礪 無錫人仕至副使　徐卿龍 無錫人仕至知府

張子仁 無錫人　沈奎 江陰人仕至叅議

李琦 江陰人仕至通政司　曹棟 丹徒人仕至副使

荊文照 丹陽人仕至主事　賀邦泰 丹陽人仕至按察使

張祥鳶 金壇人　丁士美 清河人仕至侍郎

鮑宗沂 江都人仕知縣　錢藻 如皐人仕至通政司

顧廷對 泰州人　顧奎 通州人仕至郎中

趙宋 興化人仕至太僕卿　解宋 興化人仕至叅政

程道東 歙縣人　王天爵 歙縣人

游醇卿 婺源人　王之翰 祁門人

汪如海 黟縣人　許天贈 黟縣人

翟台 涇縣人仕至主事　佘敬中 銅陵人仕至按察使

李紀 泗州人仕至副使　李學禮 潁州人仕至按察使

蔡悉 合肥人仕至尚寶司卿　楊吉 舒城人仕至叅政

張翰 溧陽人仕至僉事　邵夢麟 滁州人仕至御史

萬慶 和州人仕至知府

壬戌科徐時行榜

朱潤身　江寧人仕至僉事
吳自峒　桐城人仕至通政司
徐時行　吳縣人復姓申仕至大學士
盛時選　吳縣人仕至知府
馬顧澤　長洲人仕至叅政
郭諫臣　長洲人仕至叅政
王問臣　長洲人仕至副使
孫以仁　崑山人仕至御史
王嘉言　常熟人仕至叅議
吳　鎮　常熟人仕至知府
沈廷觀　嘉定人仕至行人司
王錫命　嘉定人仕至叅政
王錫爵　太倉人會元榜眼仕至大學士
潘允端　上海人仕至布政使
張從律　華亭人仕至同知
艾可久　上海人仕至通政使
王訥言　武進人仕至推官
蔣致大　武進人仕至副使
黄學海　無錫人仕至知府
王嘉言　江陰人仕至叅議

華啓直　無錫人仕至叅議　張守中　高郵人
祝尚義　山陽人仕至知府　陳大壯　通州人仕至叅政
蘇愚　如皐人仕至布政使　殷登瀛　宣城人仕至知府
劉泮　江都人仕至副使　鮑尚伊　歙縣人
凌琯　歙縣人　程文著　婺源人
李寅賓　婺源人　趙睿　涇縣人仕至布政使
徐元氣　宣城人仕至通政使　周希旦　旌德人
鄭欽　涇縣人　馬逝奎　貴池人
呂一靜　貴池人仕至副使　王謨　潁州人仕至僉事
劉繼文　靈璧人仕至侍郎　萬振孫　合肥人仕至副使

崔鏞　潁上人仕至都御史　　皮汝謙　英山人仕至推官

伊在庭　江寧人仕至員外　　邵元哲　上元人仕至知府

乙丑科范應期榜

楊家相　江寧人仕至副使　　李艮臣　江寧人仕至太僕寺卿

鄭宣化　上元人仕至知府　　蔣思孝　溧陽人仕至員外

笪東光　句容人仕至給事中　　胡效才　桐城人

李鳴謙　桐城人仕至郎中　　顧綬　吳縣人仕至知府

袁尊尼　長洲人仕至副史　　蔣夢龍　長洲人仕至參政

陸士鰲　長洲人仕至主事　　陸肇　長洲人

金應徵　長洲人仕至參政　　王執禮　崑山人仕至寺丞

歸有光　崑山人仕至太僕寺丞

陳王道　吳江人仕至知府

李汝節　嘉定人仕至同知

嚴汝麟　嘉定人仕至長史

徐汝翼　上海人仕至布政使

張明正　華亭人仕至太常寺卿

喬懋敬　上海人仕至布政使

陸萬鍾　青浦人仕至叅政

陸樹德　華亭人仕至御史

季膺　華亭人仕至副使

潘志伊　吳江人仕至叅政

錢錫汝　吳江人仕至郎中

王圻　嘉定人仕至叅議

周鐸　太倉人仕至知府

陳懿德　青浦人仕至尚寶寺丞

盛居晉　松江人仕至同知

盛當時　華亭人仕至僉事

潘允哲　上海人仕至副使

李自華　松江人仕至編修

唐一麐　武進人

李世臣 武進人仕至御史　王鑑 無錫人仕太僕寺卿全

周子義 無錫人仕至侍郎　顧應龍 無錫人仕至知府

胡涍 無錫人仕至御史　范崙 丹徒人仕至尚書

曹愼 丹徒人仕至副使　馮汝騏 金壇人

匡鐸 贛榆人仕至僉事　龔紱 高郵人仕經歷

顧養謙 通州人仕至巡撫　徐元泰 宣城人仕至尚書

許國 歙縣人　余一龍 婺源人

游應乾 婺源人　余一貫 婺源人

汪文輝 婺源人　許天贈 黟縣人

張克家 宣城人仕至副使　查驛 涇縣人仕至副使

朱一松 寧國人

陳　宣 太平人

孫濟遠 當塗人仕至御史

湯希閔 石埭人仕至郎中

李　謨 廣德人仕至員外

李得陽 廣德人仕至侍郎

戚　杰 泗州人仕至郎中

王之屏 潁州人仕至布政使

李薦隹 潁州人仕至副使

許　乾 合肥人仕至御史

顧　問 無爲人

李　棠 巢縣人仕至侍郎

梁子琦 廬州人仕至叅議

陳　琦 來安人仕至評事

隆慶戊辰科羅萬化榜

李逢陽 江寧人仕至郎中

吳自新 江寧人仕至侍郎

叢文蔚 江寧人仕知縣

鍾遐齡 溧陽人仕知縣

楊　言　句容人仕至給事中　高一登　句容人仕至主事

張　淳　桐城人仕至叅政　王　頤　潛山人仕至知府

吳肇東　太湖人仕至按察使　殷建中　吳縣人仕至郎中

鄭　準　吳縣人仕至僉事　徐顯卿　長洲人仕至侍郎

韓世能　長洲人仕至侍郎　袁一虬　長洲人仕至叅政

馮時雨　長洲人仕至按察使　湯聘尹　長洲人仕至副使

闞成章　長洲人仕至員外　顧梁材　長洲人仕至郎中

劉　倬　長洲人仕至叅政　陳允升　崑山人仕至僉事

許承周　崑山人仕知縣　王一誠　崑山人仕推官

錢德順　常熟人仕至副使　殷　濡　常州人仕至郎中

蔣以忠常熟人仕至副使　孫從龍吳江人仕至副使
顧大典吳江人仕至副使　沈位吳江人仕至檢討
毛圖南吳江人　王鼎爵太倉人仕至副使
王周紹太倉人仕至郎中　宋堯武松江人仕至叅議
喬木上海人仕至叅政　林景暘華亭人仕至太僕卿
蔡汝賢松江人仕至侍郎　張明化華亭人仕至郎中
陸從平華亭人仕至運使　曹銑松江人仕至知府
須用賓武進人仕至叅議　謝良琦武進人仕至主事
顧顯仁武進人仕至叅政　龔勉武進人仕至叅政
華叔陽無錫人仕至主事　錢普無錫人仕至知府

唐喬 無錫人仕至御史　施夢龍 無錫人仕至副使

賈應璧 無錫人仕至按察使　張朝瑞 海州人仕至府丞

蔣科 泰州人仕至叅政　樓懋中 江都人仕至同知

張桐 泰州人仕至郎中　黃應坤 歙縣人

汪在前 歙縣人　張一桂 歙縣人

王鏻 休寧人　黃金色 休寧人

胡用賓 婺源人　余懋學 婺源人

謝宗倫 祁門人　吳自新 祁門人

徐大任 宣城人仕至侍郎　江廷寄 旌德人

焦元鑑 太平人　施近臣 青陽人仕至知府

徐秋鶚 青陽人仕至參政　李一中 建德人仕至副使

謝良弼 泗州人仕至僉事　徐學詩 靈璧人仕至參議

王恩民 合肥人仕至御史　江以東 全椒人仕至副使

辛未科張元忭榜

蕭崇業 上元人仕至給事中　阮尚賓 江寧人仕知縣

王敬民 句容人仕至巡撫　史繼志 溧陽人仕至主事

劉尚志 懷寧人仕至布政使　王嘉柔 潛山人仕至知府

武尚耕 溧水人仕至布政使　劉瑊 吳縣人仕至右中允

姚純臣 吳縣人仕至知府　勞遜志 吳縣人仕至知府

馮笏 吳縣人仕至知府　金應照 吳縣人仕至僉事

宋存德　吳縣人仕至副使　　顧其志　長洲人仕至尚書

王炳衡　長洲人仕至知府　　丁元復　長洲人仕至參議

顧九思　長洲人仕至通政　　劉玉成　長洲人仕至參政

唐應元　崑山人仕知縣　　沈應科　常熟人仕至參政

趙用賢　常熟人仕至侍郎　　錢岱　常熟人仕至御史

吳秀　吳江人仕至副使　　侯堯封　嘉定人仕至參政

楊士元　太倉人仕至員外郎　　管志道　太倉人仕至僉事

吳之彥　太倉人仕至僉事　　俞汝爲　松江人仕至員外

金從洋　華亭人仕至苑馬寺卿　　李伯春　松江人仕至參政

許樂善　華亭人仕至通政使　　唐本堯　上海人仕至參政

馮時可 華亭人仕至參政

高文炳 上海人仕至苑馬寺卿

潘伯獅 松江人

吳中行 武進人仕至學士

唐鶴徵 武進人仕至太常少卿

楊德 武進人仕知縣

施策 無錫人仕至太僕寺卿

吳汝倫 無錫人仕至給事中

秦燿 無錫人仕至都御史

趙用賢 江陰人仕至尚書

曹司勳 宜興人仕至參政

范鳴謙 江陰人仕至御史

李禎 海州人

卓於彥 雎寧人仕知縣

卜維新 丹徒人仕至參政

荊光裕 丹陽人仕至副使

戴洪恩 江都人仕至主事

陳大科 通州人仕至總督

方揚 歙縣人

吳之美 泰州人仕至給事中

羅應鶴　歙縣人　汪彦沖　歙縣人
曹　樓　歙縣人　張應元　休寧人
胡　宥　休寧人　曹　誥　休寧人
葉時新　休寧人　王世能　宣城人仕至主事
俞文達　婺源人　詹　沂　宣城人
許夢熊　南陵人　蕭　彦　涇縣人仕至御史
蕭良幹　涇縣人仕至布政使　趙善政　涇縣人
鄭　鋭　涇縣人仕至副使　施天麟　青陽人仕至同知
王應乾　東流人仕至布政使　梅　淳　太平人仕至布政使
夏良心　廣德人仕至巡撫　李天植　廣德人仕至叅政

孫秉陽懷遠人仕至副使　孫　謀泗州人仕知縣

趙　卿泗州人仕至太僕寺卿　徐學禮靈璧人仕至知府

李　貞潁州人仕至同知　潘雲祥合肥人仕至知州

黃道年合肥人仕至知州　郝孔昭來安人

石應岳來安人

萬曆甲戌科孫繼臯榜

余孟麟江寧人仕至祭酒　王　橋上元人仕至布政使

張國輔江寧人仕至副使　容若玉懷寧人仕至參議

查　偉懷寧人　顏　素懷寧人仕至府丞

薛道生吳縣人仕至參議　劉弘道吳縣人仕至按察使

俞艮史　吳縣人仕至員外郎　　顧起淹　吳縣人仕至副使

羅應兆　吳縣人仕知縣　　戈大本　吳縣人仕知縣

陸　徽　長洲人仕至副使　　韓國禎　長洲人仕至大理寺卿

金　和　長洲人仕至郎中　　支可大　崑山人

王炳璿　崑山人仕至知府　　顧夢鯉　崑山人仕至給事中

朱熙洽　崑山人仕至副使　　方　範　崑山人仕至知府

陳國華　常熟人仕至知府　　蕭應宮　常熟人仕至叅政

黃時雨　常熟人仕至叅政　　何　鏜　常熟人仕推官

黃　門　常熟人仕至鹽運使　　沈　璟　吳江人仕至光祿丞

馬　貫　吳江人仕至知府　　龔錫爵　嘉定人仕至布政使

毛在 太倉人仕至大理寺丞　陳夢庚 松江人仕至參政

徐元春 松江人仕至太常寺卿　陳正誼 松江人仕推官

徐三重 松江人仕至主事　王國賓 武進人

楊以忠 武進人仕至副使　褚棟 武進人

李際春 武進人仕知縣　嵇應科 武進人仕至員外

孫繼臯 無錫人狀元仕至侍郎　鄒廸光 無錫人仕至副使

蔡惟亨 無錫人仕至主事　黃體乾 宜興人仕知縣

夏應星 鹽城人仕推官　馬洛 如臯人仕至通判

陳應芳 泰州人仕至太僕寺卿　袁應祺 泰興人仕至巡撫

黃雲龍 歙縣人　江東之 歙縣人

程有守　歙縣人　　陳與郊　歙縣人

范　淶　休寧人　　汪應蛟　婺源人

余起元　婺源人　　余孟麟　祁門人

貢靖國　宣城人仕至副使　　佘毅中　銅陵人仕至太僕寺卿

陳邦彥　青陽人仕至員外　　謝　表　當塗人仕至副使

吳　定　臨淮人仕至大理寺卿　　張夢蟾　壽州人仕推官

李　寀　舒城人仕推官

丁丑科沈懋學榜

史繼辰　溧陽人仕至庶吉士　　任可容　懷寧人仕至叅政

盛世承　桐城人仕至光祿寺卿　　黃學顏　吳縣人仕至鹽運使

陳曄　吳縣人仕至僉事　　趙一鵬　吳縣人仕至尚書

張文奇　長洲人仕至副使　　張鼎思　長洲人仕至按察使

徐申　長洲人仕至通政使　　吳安國　長洲人仕至參議

黃鍾　長洲人仕至少卿　　徐桂　長洲人仕推官

周汝礪　崑山人仕至主事　　張棟　崑山人仕至給事中

馬玉麟　崑山人仕至參政　　顧雲程　常熟人仕至太常寺卿

王之麟　常熟人仕至參政　　沈孚聞　吳江人仕知縣

沈季文　吳江人仕至巡撫　　顧紹芳　太倉人仕至左贊善

蘇酇　太倉人仕至大理寺丞　　張新　太倉人仕至員外郎

王明時　華亭人仕至副使　　陸承憲　松江人仕知縣

潘元和　華亭人仕至知府
鍾宇淳　華亭人仕至參政
吳之鵬　武進人仕至按察使
李應祥　無錫人仕至副使
嚴一鵬　無錫人仕至侍郎
萬象春　無錫人仕至巡撫
俞　需　宜興人仕至按察使
吳達可　宜興人仕至通政使
吳夢熊　宜興人仕知縣
劉際可　丹徒人仕至參議
李一陽　鎮江人仕至副使
浦　卿　丹徒人仕至郎中
王　健　金壇人仕至知府
丘　度　淮安人仕至光祿寺卿
朱維藩　淮安人仕至副使
羊可立　安東人仕至尚寶司卿
孫世貞　安東人仕至給事中
郭師古　如皋人仕至副使
章　潤　江都人
李　植　泰興人仕至巡撫

方萬山歙縣人　程　奎歙縣人
朱斬聘歙縣人　沈懋學宣城人狀元仕至修撰
趙　健涇縣人仕至通政司　吳文梓青陽人仕至太常寺卿
賈三策亳州人仕至主事　李國士亳州人仕至布政使
朱來遠廬江人仕至太常寺卿

庚辰科張懋修榜

錢　濬上元人仕至郎中　張後甲上元人仕至參議
王守素溧水人仕至光祿寺卿　陳　榛句容人仕至郎中
王嘉賓句容人仕至御史　吳嶽秀懷遠人仕至布政使
王希曾懷寧人仕至主事　葉隆光懷寧人仕至郎中

袁年 吳縣人仕至叅政

葉初春 吳縣人仕至給事中

秦大夔 吳縣人仕至布政使

陸忭 長洲人仕至主事

徐泰時 長洲人仕至太僕寺卿

鄒龍光 長洲人仕至中書舍人

褚九皐 長洲人仕推官

尤錫類 長洲人仕至布政使

伍袁萃 長洲人仕至叅議

吳之隹 長洲人仕至太僕少卿

李同芳 崑山人仕至巡撫

鄒雲鵬 吳江人仕至郎中

張恒 嘉定人仕至叅政

江有源 太倉人仕至御史

吳之龍 武進人仕至叅議

褚國祥 武進人仕至同知

褚棟 武進人仕知縣

顧憲成 無錫人仕至光祿寺卿

盧文勳 無錫人仕至員外

侯先春 無錫人仕至太僕寺卿

路雲龍 宜興人仕至參政
茅崇本 丹徒人仕至主事
蔣瑞卿 宜興人仕至主事
史邦戴 江陰人仕至知府
朱運昌 丹徒人仕至參政
姜士昌 丹徒人仕至副使
湯日昭 鎮江人
張肇 丹陽人仕推官
于文熙 金壇人仕至太僕寺丞
于孔兼 金壇人仕至知州
閻士選 江都人仕至郎中
楊同善 泰興人仕至長史
張鶴鳴 徐州人仕至御史
蔡逢時 宣城人仕至布政使
趙士登 涇縣人仕至侍郎
王道增 潁州人仕至布政使
史善言 天長人
彭夢祖 全椒人仕至副使
楊于庭 全椒人仕至員外
盧洋 無爲人仕至副使

汪應泰　無爲人

癸未科朱國祚榜

何淳之　江寧人仕至御史
陳舜仁　上元人仕至大理寺卿

汪道亨　懷寧人仕至侍郎
何必麟　太湖人仕知縣

申用懋　吳縣人仕至尚書
王有功　吳縣人仕至太僕少卿

韓光曙　吳縣人仕至副使
秦　嵩　吳縣人仕知縣

周子文　長洲人仕至主事
徐應聘　崑山人仕至太僕寺卿

袁應陽　常熟人仕至員外郎
龔聞道　常熟人仕至郎中

周　策　吳江人仕至給事中
殷　都　嘉定人仕至郎中

時偕行　嘉定人仕至御史
何　選　嘉定人仕至御史

嚴佩環　嘉定人仕至員外郎
陸起龍　太倉人仕至通判
沈昌期　太倉人仕至太常少卿
方應選　華亭人仕至副使
俞顯卿　松江人仕至主事
盧夢錫　華亭人仕至主事
何鯉　武進人仕至知府
龔道立　武進人仕至按察使
錢一本　武進人仕至御史
徐常吉　武進人仕至給事中
史孟麟　宜興人仕至太常寺卿
俞士章　宜興人仕至參政
蔣應宸　宜興人仕知縣
袁一驥　江陰人仕至僉都御史
王堯封　金壇人仕至知府
于玉立　金壇人仕至郎中
張宗載　丹徒人仕至御史
陳汝麟　徐州人仕至僉事
程文　歙縣人
邵庶　休寧人

汪煥　休寧人　吳堯臣　休寧人

潘士藻　婺源人　張應揚　休寧人

程朝宗　休寧人　麻溶　宣城人仕至布政使

梅鵾祚　宣城人仕至御史　胡篤卿　太平人仕至知府

蕭雍　涇縣人仕至按察使　徐榜　涇縣人仕至布政使

陳一簡　繁昌人仕至副使　楊應聘　懷遠人仕至郎中

田勸　潁州人仕至主事　甯中立　潁州人仕至尚寶司卿

夏之臣　亳州人仕至御史　蔡叔逵　合肥人仕至副使

王嘉賓　滁州人　賈巖　滁州人

丙戌科唐文獻榜

沈天啓 江寧人仕知縣
董肇應 江寧人仕至布政使
盛世翼 桐城人仕知縣
方大美 桐城人仕至太僕寺卿
吳應賓 桐城人仕至編修
徐堯莘 潛山人仕至布政使
錢允元 吳縣人仕至主事
徐元正 吳縣人仕至太僕少卿
周嗣哲 吳縣人仕知縣
姚尚德 長洲人仕至參議
孫承榮 長洲人仕至布政使
顧時化 長洲人仕知縣
李大武 長洲人仕至庶吉士
陸　經 長洲人仕至主事
諸壽賢 崑山人仕至主事
顧允元 崑山人仕知縣
柴堯年 崑山人仕知縣
周元暐 崑山人仕知縣
顧雲鳳 常熟人仕至參政
邵　鏊 常熟人仕至郎中

袁光宇 常熟人仕至郎中　周琦 常熟人

沈瓚 吳江人仕至僉事　葉重第 吳江人仕至僉事

毛壽南 吳江人仕至御史　袁黃 吳江人仕至主事

嚴正邦 嘉定人仕至知州　陸大成 太倉人仕至主事

浦士衡 太倉人仕至知州　張輔之 太倉人仕至尚書

唐文獻 華亭人狀元仕至尚書　章憲文 華亭人仕至主事

王就學 武進人仕至員外　褚國賢 武進人仕至主事

安希范 無錫人仕至主事　韓文 無錫人仕至知府

顧龍禎 無錫人仕至御史　顧允成 無錫人仕至主事

婁希亮 無錫人　何淳之 無錫人仕至御史

張令聞江陰人仕至國子監博士　吳之望丹徒人仕至叅議

于仕廉金壇人仕至尚書　楊伯柯淮安人仕至僉事

盛稔儀真人　李杜泰興人仕至郎中

程子鈇歙縣人　方元彥歙縣人

吳中明歙縣人　吳應明歙縣人

金繼震休寧人　梅守峻宣城人仕至叅議

顧文選宣城人仕至給事中　葉煒宣城人仕至副使

徐夢麟宣城人仕至太僕寺卿　黃道月合肥人仕至中書

江有源無爲人

己丑科焦竑榜

焦竑　江寧人狀元仕至修撰
何湛之　江寧人仕至參議
楊材　懷寧人仕至通政使
方大鎮　桐城人仕至大理寺少卿
衞勳　吳縣人仕至員外郎
沈麟祥　吳縣人仕至按察使
章士雅　吳縣人仕至郎中
王禹聲　長洲人仕至知府
朱世節　崑山人仕至主事
陸夢履　崑山人仕至副使
王臨亨　崑山人仕至知府
徐維濂　崑山人仕至同知
王孝　吳江人仕至主事
儲純臣　吳江人仕至知府
蔣杰　吳江人仕至知府
李先芳　嘉定人仕至參議
王士騏　太倉人仕至員外郎
黃元勳　太倉人仕至副使
錢桓　太倉人仕至巡撫
孫文龍　太倉人仕至知府

董其昌松江人仕至尚書　殷廷樞華亭人仕至參議
陳所藴上海人仕至太僕少卿　陸彦章華亭人仕至侍郎
李叔春華亭人仕至知府　朱正色上海人仕至參議
吳炯松江人仕至太僕寺卿　李尚衮金山人
薛敷教武進人仕至助教　唐傚純武進人仕至庶吉士
蔣艮鼎武進人仕知縣　葉茂才無錫人仕至侍郎
周繼昌無錫人仕至府丞　華士標無錫人仕至郎中
楊應文無錫人仕至太僕寺卿　陳幼學無錫人仕至太常寺卿
高攀龍無錫人仕至左都御史　華國榮無錫人
吳正志宜興人仕至僉事　張納陛宜興人仕至主事

潘守正　武進人仕至郎中
儲昌祚　宜興人仕至僉事
姜志禮　丹陽人仕至尚寶卿
王肯堂　金壇人仕至參政
朱思明　丹徒人仕至主事
張世才　山陽人仕至郎中
吳棐　山陽人仕至評事
劉一臨　山陽人仕知縣
宗名世　興化人仕至主事
袁九皐　通州人仕至御史
洪文衡　歙縣人
黃全初　歙縣人
汪先岸　休寧人
汪可進　休寧人
汪以時　婺源人
游朋孚　婺源人
梅守相　宣城人仕至按察使
葉永盛　涇縣人仕至太僕寺卿
姚孟昱　繁昌人仕至僉事
何崇業　懷遠人仕至行人司

馬經綸 霍丘人仕至御史　李朝寅 霍丘人仕至主事

蔣應芝 宿州人仕至郎中

壬辰科翁正春榜

沈鳳翔 上元人仕至給事中　劉伯輝 懷寧人仕至通判

吳用先 桐城人仕至總督　金忠士 宿松人仕至巡撫

張應望 高淳人仕知縣　金士衡 長洲人仕至太僕少卿

管廷節 長洲人仕知縣　顧天埈 崑山人探花仕至左諭德

陸化淳 常熟人仕至知府　翁憲祥 常熟人仕至太常寺卿

吳默 吳江人仕至太僕寺卿　李名芳 嘉定人仕至庶吉士

顧自植 吳江人仕至副使　嚴廷儀 嘉定人仕知縣

王在晉太倉人仕至尚書　楊繼禮華亭人仕至諭德

朱嘉法上海人仕至郎中　沈時來華亭人仕至御史

唐之屏華亭人仕知縣　高承祚華亭人仕至庶吉士

夏景華上海人仕推官　劉純仁武進人仕推官

周士英武進人仕至郎中　胡澄武進人仕至同知

金汝升武進人仕至主事　孫學易武進人仕至御史

吳海鰲無錫人仕至行人司　堵維垣無錫人仕至布政使

湯兆京宜興人仕至太僕寺卿　謝得中宜興人仕推官

顧言江陰人仕至參政　鍾鳴陛丹陽人仕至主事

丁鴻陽丹陽人仕至郎中　馮體乾金壇人仕至主事

史　弼　金壇人仕至光祿寺卿
朱化孚　丹徒人仕至行人
徐來儀　興化人仕至僉事
楊武烈　歙縣人
吳士奇　歙縣人
胡　玠　休寧人
金忠士　休寧人
汪鳴鸞　婺源人
余懋衡　婺源人
高登明　宣城人仕至員外
胡國鑑　宣城人仕至郎中
王文燿　涇縣人仕至主事
張應泰　涇縣人
崔廷健　太平人仕至副使
潘　謐　太平人
馮應京　泗州人仕至僉事
張鶴鳴　潁州人仕至尚書
賈子偁　合肥人仕至布政使

乙未科朱之蕃榜

朱之蕃　江寧人狀元仕至侍郎
張文曄　江寧人仕至知府
李景春　上元人仕至主事
周　元　江寧人仕知縣
丁　遂　江浦人仕至僉事
於國重　懷寧人
何如寵　桐城人仕至大學士
何如申　桐城人仕至布政使
胡　瓚　桐城人仕至叅政
范允臨　吳縣人仕至叅議
徐如珂　吳縣人仕至侍郎
李　鴻　長洲人仕知縣
陳允堅　長洲人仕知縣
顧秉謙　崑山人仕至大學士
柴大履　崑山人仕至員外
沈　琦　吳江人仕至主事
張其廉　嘉定人仕至主事
錢九思　太倉人仕知縣
范允臨　華亭人仕至叅政
陸彥禎　松江人仕至主事

杜士全　上海人仕至尚書　　王孫熙　華亭人仕至知府

李中立　上海人仕至大理寺評事　　洪都　青浦人仕至知府

戴士琳　上海人仕知縣　　張本嘉　華亭人仕知縣

孫愼行　武進人仕至尚書　　薛近袞　武進人仕至布政使

鄭振先　武進人仕至郎中　　劉元珍　無錫人仕至光祿寺卿

吳道行　宜興人仕至給事中　　陳于廷　宜興人仕至都御史

華鈺　丹徒人仕至員外　　徐希孟　金壇人仕至郎中

劉覲文　丹徒人仕至員外　　周應秋　金壇人仕至尚書

徐天寵　江都人仕至知府　　畢懋艮　歙縣人

程寰　歙縣人　　洪養蒙　歙縣人

吴一新　歙縣人　吴宗堯　歙縣人

汪元功　歙縣人　洪世俊　歙縣人

洪　都　歙縣人　汪承爵　歙縣人

鮑應鰲　歙縣人　汪國楠　婺源人

葉鳳翙　婺源人　汪起鵬　婺源人

汪尚誼　婺源人　謝存仁　祁門人

馮　偉　祁門人　胡思伸　績溪人

湯賓尹　宣城人仕至祭酒　施善教　南陵人

管　橘　南陵人　汪龔夔　南陵人

王一楨　青陽人仕至布政使　檀之堅　建德人

甯瑞鯉　廣德人仕至按察使
俞當泰　泗州人仕至郎中

劉九光　潁州人仕至布政使
張鶴騰　潁州人仕至副使

趙元吉　合肥人仕至知府
潘　文　合肥人仕至大僕寺卿

戊戌科趙秉忠榜

顧起元　江寧人仕至侍郎
卜履吉　江寧人仕至副使

何棟如　江寧人仕至太僕寺卿
韓國藩　江寧人仕至通政使

呂昌期　溧陽人仕至叅政
李思誠　句容人仕至尚書

魏成忠　高淳人仕至按察使
阮自華　懷寧人仕至知府

阮以鼎　懷寧人仕至叅政
馬孟禎　桐城人仕至太僕寺卿

毛　堪　吳縣人仕至通政使
張大咸　吳縣人仕知縣

曹爾楨長洲人仕至尚書　沈從本常熟人仕至中書

翁愈祥常熟人仕至主事　陸宗禮常熟人仕知縣

周道登吳江人仕至大學士　須之彥嘉定人仕至尚寶卿

顧士琦太倉人仕至給事中　陳嗣元青浦人仕至叅政

劉嘉猷上海人仕知縣　姚永濟上海人仕至布政使

章元衡華亭人仕至主事　莊則孝松江人仕至郎中

張翼軫金山人仕至副使　張卿繹武進人仕至按察使

周士龍武進人仕至郎中　何士晉宜興人仕至總督

張邦紀宜興人仕至侍郎　吳　元宜興人仕至布政使

張履正江陰人仕至叅政　李思誠興化人仕至尚書

朱一馮 泰興人仕至巡撫　黃建中 興化人仕至主事
范鳳翼 通州人仕至尚寶卿　洪翼聖 歙縣人
畢懋康 歙縣人　汪之彦 歙縣人
程克顯 婺源人　游漢龍 婺源人
潘之祥 婺源人　程宏 休寧人
程再尹 休寧人　汪懷德 婺源人
梅守和 宣城人仕至參政　徐大望 宣城人仕知縣
劉仲斗 宣城人仕至副使　黃一騰 寧國人
崔師訓 太平人仕至參政　李元調 太平人仕至主事
劉光復 青陽人仕至御史　鄭三俊 建德人仕至尚書

朱應鵬當塗人仕知縣　王養俊廣德人仕至叅政

王之屏亳州人仕推官　劉　濟合肥人仕知縣

程希道舒城人仕知縣　王以寧巢縣人仕至叅政

何慶元六安人仕至副使　宋之禎六安人仕推官

辛丑科張以誠榜

姚履素上元人仕至僉事　俞　彦上元人仕至光祿寺卿

潘汝禎桐城人仕至侍郎　姚若木桐城人仕至叅政

姚之蘭桐城人仕至知府　江世東桐城人仕至御史

汪起鳳吳縣人仕至布政使　繆國維吳縣人仕至叅政

王世仁長洲人仕至布政使　徐　鏌長洲人仕至叅政

李應昌 崑山人仕至編修　葛錫璠 崑山人仕至按察使

何琪枝 崑山人仕至主事　瞿汝說 常熟人仕至叅議

徐待聘 常熟人仕至按察使　趙士諤 吳江人仕至巡撫

呂純如 吳江人仕至尚書　周應偁 吳江人仕知縣

王衡 太倉人榜眼仕至編修　姚汝化 太倉人仕至中書

張以誠 松江人狀元仕至諭德　張所望 松江人仕至布政使

徐禎稷 松江人仕至副使　林鳳鳴 松江人

吳亮 武進人仕至大理寺卿　王應昌 武進人仕至主事

龔三益 武進人仕至叅政　吳澄時 無錫人仕至知府

丁天毓 宜興人仕至主事　李守俊 宜興人仕至布政使

陳一教　宜興人事至參政
王義民　江陰人仕至主事
徐大用　丹徒人仕至主事
眭　石　丹陽人仕至編修
史樹德　金壇人仕至按察使
王應乾　睢寧人仕至參政
劉永澄　寶應人仕至主事
程子鰲　歙縣人
洪佐聖　歙縣人
吳邦相　休寧人
程汝繼　婺源人
梅友月　婺源人
濮陽春　宣城人仕至郎中
楊日森　貴池人仕知縣
崔　涓　太平人仕至郎中
楊成喬　太平人仕至郎中
李徵儀　廣德人仕至尚寶司丞
錢　策　無爲人仕至光祿寺卿
吳光儀　無爲人仕至侍郎
朱萬春　無爲人仕至左通政

甲辰科楊守勤榜

程國祥　上元人仕至學士
陶人羣　溧陽人仕至評事
楊公瀚　溧水人仕至太僕寺卿
劉應昌　桐城人仕至知府
吳應琦　桐城人仕至大理寺卿
馬人龍　太湖人仕至布政使
戴耆顯　桐城人仕至主事
韓仲雍　高淳人仕至叅儀
朱邦禎　吳縣人仕至副使
孫承祿　長洲人仕助教
淩漢翀　長洲人仕至御史
周光祖　崑山人仕至主事
錢時俊　常熟人仕至副使
陸問禮　常熟人仕至巡撫
毛以焞　吳江人仕至郎中
沈　珣　吳江人仕至巡撫
孫養正　吳江人仕推官
王家彥　吳江人仕推官

莊元臣 吳江人仕至中書
王遇賓 太倉人仕至副使
鄭棟 松江人仕至副使
陳國是 松江人仕至副使
黃體仁 上海人仕至副使
王善繼 華亭人仕至知府
張鼐 松江人仕至詹事
李凌雲 金山人仕至太僕寺卿
徐光啟 上海人仕至學士
吳爾成 松江人仕至尚寶司卿
姚士慎 松江人仕至尚書
周鉉 武進人仕至行人
錢春 武進人仕至尚書
陸卿榮 武進人仕至巡撫
惲厥初 武進人仕至布政使
華元禔 無錫人仕知縣
鮑際明 無錫人仕知縣
周炳謨 無錫人仕至詹事
吳宗達 宜興人仕至大學士
吳友賢 宜興人仕至主事

周廷侍 金壇人仕至主事
談自省 丹徒人仕至府尹
荆之琦 丹徒人仕至副使
李蔚 丹徒人仕至長史
馮會檵 金壇人仕至員外
高登龍 山陽人仕至叅政
閻世科 山陽人仕至叅議
鄭茂華 江都人仕至巡撫
史啓元 江都人仕至叅政
馬呈秀 江都人
張京元 泰興人仕至叅政
魏應嘉 興化人仕至左侍郎
王繼美 興化人仕至叅政
萬崇德 徐州人仕至御史
吳國仕 歙縣人仕至侍郎
吳汝顯 歙縣人
方道通 歙縣人
張泰階 歙縣人
盧謙 廬江人仕至叅政
汪有功 歙縣人

汪　煇　休寧人　　余懋孳　婺源人

張守道　宣城人仕至侍郎　　戴　新　南陵人

胡允範　貴池人　　李萬化　繁昌人仕至副使

趙一韓　巢縣人仕至副使

丁未科黃士俊榜

徐鳳翔　江寧人仕至主事　　余大成　江寧人仕至巡撫

王名登　溧水人仕至知府　　厲昌謨　六合人仕至員外

姚之騏　桐城人仕知縣　　倪應春　桐城人仕太僕寺卿

左光斗　桐城人仕至御史　　劉錫元　長洲人仕至叅政

顧大章　常熟人仕至太僕寺卿　　沈正宗　吳江人仕至叅政

陶朗先 吴江人仕至巡撫　陳舜道 嘉定人仕至知府

李逢節 吴江人仕至總督　金元嘉 吴江人仕至知府

陳繼徵 吴江人仕知縣　陸獻明 太倉人仕至太僕卿

袁思明 華亭人仕至運判　錢龍錫 松江人仕至學士

楊萬里 上海人仕知縣　李時榮 上海人仕至太僕少卿

張肇林 上海人仕至參政　喬拱璧 上海人仕至參議

陸完學 武進人仕至尚書　吴　暘 武進人仕至布政使

陸大受 武進人仕至知府　薛敷政 武進人仕至太僕卿

董承詔 武進人仕至左布政　鄒志隆 武進人仕至副使

許鼎臣 武進人仕至巡撫　馮士豪 無錫人仕知縣

華敦復　無錫人仕至布政使
湯啓華　宜興人仕至叅議

史垂則　宜興人仕至郎中
蔣　謹　江陰人仕至叅政

虞大復　金壇人仕至叅議
虞德隆　金壇人仕至太僕寺卿

周泰峙　金壇人仕至布政使
王納諫　江都人仕至員外

賈先春　高郵人仕至御史
何南金　泰興人仕知縣

殷宗器　歙縣人
洪輔盛　歙縣人

汪三益　歙縣人
倪思輝　祁門人

舒榮都　黟縣人
劉有源　南陵人

仙克謹　寧國人仕至巡撫
屠元極　寧國人仕至知府

丁紹軾　貴池人仕至大學士
李文郁　合肥人仕知縣

濮中玉 舒城人仕至太僕寺　　劉汝佳 無爲人仕至知府

庚戌科韓敬榜

顧起鳳 上元人仕至鴻臚寺卿　　史孔吉 溧陽人仕至副使

陳萬善 高淳人仕至郎中　　任國禎 懷寧人仕至參政

張秉文 桐城人仕至布政使　　郭忠宁 吳縣人仕至參政

金汝嘉 長洲人仕至副使　　王志堅 崑山人仕至副使

李思啓 崑山人仕至太僕卿　　陳世俊 崑山人仕至御史

錢謙益 常熟人仕至侍郎　　王良臣 常熟人仕至副使

戴元威 常熟人仕知縣　　吳瑞徵 吳江人仕至副使

孫枝芳 吳江人仕至布政使　　侯震暘 嘉定人仕至太常少卿

夏嘉遇　華亭人仕至郎中　　陸燧　上海人仕至知州

錢士貴　華亭人仕至侍郎　　包鴻逵　華亭人仕至給事中

喬時敏　上海人仕至御史　　丘履嘉　青浦人仕至參政

潘大儒　上海人仕至中書　　莊廷臣　武進人仕至布政使

朱國盛　華亭人仕至太常寺卿　　鄭振先　武進人仕至知州

莊起元　武進人仕至太僕寺卿　　吳奕　武進人仕知縣

鄒之麟　武進人仕至主事　　陳睿謨　武進人仕至巡撫

王念祖　武進人仕至副使　　賈允元　無錫人仕至按察使

徐儀世　宜興人仕至副使　　尹嘉賓　江陰人仕至副使

賀世壽　丹陽人仕至尚書　　陳爰諏　興化人

李茂英 寶應人仕至叅議

唐暉 歙縣人

江秉謙 歙縣人

汪泗論 休寧人

程策 休寧人

唐公靖 宣城人仕推官

馮汝京 宣城人仕至叅議

沈有則 宣城人仕至行人司

徐騰芳 宣城人仕至叅政

佘合中 桐陵人仕至大理寺卿

祝可仕 當塗人仕至副使

李一公 繁昌人仕至叅政

張翼明 宿州人仕至巡撫

袁鳴泰 合肥人仕知縣

文三俊 舒城人仕知縣

程註 英山人仕至侍郎

陳于宸 英山人仕知縣

癸丑科周延儒榜

徐揚先　江寧人仕至太僕寺卿
王祚遠　句容人仕至侍郎
孔時貞　句容人仕至檢討
陳應元　江寧人仕至都御史
楊朝棟　句容人仕至給事中
何早　懷寧人仕至御史
方大鉉　桐城人仕至郎中
葉燦　桐城人仕至尚書
齊琦名　桐城人仕至知府
黃文星　潛山人仕至主事
方震孺　桐城人仕至御史
徐道登　吳縣人仕至知府
熊秉鑑　吳縣人仕至參政
周昌順　吳縣人仕至員外
胡汝淳　吳縣人仕至主事
王心一　吳縣人仕至侍郎
周之楨　吳縣人仕知縣
徐鑛　吳縣人仕至都御史
俞琬綸　長洲人仕知縣
張魯唯　崑山人仕至布政使

陳其柱崑山人仕至叅政　朱大典崑山人仕至叅政

程玉潤常熟人仕至知州　陸化熙常熟人仕至叅議

陳必謙常熟人仕至尚書　趙士許吳江人仕至副使

周宗建吳江人仕至御史　甯繩武吳江人仕至評事

周之謨嘉定人仕至員外郎　沈振龍吳江人仕至知州

宣大勲嘉定人仕知縣　黄元會太倉人仕至按察使

李繼貞太倉人仕至侍郎　徐憲卿太倉人仕至太僕少卿

陸文獻太倉人仕至巡撫　張爾嘉青浦人仕至布政使

喬時英上海人仕知縣　王元瑞青浦人仕至御史

董羽宸上海人仕至侍郎　王庭梅上海人仕至布政使

陳敏吾　華亭人仕至知府
朱本洽　上海人仕至副使
陳　甲　青浦人仕至郎中
許譽卿　上海人仕至都給事中
鄒忠應　武進人仕至副使
白貽忠　武進人仕至知府
楊惟和　武進人仕至都御史
沈應時　無錫人仕至通政司
秦廷蒸　無錫人仕知縣
周廷儒　宜興人狀元仕至大學士
周　鼎　宜興人仕至通政司
毛士龍　宜興人仕至巡撫
繆昌期　江陰人仕至諭德
段　璞　金壇人仕至副使
張　捷　丹陽人仕至侍郎
高士望　山陽人仕至知府
趙時用　江都人仕至太常寺卿
劉弘宇　泰州人仕至知府
吳　甡　興化人仕至大學士
解學龍　興化人仕至巡撫

白正蒙通州人仕至行人　吳之俊歙縣人

潘文龍歙縣人　汪康謠休寧人

殷之輅宣城人仕至知府　吳伯與宣城人仕至參議

王建和貴池人仕至參政　羅尚忠青陽人仕至光祿寺卿

李精白潁州人仕至尚書　潘雲翼合肥人仕至太僕少卿

丙辰科錢士升榜

孔貞運句容人仕至大學士　丁明登江浦人仕至郎中

汪元哲六合人仕至知府　阮大鋮懷寧人仕至侍郎

吳叔度桐城人仕至知府　方孔炤桐城人仕至都御史

方大任桐城人仕至巡撫　丁一鳴潛山人仕至給事中

沈立義　太湖人仕至知府
彭汝諧　吳縣人仕教諭

陸康稷　吳縣人仕至郎中
申紹芳　吳縣人仕至侍郎

顧天寵　崑山人仕至主事
許觀吉　崑山人仕至郎中

李白春　崑山人仕至副使
孫朝肅　常熟人仕至布政使

瞿式耜　常熟人
魏浣初　常熟人仕至叅政

吳　煥　吳江人仕至副使
趙鳴陽　吳江人

沈同和　吳江人
殷懋新　嘉定人仕至行人

杜喬林　松江人仕至布政使
徐百朋　松江人

沈猶龍　華亭人仕至侍郎
張履端　華亭人仕至主事

莫儼皐　松江人仕至布政使
王　陞　上海人仕至太僕寺卿

葉有聲　青浦人仕至都御史

鄒嘉生　武進人仕至按察使

瞿士達　武進人仕至參政

徐復陽　武進人仕至御史

莊應德　武進人仕至郎中

陳美道　武進人

蔣如奇　宜興人仕至參政

徐紹沆　宜興人仕至按察使

曹師稷　宜興人仕至給事中

儲顯祚　宜興人仕至參政

蔣允儀　宜興人仕至御史

朱本無　宜興人仕至布政使

李應昇　江陰人仕至太僕寺卿

王政新　丹徒人仕至參政

湯道衡　丹陽人仕至巡撫

史維堡　金壇人仕至主事

丘可孫　山陽人仕至行人

張伯鯨　江都人仕至尚書

姜士望　儀真人仕至主事

張元芳　通州人仕至副使

劉萬春　泰州人仕至主事
汪應元　歙縣人
方有度　歙縣人
汪元標　歙縣人
汪爾元　婺源人
詹應鵬　宣城人仕至叅政
劉仲錫　宣城人
湯必選　宣城人仕知縣
吳尚默　涇縣人仕至御史
張時暘　太平人仕至副使
曹履吉　當塗人仕至光祿寺卿
胡士奇　天長人仕至巡撫
許如蘭　合肥人仕至巡撫
龔萃肅　合肥人仕至按察使

己未科莊際昌榜

孔榮宗　句容人仕至副使
何應奎　桐城人仕至副使
王廷泰　吳縣人仕至評事
顧宗孟　長洲人仕至御史

姚希孟　長洲人仕至掌院事
陳懋德　崑山人仕至巡撫
王永祚　崑山人仕至都御史
陸文衡　吳江人仕至左布政
陳萬言　吳江人仕至庶吉士
董象恒　松江人仕至都御史
王庭栢　華亭人仕至員外
張泰階　上海人仕叅政
范文若　華亭人仕至評事
白貽清　武進人仕至尚書

汪邦柱　長洲人仕至叅議
顧錫疇　崑山人仕至尚書
王運昌　常熟人仕至鹽運使
金之俊　吳江人仕至大學士
李吳滋　太倉人仕至副使
陳所聞　松江人仕至主事
潘雲會　上海人仕至主事
趙東曦　松江人仕至郎中
李逢申　松江人仕至郎中
張瑋　武進人仕至都御史

王之柱　武進人仕至副使

周詩雅　武進人仕至叅議

陸卿任　武進人仕至叅政

湯　齊　武進人仕至太僕寺卿

施元徵　無錫人仕至副使

陳振豪　無錫人仕至知府

吳　炳　宜興人

蔣　覲　宜興人仕至副使

吳　淑　丹徒人仕至知州

貢修齡　江陰人仕至副使

茅崇修　丹徒人仕至郎中

周維持　金壇人仕至御史

倪文煥　江都人仕至太常寺卿

倪啓祚　江都人仕至編修

黃願素　歙縣人

李　喬　興化人仕至巡撫

胡尚英　歙縣人

仇夢台　歙縣人

徐廷宗　建德人仕至副使

汪漸磐　休寧人

鍾斗 太平人仕至給事中

汪若極 旌德人仕至太僕寺卿

羅萬爵 蕪湖人仕至御史

徐紹泰 當塗人仕知縣

李時馨 舒城人仕至御史

劉繼吳 壽州人仕至郎中

天啓壬戌科文震孟榜

倪嘉慶 江寧人仕至郎中

齊心孝 桐城人仕至編修

陳調鼎 高淳人仕至副使

倪嘉善 桐城人仕至右諭德

鮑自新 溧水人仕至主事

陳獻策 溧陽人仕至給事中

姚孫渠 桐城人仕至尚寶司丞

沈應明 吳縣人仕至郎中

顧其國 吳縣人仕至御史

湯本沛 吳縣人仕至主事

文震孟 長洲人狀元仕至大學士

曹可明 句容人仕至叅議

華允誠　長洲人仕至員外
陳仁錫　長洲人探花仕至祭酒
許成章　長洲人仕至叅議
許士柔　常熟人仕至祭酒
顧懋勲　常熟人仕至中書
趙君鄰　吳江人仕至行人
潘有功　吳江人仕至叅議
趙洪範　嘉定人仕至御史
江用世　太倉人仕至按察使
董中行　華亭人仕至副使
張方建　華亭人仕至主事
張元玘　上海人仕至知府
朱長世　上海人仕至主事
何萬化　上海人仕至按察使
徐石麒　華亭人仕至尚書
姚士恒　華亭人仕至御史
沈匡濟　青浦人仕至知府
謝秉謙　上海人仕至御史
馮明玠　吳縣人仕至御史
張昂之　華亭人仕至知府

聶慎行上海人仕至主事　李世祺青浦人仕至太僕寺卿

胡開文松江人仕至員外　鄭鄤武進人仕至庶吉士

楊兆升武進人仕至給事中　吳柔思武進人仕知縣

秦堈無錫人仕至員外　王永吉無錫人仕至知府

鄒名世無錫人仕至布政使　賈明佺無錫人

湯啓烺宜興人仕至知府　盧象昇宜興人仕至總督

徐申懋宜興人仕至知府　張定志宜興人仕至副使

吳鳴虞宜興人仕至郎中　顧一讓宜興人仕知縣

張有譽無錫人仕至侍郎　王都金壇人仕至給事

史纘烈金壇人仕至副使　鄧鉍金壇人仕至御史

祁逢吉　金壇人仕至侍郎　李之椿　如皋人仕至主事

解學夔　典化人仕至副使　馮上賓　如皋人

李　炳　江都人仕至巡撫　王相說　泰州人仕至御史

李化民　高郵人仕至知府　于志舒　泰典人仕至主事

季寓庸　泰典人仕至員外　顧國寶　通州人仕至給事中

姜玉菓　通州人仕至知府　喬可聘　寶應人仕至御史

方一藻　歙縣人　徐成治　歙縣人

汪始亨　歙縣人　汪秉忠　婺源人

郭建邦　旌德人　施臺臣　青陽人仕知縣

沈希韶　蕪湖人仕至御史　李一獻　繁昌人仕至知府

盛民衡定遠人仕知縣　陳三重靈璧人仕至知府

王養廉潁州人仕至行人司　薛邦瑞亳州人仕至副使

汪用世無爲人　吳道昌全椒人仕至御史

夏大儒來安人　馬如蛟和州人仕至御史

乙丑科余煌榜

錢輝喬上元人仕至副使　趙之驊溧水人仕至郎中

孫　晉桐城人仕至總督　王揚基潛山人仕至巡撫

李　模吳縣人　項　煜吳縣人仕至少詹事

沈士奇吳縣人仕至郎中　管玉音長洲人仕至郎中

馮雲起長洲人仕至副使　陳元欽崑山人仕知縣

張魯得　崑山人仕知縣　　單國祚　常熟人仕至郎中

龎承寵　吳江人仕至副使　　葉紹袁　吳江人仕至主事

葉紹顒　吳江人仕至大理寺卿　　袁儼　吳江人仕知縣

侯峒曾　嘉定人仕至通政使　　許國榮　太倉人仕至給事中

袁熿　華亭人仕至主事　　楊汝成　華亭人仕至侍郎

唐昌世　青浦人仕至員外　　周士登　武進人仕至副使

張肯堂　華亭人仕至御史　　吳南灝　武進人仕至給事中

劉光斗　武進人仕至御史　　包虞廷　武進人仕知縣

陸卿正　武進人仕至叅議　　吳道曄　無錫人仕至御史

華琪芳　無錫人會元仕至詹事　　吳士貞　宜興人仕至給事中

曹應秋　宜興人仕至副使
賀　鼎　丹陽人仕至郎中
徐日升　江陰人仕推官
王敬錫　金壇人仕至按察使
吳履中　金壇人仕至侍郎
王夢錫　金壇人仕至布政使
陳觀陽　丹徒人仕至郎中
王永吉　高郵人仕至大學士
高鳳翔　金壇人仕至知府
黃太鉉　泰州人仕至中書
潘允諧　通州人仕至知府
吳孔嘉　歙縣人
楊中元　興化人仕推官
吳彥芳　歙縣人
羅人望　歙縣人
湯一湛　蕪湖人仕至知府
吳家周　和州人仕至尚書
錢弘謨　宣城人仕知縣
唐一澄　宣城人仕至主事
查日俞　涇縣人仕至行人

鹿獻陽 潁州人仕推官　程楷 合肥人仕至參政

李虛白 潁州人仕至主事　胡志藩 合肥人仕至御史

崇禎戊辰科劉若宰榜

汪偉 江寧人仕至檢討　李嗣京 句容人仕至御史

徐一范 高淳人仕至御史　劉若宰 懷寧人狀元仕至侍講

韓一光 懷寧人仕至參議　方拱乾 桐城人仕至侍講學士

宋學顯 吳縣人仕至參議　葛逢夏 吳縣人仕至參議

蔣燦 長洲人仕至參議　徐汧 長洲人仕至右庶子

徐行忠 長洲人仕至主事　朱大受 崑山人仕至知府

葉重華 崑山人仕至太常少卿　徐開禧 吳江人仕至中允

朱天麟崑山人仕至編修　韋明傑吳江人仕知縣
顧燕詒太倉人仕至布政使　張采太倉人仕至員外
李正春太倉人仕知縣　曹勳松江人仕至學士
陳正中華亭人　李沾青浦人仕至給事
張元始上海人仕至給事中　莊元禎華亭人仕至叅政
黃襄武進人仕至員外　蔣煜武進人仕知縣
萬戸侯武進人仕至知州　管紹寧武進人仕至侍郎
莊應會武進人仕至郎中　王章武進人仕至御史
金鉉武進人仕至主事　許應𤨏武進人仕至侍郎
曹荃無錫人仕至副使　胡之竑無錫人仕至副使

陳于鼎宜興人仕至編修　張纘曾無錫人仕至御史
路文範宜興人仕至知府　周昌儒宜興人仕至知府
吳允初宜興人仕至知府　路　進宜興人仕至知府
張育葵江陰人仕知縣　王懋仁丹陽人仕知縣
李恢先金壇人仕至知府　王　驥丹徒人
周　鑣金壇人仕至郎中　賀王盛丹陽人
潘永圖金壇人仕至巡撫　荊廷鉦丹陽人仕知縣
吳起龍丹徒人仕至副使　姚思孝江都人仕至大理寺卿
徐　耀泰州人仕至都御史　李嗣京興化人仕至御史
解學尹興化人仕至給事中　田見龍如皋人

冐起宗　如臯人仕至副使
程子繹　歙縣人
王文企　歙縣人仕至給事中
吳廷簡　歙縣人
程世培　休寧人
金聲　休寧人
程近信　休寧人
李經世　休寧人
余自怡　婺源人
許捷　祁門人
徐汝驊　宣城人仕知縣
孫曰紹　宣城人仕知縣
施承緒　青陽人仕至郎中
胡士昌　建德人仕至員外
關引之　當塗人仕至叅議
戚伸　泗州人仕至主事
王養正　泗州人仕至副使
田用坤　頴州人仕至叅議
劉士名　頴州人仕至叅議
胡守恒　舒城人仕至編修

張克佳 無爲人仕推官　楊四知 六安人仕至御史

張孫振 霍山人仕至御史　金光辰 全椒人仕至都御史

張國臣 含山人

辛未科陳于泰榜

王芝瑞 江寧人仕至僉事　陸　朗 江寧人仕至給事中

潘世奇 六合人仕至御史　潘曾瑋 溧陽人仕至副使

馬成名 溧陽人仕至巡撫　李　清 句容人仕至給事中

汪全智 六合人　陳九一 懷寧人仕至主事

汪游龍 懷寧人仕至巡撫　戴　杲 懷寧人仕至副使

張秉貞 桐城人仕至尚書　吳國琦 桐城人仕至主事

汪國士 桐城人仕至叅議
張鳳翥 宿松人仕至副使
彭國祥 長洲人仕至員外
許士揚 長洲人仕至行人
何謙 崑山人仕至巡撫
孫朝讓 常熟人仕至布政使
王夢鼐 常熟人仕至知府
趙康 吳江人仕至主事
周燦 吳江人仕至御史
申芝芳 嘉定人仕至給事中
吳偉業 太倉人仕至祭酒
曹三用 太倉人仕至叅政
張溥 太倉人仕至庶吉士
錢增 太倉人仕至給事中
呂一經 吳縣人仕至僉事
淩必正 吳縣人仕至副使
沈幾 長洲人仕至知州
宋學朱 長洲人仕至御史
錢位坤 長洲人仕至郎中
管正傳 長洲人仕知縣

杜麟徵松江人仕至郎中　吳禎華亭人仕至編修

徐天麟上海人仕至郎中　張世雍青浦人仕至主事

韓鍾勛武進人仕知縣　薛寀武進人仕至知府

龔可楷武進人仕至副使　劉呈瑞武進人仕至御史

岳虞巒武進人仕至參議　吳簡思武進人仕至參政

馮祖望武進人仕至參議　卜象乾武進人仕至主事

劉綿祚武進人仕知縣　陸自嶽武進人仕至參議

馬世奇無錫人仕至中允　王孫蘭無錫人仕至副使

錢振先無錫人仕至主事　唐錢蕃無錫人仕至主事

吳其馴無錫人仕至郎中　陳于泰宜興人狀元仕至修撰

王期昇宜興人仕至知府　徐懋𣈆宜興人仕至知府
夏尚絅宜興人仕至副使　曹天錫江陰人仕至知府
沈鼎科江陰人仕至主事　卞應聘丹徒人仕知縣
于頫金壇人仕至副使　葛樞丹徒人仕至行人
史元調金壇人仕至知府　于重慶金壇人仕至副使
曹宗璠金壇人仕至監丞　王重金壇人仕至郎中
賀儒修丹陽人仕至助教　王士鑠金壇人仕至給事中
張夬丹陽人仕至按察使　于鉉金壇人
龔銘金壇人仕推官　楊若橋鹽城人
夏曰瑚山陽人仕至編修　閻汝梅江都人仕至主事

鄭元禧儀真人　李　淸興化人仕至給事中

韓如愈興化人仕至給事中　汪運光江都人仕知縣

方士亮歙縣人　項人龍歙縣人

江禹緒歙縣人　曹　曄歙縣人

汪惟效祁門人　鍾震陽宣城人仕知縣

汪承詔寧國人仕至御史　張一如蕪湖人仕至叅議

夏　儀廣德人　戈　簡廣德人

錢震瀧鳳陽人仕至員外　吳士講合肥人仕至副使

史洪謨六安人仕至副使

甲戌科劉理順榜

易震吉上元人仕至副使　凌世韶江寧人仕至主事
汪國策六合人仕至知府　葉士瑛桐城人
光時亨桐城人仕至給事中　陳文顯太湖人仕至主事
周之璵吳縣人仕至員外　周大啓長洲人仕至知府
沈眉元長洲人仕知縣　嚴栻常熟人仕至知州
吳昌時吳江人仕至郎中　沈元龍吳江人仕至行人
陳龍正吳江人仕至國子監丞　陶廷曄吳江人仕至郎中
朱永佑松江人仕至郎中　吳文瀛華亭人
翁元益華亭人仕至給事中　楊枝起上海人仕至給事中
陳組綬武進人仕至員外　陶嘉祉武進人仕知縣

吳鍾巒　武進人仕至郎中　張　琦　無錫人仕至主事
王孫蕙　無錫人仕至主事　王永積　無錫人仕至員外
唐士嶸　無錫人仕至副使　吳國華　宜興人仕至諭德
孫　謀　宜興人仕至員外　戴　英　宜興人仕至給事中
吳洪昌　宜興人仕至主事　路　邁　宜興人仕至郎中
李　青　金壇人仕至主事　殷宜中　鎮江人仕至主事
荆本澈　丹陽人仕至僉事　鄧藩錫　金壇人仕至知府
蔣拱辰　丹徒人仕至御史　張星煒　丹徒人仕知縣
劉自竑　山陽人仕至郎中　葛維垣　沭陽人仕至郎中
李長倩　興化人仕至副使　徐葆初　江都人仕至給事中

成友謙海門人仕至御史　王士英典化人仕至主事
楊振甲典化人仕知縣　許直如皐人仕至員外
羅炌歙縣人仕至僉事　凌世韶歙縣人
謝鼎新溧陽人仕至僉事　汪宗友休寧人仕至御史
夏雨金休寧人　吳國斗休寧人
汪元兆婺源人仕至知府　楊昌祚宣城人仕至中允
劉維仁宣城大仕知縣　孫襄宣城人仕至給事中
蘇瓊石埭人仕至知州　彭慶圖太平人仕至主事
陳我德蒙城人仕至主事　林沖霄霍丘人仕至給事中
韓獻策穎州人仕至行人司　甯予慶穎州人仕至員外

龔鼎孳　合肥人仕至尚書

任天成　舒城人仕至御史

姚咨稷　舒城人仕知縣

朱芾煌　無爲人仕至郎中

葛遇朝　巢縣人仕至員外

祝啓庸　六安人仕推官

丁丑科劉同升榜

錢　源　江寧人仕至給事中

台汝勵　句容人仕至郎中

吳嘉禎　吳縣人仕至副使

劉若宜　懷寧人仕至員外

王　贊　吳縣人仕知縣

吳　适　長洲人

湯有慶　長洲人仕至僉事

趙士春　常熟人探花仕至中允

趙士錦　常熟人仕至員外

許孟卿　常熟人仕推官

時　敏　常熟人仕至給事中

蔣　棻　常熟人仕至主事

趙玉成　吳江人仕至主事
吳　鑄　吳江人仕推官
施鳳儀　嘉定人仕推官
吳繼善　太倉人仕知縣
孫以敬　太倉人仕知縣
吳克孝　太倉人仕至叅議
包爾庚　上海人仕至知州
章　曠　華亭人仕至知州
陳子龍　青浦人
吳培昌　華亭人仕知縣
奚士龍　松江人仕推官
唐昌齡　青浦人仕至主事
夏允彝　華亭人仕知縣
袁　定　上海人仕知縣
陸自巖　武進人仕至副使
毛毓祥　武進人仕至主事
劉憲章　武進人仕至御史
丁　辛　武進人仕知縣
高世泰　無錫人仕至叅議
胡時亨　無錫人

楮尹錫 無錫人

顧棻 無錫人仕知縣

秦鏞 無錫人

徐調元 無錫人仕知縣

侯鼎鉉 無錫人仕至主事

吳貞啓 宜興人仕至僉事

吳春枝 宜興人

儲堪 宜興人

王行儉 宜興人仕至知府

吳應恂 宜興人仕知縣

曹璣 江陰人仕至郎中

段冠 金壇人仕至知府

張明弼 金壇人仕至主事

王猷 丹陽人仕推官

周銓 金壇人仕知縣

蔣鳴玉 金壇人仕至僉事

孫鼎 江都人仕至評事

匡延年 贛榆人

孫世禎 安東人

宮繼蘭 泰州人

曹鼎臣 如皋人仕知縣
王泰徵 歙縣人

洪天擢 歙縣人仕至知府
黃澍 休寧人

馮欽明 祁門人
朱統鐀 盱眙人仕知縣

朱克鯀 盱眙人仕至行人
潘自得 盱眙人仕至主事

王景雲 天長人仕推官
王寖大 合肥人仕至主事

葉士彥 巢縣人仕至僉事
郝錦 六安人仕至御史

庚辰科魏藻德榜

夏時泰 上元人仕至中書
周星 上元人仕至主事

羅策 上元人仕知縣
楊瓊芳 句容人仕至給事中

楊宗簡 溧陽人仕知縣
葛奇祚 高淳人仕至副使

宣國柱懷寧人仕至行人　顏渾懷寧人仕至郎中

方以智桐城人仕至檢討　馬之瑛桐城人仕至主事

姚孫棐桐城人仕至主事　田有年宿松人仕至副使

馮士驊吳縣人　董來思長洲人仕知縣

吳晉錫吳江人仕推官　何平嘉定人仕至參議

周龕太倉人　沈雲祚太倉人仕知縣

吳永孚上海人仕推官　單恂華亭人仕知縣

顧其言金山人仕至都事　錢世貴青浦人仕知縣

錢綺華亭人仕知縣　楊球武進人仕至知府

呂陽無錫人仕至副使　趙玉森無錫人仕至檢討

鄒式金 無錫人
周世臣 宜興人仕至主事

路朝陽 宜興人仕至主事
周正儒 宜興人仕至給事中

李耿 江陰人
錢志騶 丹徒人仕至副使

呂兆龍 金壇人仕至主事
于華玉 金壇人仕至僉事

陳台孫 山陽人仕至參議
姚宗衡 歙縣人仕至檢討

洪明偉 歙縣人仕知縣
曹廣 歙縣人

游有倫 婺源人仕至御史
張士楚 績溪人仕推官

徐律時 宣城人仕至知州
翟翼 涇縣人仕知縣

胡士瑾 貴池人仕知縣
黃廷才 泗州人仕推官

高翼耀 潁上人仕知縣

癸未科楊廷鑑榜

陳丹衷 上元人仕至御史　　季用楫 溧水人

陳名夏 溧陽人仕至大學士　　宋之繩 溧陽人仕至參議

劉餘謨 懷寧人仕至給事中　　張清議 懷寧人仕至副使

汪　鉉 懷寧人仕至行人司　　姚文然 桐城人仕至尚書

顧之俊 長洲人　　劉　曙 長洲人

顧咸建 崑山人　　王　澧 常熟人仕至郎中

馮夢桂 常熟人　　陸貽吉 常熟人仕至給事中

歸起光 常熟人　　王曰兪 常熟人

吳　易 吳江人　　王景亮 吳江人

趙　庚吳江人　龎　彰吳江人
金允治吳江人　孫志儒吳江人
鈕應斗吳江人　黄淳耀嘉定人
王泰際嘉定人　曾五典太倉人
吳國杰太倉人仕知縣　朱　積松江人仕至庶吉士
徐丙晉華亭人　陸慶衍金山衛人
沈　龍華亭人　宋徵璧華亭人仕至知府
李待問上海人　郁汝持華亭人
張若羲青浦人仕推官　張翀之青浦人
沈　泓松江人　王宗熙華亭人

沈士英　華亭人　　陸亮輔　華亭人

楊廷鑑　武進人狀元仕至修撰　　秦之鑑　武進人

吳伯尚　武進人　　蔡元宸　武進人

陳震生　武進人　　毛羽皇　武進人

卜云吉　武進人　　陶元祐　武進人

莊恒　武進人　　龔九嚋　武進人

吳剛思　武進人仕至知事　　秦汧　無錫人仕至主事

强恂　無錫人仕知縣　　黃鍾諤　無錫人仕知縣

許學　無錫人　　華游吉　無錫人

龔廷祥　無錫人　　施名徵　無錫人

錢爾登無錫人仕知縣　馬瑞無錫人

盧象觀宜興人　徐徵麟宜興人

史夏隆宜興人　周鍾金壇人

吳璇宜興人　史可程宜興人

吳貞毓宜興人　荆廷實丹陽人仕至主事

馮斐金壇人　于沚金壇人仕至給事中

江濆金壇人　李皓金壇人

朱日升山陽人　周爽山陽人

楊若梓鹽城人　丘俊孫山陽人仕至知府

孫棨鹽城人　梁于涘江都人

王玉藻江都人　宗灝江都人
鄭元勲江都人　鄭爲虹江都人
宮偉鏐泰州人　包壯行通州人
凌駉歙縣人　汪觀光歙縣人
洪維翰歙縣人　汪姬生休寧人
吳聞禮休寧人　曹鳴遠婺源人
朱懋華南陵人　李一元太平人
程言太平人　方學聖貴池人
夏供佑壽州人　王風仁盱眙人
陳調元宿州人仕至行人　朱鼎延宿州人仕至御史

方名榮巢縣人　單世德巢縣人

金拱敬滁州人仕至郎中　吳國鼎全椒人

吳國龍全椒人仕至給事中

江南通志　卷之三十一

皇清進士

世祖章皇帝順治丙戌科傅以漸榜

高鵬南 句容人　　胡之駿 鹽城人

楊在階 鹽城人　　楊在陛 鹽城人

匡蘭兆 贛榆人　　王期遠 潁州人仕推官

滑文蔚 潁州人仕至知州　　蔣之敘 徐州人

丁亥科呂宮榜

劉思敬 上元人仕至參議　　郭亮 上元人仕至參政

朱之翰 上元人仕至僉事　　葉舟 上元人仕至知府

高翺 江寧人仕至知府　　李敬 江寧人仕至左侍郎

史允琦　江寧人仕至僉事
施鳳翼　江寧人仕至左侍郎
胥庭清　江寧人仕至主事
李廷樞　江寧人仕知縣
李蔚　江寧人仕至主事
張光祁　江寧人仕至參議
朱廷瑞　歙縣人
史士僎　歙縣人
葉嘉徵　宣城人仕知縣
吳六一　黟縣人
唐稷　宣城人仕至主事
秦仁管　宣城人仕至知府
秦才管　南陵人仕至僉事
潘泗水　南陵人仕推官
阮鞠廷　南陵人
羅雲達　青陽人仕知縣
楊世學　當塗人仕至參政
張畢宿　當塗人仕知縣
徐明弼　蕪湖人仕至僉事
程芳朝　桐城人仕至太常寺卿

王大仍　桐城人仕至副使
方亨咸　桐城人仕至御史
顧　鏞　吳縣人仕至僉事
顧予咸　吳縣人仕至員外
劉惠恒　吳縣人仕知縣
錢祖壽　常熟人仕至郎中
翁長庸　常熟人仕至參政
曾振甲　常熟人仕知縣
葉子循　崑山人仕知縣
余國柱　崑山人仕至主事

方若珽　桐城人仕至郎中
吳道凝　桐城人仕知縣
陸朝瑛　吳縣人仕至僉事
繆慧遠　吳縣人仕知縣
汪永瑞　長洲人仕至知府
唐朝鼎　常熟人仕至大理卿
錢裔禧　常熟人仕知縣
李　瑛　崑山人仕知縣
馬雲舉　崑山人仕知縣
許　煥　太倉人仕至知府

張王治　太倉人仕至給事中

盛　交　太倉人仕知縣

何　棟　崇明人現任郎中

宋徵輿　華亭人仕至宗人府丞

徐　鼎　華亭人仕知縣

諸舜發　青浦人仕至參議

曹垂璨　上海人仕知縣

張安茂　青浦人仕至參議

呂　宮　武進人狀元仕至大學士

須兆社　武進人仕至僉事

劉履旋　武進人仕至知府

馮達道　武進人仕至副使

陸有聲　武進人仕至主事

莊冏生　武進人仕至左春坊

孫自式　武進人仕至檢討

陳謙生　武進人仕知縣

吳守寀　武進人仕至知府

張九嶷　武進人仕知縣

徐可先　武進人現任知府

張祚先　武進人仕至僉事

董上治 武進人仕至主事
薛眉 武進人仕知縣
薛耳 武進人仕知縣
史樹駿 武進人仕至知府
瞿廷諧 武進人仕推官
劉果遠 無錫人仕至僉事
劉德炎 無錫人仕至知州
堵廷棻 無錫人仕知縣
蔡瓊枝 無錫人仕至僉事
鄭應皐 無錫人仕至員外
鮑鳳伽 無錫人仕知縣
許襄 無錫人仕知縣
張墀 無錫人
董大翮 江陰人仕知縣
季芷 江陰人仕知縣
裴春魁 江陰人仕知縣
周啓儁 宜興人仕至庶子
蔣永修 宜興人仕至副使
劉幬 靖江人仕知縣
朱鳳台 靖江人仕至主事

楊鼎 丹徒人仕至員外　顧仁 丹徒人仕至御史

張九徵 丹徒人仕至叅議　王際有 丹徒人仕知縣

馮旦 丹徒人仕知縣　陳廷楹 丹徒人仕知縣

聶政新 丹陽人仕至行人　蔣超 金壇人仕至順天學政

于明寶 金壇人仕至副使　馮雷鳴 金壇人仕至知州

馮斑 金壇人仕至御史　袁秉銓 金壇人仕知縣

王康侯 金壇人仕至副使　于雲石 金壇人仕知縣

虞宁 金壇人仕知縣　王家禎 淮安人

王世噩 鹽城人　湯調鼎 清河人

陳卓 江都人仕至叅政　李宗孔 江都人仕至給事中

譚希閔　江都人仕至知府
孫自成　江都人仕知縣

張寬　泰興人仕知縣
季振宜　泰興人仕至御史

呂鳴純　泰興人
孫宗彝　高郵人仕至副使

李應軫　高郵人
楊藻鳳　興化人仕至僉事

石瑋　興化人
朱克簡　寶應人仕至御史

王榜　寶應人
陳忠靖　泰州人仕至給事中

徐我達　泰州人仕知縣
鄧旭　壽州人仕至副使

劉允謙　壽州人仕至御史
錢世錦　盱眙人仕知縣

劉振　盱眙人仕知縣
趙函乙　合肥人仕至僉事

程汝璞　合肥人仕至僉事
王鳳鼎　廬江人仕至主事

汪浴日　六安人仕知縣　　李文煌　盱眙人仕至叅議

己丑科劉子壯榜

謝　觀　上元人仕至副使　　胡順忠　上元人仕至知府

史象晉　上元人仕知縣　　李　楨　上元人仕知縣

蔡祖庚　上元人仕至副使　　陳嘉善　上元人仕至副使

何　采　江寧人仕至侍讀　　丁峻飛　江寧人仕至知府

徐　惺　江寧人仕至布政使　　胡　允　句容人仕至知府

徐必遠　江寧人仕至叅政　　楊元勳　句容人仕知縣

狄　敬　溧陽人仕至叅議　　史　燧　溧陽人仕至叅政

汪　滙　六合人仕知縣　　張習孔　歙縣人

潘士璜 歙縣人　侯振世 宣城人仕知縣

施閏章 宣城人仕至侍讀　戴鉉 建德人仕知縣

曹期嘉 宣城人仕知縣　楊穀汝 當塗人仕至中書

徐鼐臣 當塗人仕知縣　王大章 當塗人仕至知府

葛天驊 蕪湖人仕至知府　張超方 懷寧人仕知縣

吳道觀 桐城人仕知縣　方元成 桐城人仕至侍讀學士

彭　鑛 桐城人仕至副使　周　瑩 吳縣人仕至參議

王應京 吳縣人仕至僉事　尹明廷 吳縣人仕至知府

朱　瑛 吳縣人仕至同知　顧　贄 吳縣人仕至員外

周公軾 長洲人仕至參議　范　龍 長洲人仕知縣

吳之紀 吳縣人仕至僉事
諸保宥 崑山人現任知府
諸　豫 崑山人仕至侍讀
李登雲 太倉人仕至知府
王廣心 華亭人仕至員外
周茂源 華亭人仕至知府
袁國梓 華亭人仕至知府
何　鏗 華亭人仕知縣
朱紹鳳 華亭人仕至給事中
許纘曾 華亭人仕至參政
陸振芬 華亭人仕至參議
董應譽 武進人仕知縣
莊有筠 武進人仕至副使
董異祥 武進人仕至員外
劉漢卿 武進人仕知縣
莊朝生 武進人仕至僉事
陳憲中 武進人仕知縣
謝　展 武進人仕至僉事
吳來儀 武進人仕知縣
吳南岱 武進人仕至副使

沈搏上 武進人仕至知府　瞿廷諧 無錫人仕推官

薛信辰 無錫人仕至布政使　沈在湄 無錫人仕知縣

顧煜 無錫人仕知縣　侯杲 嘉定人仕至郎中

費國暄 無錫人仕知縣　夏霖 江陰人見仕知府

裴春魁 江陰人仕知縣　儲會 宜興人仕知縣

潘瀛選 宜興人仕至知府　徐徵鳳 宜興人仕知縣

吳慶期 宜興人仕知縣　韓豫 丹徒人仕至員外

孫允恭 丹陽人仕至僉事　荆其惇 丹陽人

袁大受 金壇人仕至僉事　劉國欽 金壇人仕至知府

許熙宇 金壇人仕至僉事　李銘常 金壇人

于朋舉　金壇人仕至布政使
史弘謨　金壇人仕知縣
黄宣泰　山陽人仕至郎中
劉芳聲　山陽人仕至僉事
張新標　山陽人仕至郎中
卜永昇　安東人
王國瑋　江都人仕知縣
盛　治　江都人仕至叅議
張日浣　泰興人
季開生　泰興人仕至給事中
楊　潔　興化人
徐　炟　興化人仕至布政使
趙尹翰　興化人仕至副使
李嘉尹　泰州人仕至知府
張之璧　通州人仕至運使
楊模聖　懷遠人仕至知府
夏人佺　壽州人仕至御史
周永緒　盱眙人仕至御史
蕭嗣奇　合肥人仕至行人
徐致覺　六安人仕至編修

潘運暐 滁州人仕至中書　成性 和州人仕至工科給事中

葉萬善 和州人仕知縣

壬辰科鄒忠倚榜

程邑 上元人仕至助教　張延基 上元人仕知縣

陸鳴時 上元人仕至中書　徐珏 上元人仕知縣

周而淳 江寧人仕至主事　王仕雲 江寧人仕推官

笪重光 句容人仕至御史　張芳 句容人仕知縣

吳頡 溧陽人仕至知府　費達 溧陽人仕至郎中

史泰 溧陽人仕知縣　洪琮 歙縣人仕至僉事

何如龍 歙縣人　戴應昌 休寧人

李　熲宣城人仕推官　　胡尚衡涇縣人仕至參議

蘇汝霖石埭人仕至僉事　　汪可準蕪湖人仕至中書

韋一鶴蕪湖人仕知縣　　洪　謩繁昌人仕知縣

汪宗魯懷寧人仕至員外　　徐紹芳懷寧人

陳　焯桐城人侯補主事　　吴弘安桐城人仕至庶吉士

黄樞臣吴縣人　　賈　曾吴縣人仕知縣

張允欽長洲人仕至侍讀　　陸壽名長洲人仕教授

許　瑶常熟人仕至參政　　蘇祖蔭常熟人仕至主事

錢延宅常熟人仕至御史　　邵　燈常熟人仕至僉事

孫　曾常熟人仕至知府　　張　輔嘉定人仕推官

李　愫 華亭人仕至僉事　顧大申 華亭人仕至郎中

施維翰 華亭人現任總督　許啓源 華亭人

李延棨 華亭人仕推官　沈　荃 華亭人現任正詹事

吳　闇 武進人　徐　經 武進人仕推官

吳琪滋 無錫人仕推官　張星瑞 武進人仕至員外

周起岐 武進人仕至僉事　龔廷歷 無錫人仕推官

徐騰暉 武進人仕推官　蔡元禧 武進人仕至博士

岳鍾淑 武進人仕至郎中　黃中瑄 武進人仕知縣

鄒忠倚 無錫人狀元仕至修撰　唐德亮 無錫人仕至員外

楊兆魯 無錫人仕至參議　孫仁洛 無錫人仕推官

張迎禊 無錫人仕推官
吳浤 無錫人仕推官
徐來清 江陰人
宋士顯 江陰人仕知縣
路鐩 宜興人仕知縣
周仲球 宜興人仕推官
許紹芳 宜興人仕知縣
吳晉剡 宜興人仕推官
周季琬 宜興人仕至御史
張定憲 宜興人仕知縣
吳龍章 宜興人仕至主事
周奕封 宜興人仕庶吉士
袁元 天長人
羅漢章 丹徒人仕知縣
賀寬 丹陽人仕至大理寺評事
張灝 丹陽人仕至中書
馮標 金壇人仕至僉事
史承謨 金壇人仕推官
蔡嘉禎 金壇人仕至博士
葛維屏 金壇人仕知縣

吳璞 丹徒人　　徐越 山陽人仕至御史內陞

周龍甲 山陽人仕至僉事內陞　　林文儁 山陽人

張標 江都人仕至主事　　郭礎 江都人仕至知府

朱之焜 高郵人　　萬物育 高郵人

楊演 興化人　　俞鐸 泰州人仕至副使

易象兌 海門人　　李正蔚 盱眙人仕至中書

宋之儒 江都人仕至僉事　　王綱 合肥人仕至參議

沈志彬 無為人　　閻允穀 巢縣人仕推官

曹同統 巢縣人仕推官　　張愈大 巢縣人仕教授

葉正蓁 全椒人仕至同知

吳國縉 全椒人仕教授

乙未科史大成榜

周景濂 上元人仕推官　史颺廷 溧陽人仕至同知

周珽 溧陽人仕教授　汪有朋 歙縣人

鄭嗣武 歙縣人　許書 歙縣人仕至知府

汪觀 宣城人仕知縣　黃雲鶴 宣城人仕知縣

劉夔生 宣城人　洪啓槐 寧國人仕至僉事

謝蘭英 當塗人仕至知州　韋弦佩 蕪湖人現任郎中

任俊 懷寧人仕至副使　項紹芳 懷寧人

吳子雲 桐城人仕至僉事　孫中驎 桐城人

沈世奕　崑山人仕至編修
陳謨　吳縣人仕教授

秦鉽　長洲人會元候補參政
汪琬　長洲人現任編修

申紘祚　長洲人
沈白南　吳縣人仕知縣

陸廷福　常熟人仕至知府
歸泓　常熟人仕至主事

郤世茂　常熟人仕推官
李開鄴　崑山人仕至僉事

何訥　崑山人現任知縣
王發祥　太倉人仕至僉事

黃永　太倉人仕至員外
王登雲　太倉人仕至郎中

顧景錫　太倉人仕教授
王揆　太倉人

宋德宜　崇明人現任吏部尚書
張有光　青浦人仕至員外

王日藻　華亭人現任巡撫
張雲孫　華亭人仕至主事

章霖 華亭人仕教授　　張錫懌 上海人仕至知州
陸鳴珂 上海人仕至助教　　潘堯彩 上海人
程之明 青浦人仕教授　　徐元珙 武進人現任右通政
楊廷錦 武進人仕至副使　　吳來綎 武進人仕至僉事
許之漸 武進人仕至御史　　巢震林 武進人仕至郎中
吳佩鳴 武進人仕推官　　胡宗虞 武進人
屠尚 武進人仕知縣　　鄒登嵋 武進人
劉維禎 武進人現任御史　　黃鼎 無錫人仕至僉事
陳常 無錫人　　嵇永福 無錫人仕推官
秦鏸 無錫人仕推官　　秦松齡 無錫人現任中允

過松齡　無錫人仕教授

鄧種麟　江陰人仕至檢討

戚藩　江陰人仕知縣

惠疇　江陰人

黃雲史　武進人仕至知府

蔣龍光　宜興人仕至副使

吳貞度　宜興人仕至庶吉士

杜汝用　宜興人仕推官

任雄　宜興人

史繼夏　宜興人仕知縣

周成文　宜興人

黃錦雯　宜興人仕知縣

董紹邦　宜興人仕知縣

蔣中和　靖江人仕知縣

李鏞金　丹徒人仕至知府

蔣寅　丹徒人現任副使

陳灯　丹徒人仕至知府

楊志遠　丹陽人仕至參政

荆柯　丹陽人仕知縣

賀王昌　丹陽人仕州判

符渭英　金壇人仕至大理寺評事
曹鍾浩　金壇人仕州同
王明試　金壇人仕至主事
史逸裘　金壇人候補參議
丘象升　山陽人
楊名耀　山陽人現任太僕寺少卿
陸求可　山陽人仕至僉事
楊文正　山陽人
張翩飛　鹽城人
胡簡敬　沭陽人現任學士
閔　叙　江都人仕至僉事
郭士璟　江都人現任主事
許光震　泰州人
丁其譽　如皋人仕至行人
程天旋　通州人
丁象鼎　五河人仕知縣
劉體仁　潁州人仕至郎中
劉廷桂　潁州人
潘世晉　天長人仕至郎中
周建鼎　潁州人仕知縣

倪衷復 合肥人

徐致章 六安人仕至員外

戊戌科孫承恩榜

程瀚 上元人仕知縣

黄如瑾 溧陽人仕推官

彭士俊 溧陽人

胡公著 績溪人

洪啓權 寧國人仕知縣

徐文烜 青陽人

章釆嶽 當塗人仕推官

張如鶱 當塗人仕知縣

陶延中 蕪湖人仕知縣

陸鑑 吳縣人仕知州

郭佩璆 長洲人仕知縣

孫承恩 常熟人狀元仕至修撰

許虬 長洲人仕至知府

葉方恒 崑山人仕至副使

顧岱 嘉定人現任知府

闞選 嘉定人

毛天麒　太倉人　仕知縣
張一鵠　華亭人　仕推官
吳珂鳴　武進人現任侍讀
徐士吉　上海人
屠德隆　武進人　仕知州
鄒祗謨　武進人
吳鼎玫　武進人　仕推官
劉維烈　武進人現任行人司
陳禋祉　無錫人　仕推官
王松　無錫人　仕推官
侯曦　無錫人
朱選　江陰人　仕縣丞
王于玉　宜興人
凌鷃遠　宜興人　仕推官
徐鳴鳳　宜興人　仕推官
張炳　宜興人　仕推官
蔣曜　宜興人
湯原清　宜興人　仕推官
李同亨　宜興人　仕知縣
陸璿　靖江人　仕推官

錢志進 丹徒人仕推官　郞昕 丹徒人仕推官

儲士 金壇人仕推官　詹之瑛 山陽人

陳美典 山陽人　胡可及 山陽人

孫一致 鹽城人仕至侍讀學士　沈漢 鹽城人

張樹屏 鹽城人　高凌雲 江都人仕推官

金懷玉 江都人仕至同知　韓日起 江都人

韓熛 江都人仕知縣　萬里侯 寶應人仕至同知

許明章 舒城人仕知縣　吳國對 全椒人仕至侍讀

李天馥 合肥人現仕戶部侍郎　李敏孫 穎州人仕推官

錢中諧 吳縣人現仕編修

己亥科徐元文榜

羅蒼期　歙縣人仕推官　　鮑濟　歙縣人仕知縣

王國相　歙縣人　　項時亨　歙縣人仕知縣

詹養沉　婺源人仕至編修　　張湛逢　宣城人仕知縣

洪乘軒　涇縣人仕推官　　吳運新　貴池人仕知縣

施秉文　青陽人仕知縣　　姚文爕　桐城人仕至同知

倪适　懷寧人仕知縣　　金國用　吳縣人仕至庶吉士

蔣繪　吳縣人仕至庶吉士　　徐元文　崑山人狀元現仕都御史

彭瓏　太倉人仕知縣　　鄒象雍　長洲人現仕中書

王履昌　常熟人仕知縣　　葉方藹　崑山人仕至侍郎

黃與堅太倉人現任編修　吳　禎太倉人

朱　錦上海人仕至編修　陸　虎華亭人仕推官

楊大鯤武進人現仕按察使　華亦祥無錫人仕至侍讀

華章志無錫人候補主事　華振鷺無錫人

吳景雲宜興人　盧士登宜興人仕推官

劉昌言山陽人　徐袞字山陽人

湯　濩清河人　鄭爲光儀真人仕至御史

李爲霖興化人現仕按察使　周　漁興化人仕至編修

陳志紀泰州人仕至編修　謝開寵壽州人仕至同知

潘滋樹盱眙人仕推官　金光房全椒人仕知縣

張　斗　盱眙人仕知縣
劉佐臨　潁州人仕知縣

劉壯圖　潁州人仕知縣
甯　誥　潁州人仕知縣

劉　揞　潁州人仕知縣

辛丑科馬世俊榜

鄧士傑　上元人仕知縣
楊士元　江寧人

馬世俊　溧陽人狀元仕至侍讀
戴　遇　溧陽人

湯　聘　溧水人仕知縣
孫　奏　高淳人現任知府

錢　雨　當塗人仕知縣
胡永泰　當塗人仕知縣

方秉禎　徽州人
江同海　潛山人仕知縣

王　尹　桐城人仕知縣
江　皋　桐城人現仕知府

姚文燕 桐城人仕知縣　申　穟 吳縣人候補主事

姚　稔 吳縣人仕知縣　趙熣晃 吳縣人現任助教

管　提 吳縣人未殿試　蔣德埈 長洲人

蔣　埴 長洲人未殿試　周慶曾 常熟人現任編修

陳溯潢 常熟人　徐　斌 崑山人

徐與喬 崑山人　顧瀛秀 崑山人

朱元裕 常熟人現任知縣　周　式 太倉人

董　含 華亭人　喬夢蛟 上海人

王又汧 華亭人　宋慶遠 華亭人

葉映榴 上海人候補參議　袁　壡 華亭人

唐子瞻　上海人

諸嗣郢　青浦人

岳宏譽　武進人現任知縣

惲　驌　武進人現任知縣

莊名弼　武進人現任助教

劉宗熹　無錫人

莫大勲　宜興人現任給事中

萬　彥　宜興人

張玉書　丹徒人現任掌院學士

程夢簡　丹徒人任知縣

張　鵬　丹徒人現任順天府丞

范紹淳　丹徒人

潘之彪　丹陽人任知縣

于嗣昌　金壇人任知縣

蔣　扶　金壇人任中書

徐喆武　金壇人現任大理寺少卿

王克篳　山陽人

程　淶　山陽人

李　鎧　山陽人現任編修

李時震　山陽人補中書

李時謙山陽人候補御史　丘園卜睢寧人現任知縣

趙景福江都人仕知縣　倪懋賞江都人

劉欽鄰儀真人仕知縣　陳輔世江都人

王復旦江都人仕知縣　謝鉦高郵人

陳以恂興化人仕知縣　楊⿰火鼎寶應人仕至同知

田顯吉泰州人仕知縣　劉馥鳳陽人現任知州

李式定遠人　杜繼美盱眙人仕推官

王公楷潁州人仕知縣　方舟合肥人仕知縣

朱前詔無為人　洪濟巢縣人仕知縣

孫汝楫全椒人仕知縣　朱大乾全椒人仕知縣

張其善 含山人仕知縣

今上皇帝甲辰科嚴我斯榜

胡士著 江寧人現任檢討　吳樹聲 江寧人

王鉉 江寧人　江蕃 江寧人

鮑一復 歙縣人　曹有光 績溪人

張時英 宣城人　胡開生 涇縣人

岑鶴 建平人現任知縣　周邦鼎 吳縣人仕知縣

周爰訪 吳江人現任知縣　翁輿之 常熟人仕知縣

諸定遠 崑山人候補郎中　盛符升 崑山人現任主事

吳元龍 婁縣人仕至侍講　程文彝 婁縣人現任御史

白彥艮 武進人現任知縣　周弘 無錫人現任侍講

秦鉅倫 無錫人現任知縣　曹禾 江陰人現任編修

鄒嶧 山陽人現任副使　馬文瑩 山陽人

劉謙吉 山陽人現任主事　楊才璣 山陽人現任助教

劉梁嵩 江都人仕知縣　宗書 興化人仕知縣

黎曜 興化人　陸舜 泰州人仕至僉事

孫闊達 通州人仕知縣　張國城 舒城人仕知縣

王履同 無爲人仕知縣　金作鼎 全椒人

丁未科繆彤榜

魏麟徵 溧陽人現任同知　史鶴齡 溧陽人仕至編修

謝文運 溧水人仕知縣　汪溥勳 歙縣人

洪玗 歙縣人仕至主事　梅鋗 宣城人現任御史

趙時可 涇縣人現任知州　任塾 懷寧人現任知州

張英 桐城人現任學士　姚文熊 桐城人仕知縣

楊臣鄰 桐城人仕知縣　龍光 望江人現任中書

繆彤 吳縣人狀元現任侍講　趙炳 長洲人

吳一蜚 長洲人現任知縣　吳之頤 太倉人仕知縣

黃仍緒 崇明人仕至中書　陳玉堪 武進人候補中書行

裴天錫 武進人現任知府　張光第 無錫人候補中書

儲方慶 宜興人候補中書　儲善慶 宜興人仕知縣

儲　振　宜興人現任洗馬　　張玉裁　丹徒人仕至編修

夏　沅　丹徒人仕至編修　　王家棟　金壇人現任同知

許國璠　山陽人現任知縣　　鄭僑生　邳州人

汪懋麟　江都人現任主事　　劉長發　江都人現任主事

張　楷　江都人現任中書　　賈其音　高郵人

喬　萊　寶應人現任編修　　昂紹善　合肥人

庚戌科蔡啓僔榜

周道泰　江寧人　　白夢鼐　江寧人仕至大理寺評事

汪浩然　歙縣人　　江德新　歙縣人

謝玉成　祁門人仕知縣　　丁　宣　宣城人

吳維駿　涇縣人
汪虬　繁昌人
魏康孫　繁昌人現任知縣
江同淇　懷寧人
朱典　吳縣人現任侍讀學士
徐乾學　長洲人現任右贊善
孟亮揆　長洲人現任左諭德
陳二酉　長洲人
趙廷珪　常熟人現任知縣
陸士炳　常熟人現任知縣
顧需枚　崑山人
張爲煥　崑山人現任知縣
陳俶　常熟人
許自俊　嘉定人仕知縣
王掞　太倉人現任左贊善
王原祁　太倉人現任知縣
管爻才　崇明人
黃雲企　婁縣人現任主事
程化龍　青浦人
王元臣　青浦人現任知縣

趙申喬武進人現任知縣　莊揩武進人現任知縣
劉維祺武進人現任知州　高爾公武進人候補主事
吳本立武進人現任主事　張祖鑅武進人
惲啟巽武進人　林鐘無錫人
何金蘭丹徒人現任知縣　于棟如金壇人任知縣
劉始恢山陽人現任主事　倪長犀贛榆縣人任知縣
高以位江都人　厲士貞儀真人
朱鷺鷺泰興人仕至行人　金相玉高郵人
郭昻寶應人現任知縣　江允洌通州人
錢世熹五河人　周文郁壽州人

張　琦　潁州人現任主事
許孫荃　合肥人現任郎中

胡永亨　舒城人現任行人司
陶虞颺　全椒人現任知州

癸丑科韓菼榜

羅秉倫　江寧人現任大理寺丞
王日曾　溧陽人現任員外

董粵固　溧陽人
繆錦宣　吳縣人現任檢討

韓　菼　長洲人狀元現任右贊善
吳　瞻　長洲人

董　閶　吳江人現任檢討
沈　攀　吳江人

蔣　伊　常熟人現任參議
徐秉義　崑山人現任編修

馬鳴鑾　崑山人現任編修
李　柟　崑山人現任編修

王鴻緒　婁縣人現任侍讀
蔣扶暉　宜興人

沈復崑丹徒人　歐陽旭丹徒人
荆洪揚丹陽人　李欽式金壇人
宮夢仁泰州人現任叅議　陳瑄高郵人
殷鼎高郵人　張琴泰州人
韓竹天長人現任編修　任振世舒城人
吳世基無為人　徐振采和州人
劉淑因穎州人
丙辰科彭定求榜
王瑞上元人仕至編修　貢琛上元人
彭會淇溧陽人現任編修　史秉直溧陽人高淳籍

邢開雍 當塗人　朱雲 吳縣人候補中書

沈曾頤 吳縣人現任中書　張嵩齡 吳縣人

彭定求 長洲人狀元現任修撰　丁瑮 崑山人

陸德元 長洲人候補助教　沈旭初 崑山人現任編修

顧洪善 崑山人現任中書　王雲鳳 崑山人

王緝植 崑山人　顧焯 嘉定人現任中書

王吉武 太倉人現任博士　錢三錫 太倉人現任知縣

黃立 太倉人　黃亮可 太倉人候補中書

顧藻 吳縣人現任編修　王頊齡 華亭人現任編修

高層雲 華亭人現任評事　唐子鏘 華亭人

楊瑄 婁縣人現任編修

范緦 婁縣人現任教授

彭開祐 婁縣人

張啓祚 上海人

張集 青浦人現任御史

朱袞 松江人

季麒光 江陰人現任知縣

任弘嘉 宜興人

張仕可 丹徒人候補中書

劉鏕 丹徒人

荆元實 丹陽人

李錦 江都人以科員用

許承宣 江都人現任給事中

蕭雲起 江都人

湯彭年 江都人

劉芳世 江都人

程濬 儀真人現任中書

陳啓貞 儀真人

劉嗣季 泰興人

張茂枝 泰興人候補中書

黃升　興化人　劉凡　潁州人
丘時成　六安人　吳晟　全椒人
沈支炳　武進人

己未科歸允肅榜

陸史　江寧人　吳琇　溧陽人
汪晉徵　徽州人　孫卓　宣城人現任編修
茆薦馨　宣城人現至編修　方伸　南陵人現任庶吉士
劉楷　南陵人現任中書科　丁宗閔　當塗人
鮑薦　繁昌人　張廷瓚　桐城人現任編修
馬教思　桐城人現任編修　沈朝初　吳縣人現任編修

王　澄吳縣人　　夏雲來吳縣人
郁　斐長洲人　　郁世焜吳江人現任知縣
歸允肅常熟人狀元現任修撰　　顧　琛嘉定人
張振鳳崇明人　　唐　泓太倉人現任行人
吳　標崇明人　　錢金甫上海人現任編修
宋廷獻上海人　　陸祖修青浦人現任庶吉士
王師旦青浦人　　楊大鶴武進人現任編修
錢二白武進人　　侯麟勳無錫人
秦廣之無錫人　　華　黃無錫人
陸　輿宜興人現任庶吉士　　孫朝慶宜興人

吳　琳宜興人　卞士弘丹徒人

荆孝錫丹陽人　張　睿山陽人

任觀瀛蕭縣人　張玉履泰興人

王令樹泰興人　王鼎臣高郵人

成康保寶應人　唐　勲潁州人

李孚青合肥人現任編修

壬戌科蔡升元榜

史　夔溧陽人現任庶吉士　潘麒生溧陽人現任庶吉士

陳悦旦高淳人　余光全潛山人

錢士鋐吳江人　蘇翔鳳常熟人

朱而錡 崑山人　王喆生 崑山人現任庶吉士

李岳頒 吳縣人現任庶吉士　徐　烱 崑山人

陸　虬 吳縣人　彭寧求 長洲人現任編修

張如錦 長洲人　顧用霖 長洲人

沈會琦 吳縣人　金大成 吳縣人

尤　珍 長洲人現任庶吉士　曹國維 青浦人現任中書

宋志良 婁縣人　王九齡 婁縣人現任庶吉士

周金然 松江人現任庶吉士　黃暉烈 武進人

萬丹詔 宜興人　董佩笈 武進人

朱廷鋐 江陰人　萬廷詔 宜興人

趙天潤江陰人　周宜振無錫人

吳元臣宜興人　徐人鳳武進人現任主事

儲掄宜興人　于漢翔金壇人

王之瑚丹徒人　吳晟山陽人現任庶吉士

劉洛中山陽人　劉愈山陽人

張豹安東人　汪士楚儀真人

許嗣隆如皋人現任庶吉士　陸肇昌泰興人

陳鼎元通州人　劉國黻寶應人現任庶吉士

李清仁江都人　張祚如皋人

陸遐昌泰興人　吳苑歙縣人現任庶吉士

江清徵　歙縣人
阮爾詢　宣城人現任庶吉士
王國彦　涇縣人
章世德　貴池人
鹿　祐　穎州人
夏廸忱　廣德人

江南通志卷之第三十一終

江南通志　卷之第三十一

江南通志卷之第三十二

選舉 舉人

明洪武

庚戌科龍文明等 共七十二人

夏　時 崑山人仕至御史　袁　凱 華亭人仕至御史

辛亥科 名數無考

壬子科 名數無考

甲子科廖孟贍等 共六十六人

陳　恭 江寧人仕至尚書　桂　滿 臨淮人仕至左都御史

羅　拱 安東人仕至參議　劉　勉 安東人仕至御史

徐久善　潛山人仕至尚書

丁卯科施顯等　共二十六人

邢思文　當塗人仕至御史

庚午科黃文史等　共二十人

姚恕　吳江人仕至御史　　韓進　潁州人仕至御史

癸酉科　名數無考

陳應奎　長洲人仕至給事中　　林和　合肥人仕至光祿寺卿

王孚　安東人仕至給事中　　王規　海州人仕至參政

丙子科尹昌隆等　共七十七人

姚山　吳縣人仕至參政　　沈熊　長洲人仕至御史

何德源 吳江人仕至布政使

建文

巳卯科劉政等 共二百十四人

沈斯 江陰人仕至給事中　許勝 嘉興人仕至御史

孫儁 六安人仕至布政使　侯汝 宣城人仕至御史

張敬 江都人仕至僉事　陳昇 通州人仕至御史

石璞 華亭人仕至按察使　姚文玉 山陽人仕至給事中

李縉 山陽人仕至按察使

永樂

癸未科王仲壽等 共一百二十八人

顧文達 華亭人仕至御史　姜士儀 華亭人仕至給事中

陳壽 婺源人仕至檢討　莫福 宣城人仕至給事中

夏正 山陽人仕至叅政

乙酉科朱璹等 共一百四十九人

陳傑 吳縣人仕至給事中　趙端 上海人仕至給事中

宋珉 江陰人仕至叅政　李敭 太湖人仕至御史

趙彬 臨淮人仕至僉事　劉洵 鹽城人仕至按察使

成均 鹽城人仕至副使　楊忠 山陽人仕至御史

戊子科王壽生等 共五十八人

章儀 吳縣人仕至御史　吳繪 吳縣人仕至給事中

車遜高郵人仕至給事中

辛卯科徐則寧等共一百六十九人

徐俌長洲人仕至參政　邵璡崑山人仕至給事中

周璨崑山人仕至御史　張政華亭人仕至僉事

陶育華亭人仕至給事中　趙琬武進人仕至諭德

卜謙頴上人仕至參議　秦瓛如皋人仕至御史

徐觀當塗人仕至副使　柳方當塗人仕至御史

戴謙當塗人仕至御史　孫士用和州人仕至檢討

徐巖華亭人仕至副使

甲午科謝瑤等共一百一十七人

戴謙華亭人仕至僉事　向侃巢縣人仕至御史

姚璧上海人仕至御史　程富歙縣人仕至副都御史

王質太和人仕至尚書　朱鐸當塗人仕至御史

韋經南陵人仕至參議

丁酉科楊珙等共五十九人

倪傑華亭人仕至僉事　潘岳六安人仕至御史

年富懷遠人仕至尚書　孫純通州人仕至御史

庚子科劉鉉等共七十四人

顧原臨淮人仕至御史志名顧敏　黄純全椒人仕至御史

癸卯科王政等共七十人

宣德

丙午科潘延等 共六十五人

朱昂 無爲人仕至布政使 祝銘 山陽人仕至苑馬寺卿

己酉科沈謙等 共八十一人

王麟 上元人仕至僉事

壬子科謝璿等 共八十人

陳忠 貴池人仕至御史 謝瓛 華亭人仕至御史

談泰 無錫人仕至御史

乙卯科郭綸等 共八十人

正統

戊午科徐瑄等 名數無考

辛酉科錢傅等 名數無考

李周 海門人仕至巡撫　王珏 高郵人仕至布政使

甲子科王濬等 共一百人

王濬 上元人仕至僉事　顧浩 嘉定人仕至僉事

施謙 華亭人仕至僉事

丁卯科周興等 共一百人

周祐 山陽人仕至御史

庚午科章表等 共二百人

王經 江都人仕至僉事　蘇慶 安東人仕至御史

吳　璘 江都人仕至副使　康永韶 祁門人仕至御史

景泰

癸酉科葉琦等名數無考

李應禎 江寧人仕至太僕寺卿　羅　麟 江寧人任至參政

徐　春 崑山人仕至御史　張　俌 長洲人仕至御史

張　駿 上元人仕至尚書　沈　瑜 上海人仕至太常寺卿

丙子科貝春等共一百三十五人

李　旻 江寧人仕至僉事

天順

己卯科張文等共一百三十五人

王　謙　廬江人仕至苑馬寺少卿

壬午科任彥常等共一百三十五人

成化

乙酉科陸簡等共一百三十五人

戊子科賀恩等共一百三十五人

辛卯科濮晉等共一百三十五人

李大本　懷寧人仕至僉事

趙　沄　山陽人仕至僉事

陳　達　沭陽人仕至布政使

甲午科王鏊等共一百三十五人

丁酉科劉繼武等共一百三十五人

庚子科貢欽等共一百三十五人

癸卯科儲巏等共一百三十五人

丙午科陳鎬等共一百三十五人

弘治

己酉科靳貴等共一百三十五人

顧榢吴縣人仕至僉事

壬子科顧清等共一百三十五人

邵清江寧人仕至僉事　徐冠涇縣人仕至副使

乙卯科王昇等共一百三十五人

葉蟲祁門人仕至參政

戊午科唐寅等共一百三十五人

辛酉科陸深等共一百三十五人

陳端甫武進人仕至參政

甲子科眭紘等共一百三十五人

正德

丁卯科吳仕等共一百三十五人

庚午科孫繼先等共一百三十五人

江一桂婺源人仕至副使

癸酉科王大化等共一百三十五人

莫同無錫人仕至僉事

丙子科崔桐等共一百三十五人

周　冕滁州人仕至御史

己卯科潘潢等共一百三十五人

黄　鏜歙縣人仕至御史

嘉靖

壬午科華鑰等共一百三十五人

陸　瑚太倉人仕至御史　黄　河通州人仕至御史

乙酉科袁袠等共一百三十五人

戊子科許仁卿等共一百三十五人

汪　景南陵人仕至按察使

辛卯科趙沐等　共一百三十五人

甲午科鄭惟誠等　共一百三十五人

丁酉科王諷等　共一百三十五人

沈寵　宣城人仕至叅議

庚子科趙錢等　共一百三十五人

癸卯科尤瑛等　共一百三十五人

丙午科袁洪愈等　共一百三十五人

己酉科唐一麐等　共一百三十五人

杜詩　吳縣人仕至叅政

壬子科孫溥等　共一百三十五人

乙卯科張世熙等共一百三十五人

秦　寵合肥人仕至副使

戊午科佘毅中等共一百三十五人

吳　嶙武進人仕至叅議

辛酉科許國等共一百三十五人

方　鋐歙縣人仕至御史　吳天洪歙縣人仕至光祿寺卿

甲子科沈位等共一百三十五人

隆慶

丁卯科周汝礪等共一百三十五人

庚午科吳汝倫等共一百五十人

管九皋 廣德人仕至僉事

萬曆

癸酉科江文明等 共一百三十五人

卜以學 宏典人仕至副使

丙子科顧憲成等 共一百三十五人

梅守極 宣城人仕至戶部

己卯科陸大成等 共一百三十五人

壬午科王士騏等 共一百三十五人

申用嘉 吳縣人仕至叅政

蔣 鏑 長洲人仕至副使

乙酉科周繼昌等 共一百三十五人

戊子科周應秋等　共一百三十五人

凌子儉　歙縣人仕至副使

辛卯科汪鳴鸞等　共一百三十五人

甲午科龔三益等　共一百三十五人

陳繼芳　江陰人仕至副使

丁酉科呂克孝等　共一百四十五人

萬　編　丹徒人仕至僉事

庚子科李應昌等　共一百四十人

徐雲鳳　宣城人仕至僉事

癸卯科王納善等　共一百三十五人

丙午科鄒之麟等 共一百三十五人

顧國縉 上海人仕至副使

己酉科尹嘉賓等 共一百三十五人

歸紹隆 常熟人仕至副使

吳善謙 桐城人仕至御史

沈試 吳江人仕至副使

壬子科張瑋等 共一百二十五人

孫元化 嘉定人仕至巡撫

乙卯科葉有聲等 共一百四十八人

金九陛 全椒人仕至叅議

戊午科盛文琳等 共一百四十八人

王　熹　崑山人仕知州殉難贈太常卿

天啓

辛酉科陳組綬等　共一百五十八人

甲子科周鑣等　共一百四十八人

左光先　桐城人仕至御史

丁卯科沈幾等　共一百四十八人

崇禎

庚午科楊廷樞　共一百五十人

雷縯祚　太湖人仕至僉事　沈壽嶽　宣城人仕至僉事

吳　達　無錫人仕至左通政

癸酉科桂中等共一百四十八人

丙子科章曠等共一百四十八人

己卯科湯斯祜等共一百四十八人

壬午科盧象觀等共一百四十八人

陳咨稷武進人仕至僉事

選舉 貢生

洪武

徐文英 溧陽人仕至御史　徐駟 江南人仕至給事中

史壽 溧陽人仕至給事中　張善 江浦人仕至運使

陳穎 懷寧人仕至御史　張濬 桐城人仕至御史

黃敏 桐城人仕至副使　許友進 桐城人仕至御史

何哲 望江人仕至御史　姚絅 蘇州人仕至給事中

何清 潛山人仕至御史　劉誼 潛山人仕至御史

許思溫 蘇州人仕至左侍郎　蘇子厚 蘇州人仕至布政使

戈丘 蘇州人仕至御史　龔詧 崑山人仕至給事中

丘　驥　崑山人仕至給事中　陶宗順　崑山人仕至御史

王　英　崑山人仕至按察使　陸子榮　常熟人仕至給中

鈕　衍　常熟人仕至条政　張　瑛　吳江人仕至僉都御史

諸士能　吳江人仕至僉事　龔　岩　崇明人仕至僉事

馬　禎　華亭人仕至給事中　沈紹先　華亭人仕至御史

徐　諒　華亭人仕至僉事　蔣彥英　華亭人仕至条議

夏　禮　青浦人仕至副使　邵　直　宜興人仕至僉事

高繼能　江陰人仕至御史　儲　埏　宜興人仕至布政使

池　澄　江陰人仕至侍郎　蘇　珏　宜興人仕至運使

翟　斐　江陰人仕至給事中　王　澄　宜興人仕至給事中

丁寧　宜興人仕至僉事

徐用　丹徒人仕至御史

周密　丹徒人仕至御史

陳濂　丹陽人仕至御史

蔡鑑　丹陽人仕至御史

李徵　山陽人仕至尚書

周瑞　山陽人仕至御史

李斌　山陽人仕至御史

成寧可　鹽城人仕至副使

宮準　桃源人仕至御史

丁恆　丹徒人仕至御史

張進　丹徒人仕至御史

胡善　丹陽人仕至御史

談鎔　丹陽人仕至御史

潘中　金壇人仕至御史

楊泰　山陽人仕至侍郎

王憲　山陽人仕至僉事

包思義　鹽城人仕至僉事

崔嵩　清和人仕至御史

楊銳　安東人仕至僉事

李玉 安東人仕至叅政
盧昭 沭陽人仕至僉事
朱箎 沭陽人仕至給事中
李儀 海州人仕至給事中
薛堅 海州人仕至侍郎
姜謙 海州人仕至叅議
賀止善 贛榆人仕至御史
張進 邳州人仕至給事中
郜惟中 邳州人仕至副使
蔡新 江都人仕至御史
周冕 泰興人仕至布政使
楊允 寶應人仕至副使
丘思齊 泰興人仕至御史
范琦 興化人仕至僉事
蔣彝 高郵人仕至叅政
柯榮 高郵人仕至御史
陳艮祐 海門人仕至叅政
翟善 泰興人仕至尚書
李輅 高郵人仕至御史
冐檜 如皋人仕至御史

趙琮 江都人仕至僉事
彭常 通州人仕至參政
楊廉 泰州人仕至僉事
向善 儀真人仕至參政
徐震 興化人仕至參議
李壽 江都人仕至參政
江壽祖 歙縣人仕至參議
余士達 歙縣人仕至府丞
汪同 歙縣人仕至副使
王貞 婺源人仕至給事中
程可久 婺源人仕至御史
李僧 婺源人仕至御史
江崇禮 婺源人仕至御史
康海 祁門人仕至御史
孫商 太平人仕至僉事
王霖 宣城人仕至御史
駱福緣 宣城人仕至御史
梅輻 宣城人仕至御史
蔣賓興 宣城人仕至參議
張曄 寧國人至參政

李賢 貴池人仕至僉事
方濬 貴池人仕至參議
劉永 貴池人仕至御史
陳士昭 貴池人仕至御史
舒仲誠 貴池人仕至副使
徐謙 青陽人仕至太僕寺卿
張維新 銅陵人仕至御史
潘伯庸 銅陵人仕至按察使
徐德源 銅陵人仕至參議
張謹 當塗人仕至通政司參議
時中 當塗人仕至參議
洪範 當塗人仕至御史
蕭庸 當塗人仕至給事中
杜智 蕪湖人仕至左都御史
潘懋祐 蕪湖人仕至御史
鄒銳 蕪湖人仕至參政
胡湜 蕪湖人仕至僉事
任輝 繁昌人仕至御史
黃琮 合肥人仕至左諭德
蔚綬 合肥人仕至尚書

曹貴 合肥人仕至副使
吉安 舒城人仕至御史

蔡暎 舒城人仕至御史
陳延傑 無爲人仕至副使

陳大本 無爲人仕至參政
周璞 巢縣人仕至給事中

張瑞 巢縣人仕至給事中
朱政 六安人仕至僉事

黃拯 英山人仕至御史
張子貞 英山人仕至布政使

高壽 臨淮人仕至左中允
劉節 定遠人仕至僉事

丁豫 五河人仕至苑馬寺卿
周泉 虹縣人仕至御史

馬英 虹縣人仕至僉事
張思恭 蒙城人仕至侍郎

陳居敬 蒙城人仕至侍郎
何文質 蒙城人仕至御史

吳斌 霍丘人仕至副都御史
胡達 霍丘人仕至運使

姜滌 泗州人仕至按察使　金純 泗州人仕至尚書

侯福 巢縣人仕至給事中　陳福 宿州人仕至府尹

楊冀安 靈璧人仕至尚書　莊敬 靈璧人仕至布政使

朱敬 靈璧人仕至僉事　張貫 靈璧人仕至府尹

韋茂 靈璧人仕至給事中　周鎬 潁州人仕至參議

郭沖 潁上人仕至給事中　秋茂 潁上人仕至僉事

李謙 潁上人仕至給事中　田子耕 太和人仕至給事中

張定 亳州人仕至御史　程泰 太和人仕至御史

趙麟 徐州人仕至御史　張驥 徐州人仕至給事中

史恆 徐州人仕至御史　吳訥 徐州人仕至御史

王祉 蕭縣人仕至僉事
孫續 蕭縣人仕至御史
丁德量 蕭縣人仕至御史
謝昇 沛縣人仕至御史
朱安 碭山人仕至御史
戴澤 廣德人仕至僉事
戴祥 建平人仕至僉事
王所安 建平人仕至御史
丁琰 建平人仕至給事中
呂方 滁州人仕至御史
陳鎮 滁州人仕至御史
魏修 滁州人仕至參政
於佐 全椒人仕至副使
麻冕 全椒人仕至布政使
張建中 和州人仕至御史
葉觀 和州人仕至布政使
楊賢 和州人仕至御史
杜文 和州人仕至僉事
耿定 和州人仕至參議
楊貞 和州人仕至御史

郝敬 和州人仕至叅議　曹斌 和州人仕至御史

建文

黄毅 通州人仕至叅政　梁觀 當塗人仕至僉事

潘哲 當塗人仕至檢討　華嵩 蕪湖人仕至副使

宋嶼 蕪湖人仕至御史

永樂

李應庚 高淳人仕至給事中　許安 句容人仕至僉事

嚴信 句容人仕至苑馬寺卿　朱震 溧水人仕至御史

諸葛平 江浦人仕至叅議　胡曄 六合人仕至御史

金文彬 桐城人仕至御史　金瑞 桐城人仕至叅議

孫源　潛山人仕至御史
朱諒　吳縣人仕至給事中
衛浩　常熟人仕至副使
丘中　常熟人仕至給事中
繆政　常熟人仕至御史
奚士安　華亭人仕至僉事
桑景春　華亭人仕至御史
印理　華亭人仕至御史
王景安　華亭人仕至僉事
楊英　清浦人仕至給事中
盛偉　江陰人仕至御史
何滐　江陰人仕至布政使
徐岳　江陰人仕至御史
王振　丹徒人仕至御史
卜禎　山陽人仕至運使
馬駿　清河人仕至給事中
趙智　沭陽人仕至左布政
田衡　高郵人仕至參政
張禮　江都人仕至參議
鄭進善　祁門人仕至按察使

王艮 太平人仕至給事中

吳芳 貴池人仕至御史

畢端 青陽人仕至治中

王叔堅 建德人仕至御史

江得 東流人仕至僉事

潘舉 合肥人仕至御史

陳瓚 合肥人仕至叅政

張敔 合肥人仕至僉事

丁銑 無爲人仕至給事中

陳鐸 巢縣人仕至給事中

朱信 六安人仕至御史

孫節 壽州人仕至布政使

徐正 壽州人仕至大理寺卿

胡進 壽州人仕至給事中

蕭玉成 泗州人仕至左都御史

黃旺 潁上人仕至給事中

鍾量 浙江人仕至御史

李秉 潁上人仕至御史

李育 太和人仕至御史

王信 徐州人仕至太常寺卿

胡　廙　廣德人仕至叅政　　陳　斌　武進人仕至御史

宣德

張　愷　溧水人仕至御史　　方　進　望江人仕至御史

高　安　山陽人仕至叅政　　顧　理　山陽人仕至叅政

徐　枚　壽州人仕至布政使　　東　晦　壽州人仕至御史

任　用　宿州人仕至給事中

正統

沈　靖　興化人仕至僉事　　齊　昭　山陽人仕至僉事

奚　倫　宣城人仕至給事中　　洪本昌　建德人仕至僉事

丁　鏞　無爲人仕至叅議

景泰

馮廸 山陽人仕至參議

天順

韓明禮 睢寧人仕至參議

成化

俞俊 婺源人仕至僉事

萬曆

孔貞會 建德人仕至僉事

皇清舉人

世祖章皇帝順治二年乙酉科共一百四十五人

張九徵　汪永瑞　董文驥　汪　遠

周龍甲　曾紹唯　熊敏慧　韓　獻

王化明　許　襄　杜汝用　戚天格

徐果遠　楊　演　路汝捷　徐騰暉

左　圖　袁秉銓　李廷樞　周茂源

堵廷棻　蔣永修　汪之崑　鮑鳳翔

顧子升　汪　滙　陳憲冲　郭　礎

李　蔚　馮　旦　朱克簡　張　燈

巫之巒　顧玳　李銘常　繆慧遠
薛紹聲　許煥　張安茂　萬應皐
聶政新　毛重倬　狄敬　史象晉
易象兌　張寛　楊鏞　張星喬
周仲球　張愈大　蔡于宣　汪夢蒲
薛耳　唐朝鼎　王際有　陳其勳
于雲石　葛維屏　沈御　錢祖壽
唐懋淳　蔣超　李廷棨　陳錧
林中桂　鮑蘭　錢世錦　李瀅
曹垂璨　張方葵　王自新　汪浴日

郭亮　吳晉剡　周五嘗　費逵

王鎬　張祚先　王應京　韓豫

鄒自式　朱允治　彭文煒　王天璧

黃承　許瑤　徐鼎　沙衍中

沈在湄　李正蔚　秦才管　李楨

唐稷　顧仁　陳常　趙畄乙

譚希閔　高翀　潘芬　李敬

丁象鼎　楊鼎　趙觀乙　潘泗水

莊起賢　史樹駿　張如璿　周啓嶲

孫自成　胡之駿　朱選　劉堯枝

蔣怡 黃中瑄 宋徵輿 程汝璞

陳廷楹 潘士璜 楊模聖 吳禔之

孫穎禾 陸本 葉正蓁 尹明廷

沈摶上 蔣龍光 葛天驊 徐可先

周斑 過松齡 沈濬 丁日乾

范朝瑛 厲士貞 張炳 陳有度

左國林 史士偰 馮弘道 楊弘祚

沈昇初 徐惺 沈光啓 謝覲

胡禹冀

順治三年丙戌科 共一百四十五人

范　龍　于之寅　孫之本　徐明弼
張新標　孫宗彝　東　京　王康侯
劉思敬　施閏章　高岳英　顧　煜
周　式　朱鳳台　吳之紀　陳嘉會
張王治　曹鍾浩　顧予咸　翁長庸
徐我達　黃宣泰　黎　曜　方若珽
張　晧　林文學　史允琦　蔣　扶
王大仍　陳覺先　陳　适　潘瀛選
吳六一　張　宷　荆子周　薛　眉
顧景鉉　姚　椽　王相呂　王道光

管嘉藩 楊廷錦 李丹 李籙
孫開先 陳繩舜 儲方榮 石瑋
鄒登嵋 顧鏞 彭士俊 方元成
錢嘉徵 陳德慶 徐國鼎 董上治
蔡瓊枝 陳卓 劉惠恒 葉萬善
鄧旭 王鳳鼎 張幼學 董世仁
吳守寀 汪燦 曾振甲 吳應震
馮達道 錢裔僖 范之俊 季振宜
趙開雍 繆植 馬廷桂 方亨宜
李宗孔 楊兆魯 鮑鳳仞 閻兆儀

袁仍獬	薛信辰	龔百藥	姚騰芳
錢　穀	陸有聲	劉　振	徐致覺
卜永昇	韋一鶴	陳忠靖	周　培
王　松	王　榜	王　鏗	張習孔
徐謙生	葉　舟	錢　召	阮鞠廷
曹開顯	季　芷	李元騏	楊廷蘊
莊冏生	田　芳	胡宗虞	劉允謙
朱殿宸	王綦隆	張子循	翁嗣聖
吳慶期	王　言	王　彬	周道隆
李應軫	余國柱	丘　鑾	許　庠

張　標　朱之翰　虞　宁　馮雷鳴
周建鼎　諸保宥　何　棅　吳調元
須兆祉　王熊瑞　李　瑛　孫　熿
王世璽　汪　觀　翁　需　呂鳴純
駱士憤　程芳朝　吳鼎玫　劉師峻
錢孫愛　張迎禊　胡可及　儲　曾
盛　交

順治五年戊子科　共一百四十五人

袁大受　盛　治　蔡祖庚　史鼎玉
詹之璵　閔　敘　龔廷歷　王　緣

宗章埈　諸　豫　楊　潔　宋之儒

張　願　陳嘉會　曹期嘉　楊元熙

何鄴侯　許熙宇　張　灝　于朋舉

王廣心　陸求可　楊令哲　王　綱

王　瑋　路　邁　李嘉應　周　莛

陳啓濬　王大章　束　眞　李　坤

岳鍾淑　卞　頴　黃如馨　宋德宜

彭　爌　張延基　方膏茂　秦　鉽

何如龍　胡復誠　許纘曾　陳國禎

張如騫　劉芳蘅　費國暄　朱　瑛

侯振世　王昕　陳謨　曹同統

孫允恭　王鯤化　李宗説　季開生

蕭嗣奇　張日涚　荆振日　姚世曙

陳鉉　王邁　程涞　蘇汝霖

徐致章　錢志進　楊穀汝　陸振芬

郭藩　王濂　吴來紱　謝扆

楊士元　賀寬　施維翰　湯樂

李煥　劉謙尊　李名珮　奚斯

黄鐈　賀玉昌　楊文正　沈漢

周成文　徐炟　沈大幾　劉再生

張茂枝　毛鍾彥　李淥　劉藝生
周士琳　王仕雲　俞釬　桑體乾
黄康成　張斗　莊朝生　周慶會
王復旦　田茂遇　吳南岱　許紹芳
竇翼鄰　錢化洪　董巽祥　阮漸
李奕隆　史承謨　何采　鄭龍祥
姚見龍　林文儁　丁畯飛　莊有筠
顧贄　張超芳　史以遇　高玫
張定憲　張尊瞻　夏霖　李銘心
萬應龢　朱徵　許允成　儲士

顧景錫　胡　允　劉彥初　金國華

符節鉞　王　澄　李巽臣　李　汴

陸　鑑　王　湛　侯　杲　潘欲楫

吳　楨　史弘謨　徐紹芳　蔣廉榮

馮　標

順治八年辛卯科 共一百四十八

袁孟羲　于祚禕　金　城　劉懋勛

趙燧晃　許之漸　馮益禧　史　泰

張大任　張錫懌　汪有朋　高凌雲

笪祖齡　王　琰　劉之勃　趙延宅

潘　淵　史颺廷　萬里侯　周季琬

宋士顯　張元名　史鑑宗　倪束復

徐　開　陳白漢　陸夢蛟　曹鳳禎

王登雲　薛　坦　吳會暲　黃羲時

王　紀　顧　虬　徐　經　鄭嗣武

張湛逢　章　燦　蔡元禧　董紹邦

陸　廣　蔣中和　黃明偉　蔣士偉

趙　澐　徐化民　倪懋賞　李　臨

朱　錦　程　治　毛　贇　汪宗魯

曹　愉　王明試　施敬先　許　慥

蔣德埈　胡永泰　盧士登　王楫汝
王登朝　陳迪　周而淳　倪兆熊
汪可準　戴遇　許書　符渭英
張翩飛　梁瑁　陸壽名　徐珏
陸鳴珂　吳浤　錢雨　張郴
常典　笪重光　王玫新　于嗣昌
吳近功　惠疇　徐與霖　戴弘烈
吳子雲　張輔　丁其譽　李雅
楊渭英　趙時可　劉維祺　徐士吉
賀寬基　吳儀濤　韓熀　吳世澤

姚稔　陳行禹　萬彥　胡爾寧

吳伯琮　沈荃　吳闇　孫繼先

賈曾　王尹　夏應聯　姚文燕

譚聖蛟　王之明　陸璿　胡簡敬

程天旋　周允欽　吳悅　朱淑熹

孫仁溶　何翩羽　張有光　顧賚僊

周起岐　任國鑽　汪基　王鉉

陳以恂　劉宗熹　程邑　孫汝絹

張芳　章華國　巢震林　吳謚

王來詰　陳王陛　盛士熊　李式

王萬象 陶延中 朱宏憲 錢埴

順治十一年甲午科共一百三十二人

朱朝幹 程瀚 周棠 單顒

李時震 汪亦緒 謝開寵 黃鼎

陳交泰 洪乘軒 嵇永福 陸元文

姚文爕 汪琬 鄧種麟 閻允蕃

吳琬玉 顧麟 萬錦雯 儲賡

許明章 李鏞金 梅清 王之藻

倪适 徐斌 陳禋祉 董含

秦松齡 鮑濟 鄒祗謨 屠紹禎

朱大乾　周文郁　孫發祥　郭士璟
湯懋簡　檀光熿　屠　尚　周道泰
荆　柯　張秉哲　李同亨　史紀夏
陳　漁　袁　晉　顧昌時　章采嶽
韓日起　黄雲鶴　黄如瑾　崔　瑶
吳佩鳴　季春雷　孫中彖　汪　燦
蔣叔禎　楊永齡　劉　馪　戴其文
吳　岳　曹鼎臣　徐裒字　張其善
檀志嶽　路中駿　蔡文炳　王作礪
江　皐　杜繼美　侯燈生　顧瀛秀

張雲孫　徐喈鳳　華振鷺　惲鱅

高士貞　孫之英　吳景運　宋祖年

汪學泗　何訥　胡圭　陸昌

潘滋樹　丁宣　劉維烈　謝蘭英

鄧士傑　張慶孫　闞選　王顯德

孫中麟　顧岱　荆拯　曾日唯

胡公著　韋弦佩　凌鷴遠　周漁

楊爔　張名世　何天駿　華章志

謝沛　潘堯彩　吳貞度　吳來備

朱典　陳伯龍　黃鐘全　王履昌

路庠　楊臣鄰　孫晉錫　趙炳

史樸　莫大勳　屠德隆　周炳文

蔣寅　王廷藩　陳宿　錢賓

張時英　趙崇學　丘園卜　孫星祥

許光震　鄔昕　陳寔典　華元慶

順治十四年丁酉科原一百二十五人内除欽黜八人凡一百一十六人

蔣欽宸　陸燦　項時亨　錢威

陳熊耳　陳英略　葉甲　曹漢

董粤固　馬振飛　王淳中　史繼佚

汪溥勲　王兆陞　沈晉初　謝金章

徐　馮　張仲馨　王國相　宗　書

羅蒼期　詹養沉　孫長發　張應昌

潘之彪　程　秸　楊爾時　夏　沅

陳瀕潢　湯　聘　俞振奇　楊才瑰

朱雲錦　周　官　璩　宷　何　炳

杜　瑜　劉師漢　李　煜　許　鳳

于元璜　王克鞏　馬世俊　彭　標

方　域　唐子瞻　呂　鍠　萬世俊

林大節　韓揆策　洪　玕　李　樞

趙　巽　吳樹聲　張文運　任　塾

楊兆阜　莫春芳　顧元齡　周光啓
許應芳　汪度　周篆　潘麒甡
郁裴　潘毓桂　史奭　洪世紱
吳珂鳴　鮑懋經　葉映榴　謝鉦
方舟　王又汧　吳維駿　黃樞
陳珍　張明薦　薛藎臣　朱扶上
夏艮玉　吳蘭友　袁炳　徐元美
鄒象雍　吳長庚　黃升　詹有望
葉方藹　鄒玉成　王緈　季貞
陳輔世　華廷樾　程鵬翀　陳志紀

沈鵬舉　蔣垓　蔣繪　趙景福

黃中　姚其章　史鶴齡　徐與喬

洪濟　何亮功　鮑亦祥　張玉書

楊大鯤　方戩　夏應光　莊應堡

金國用　秦廣之　汪嘉桂　江同海

叢中蘊

順治十七年庚子科　共六十三人

申繸　郭士琦　蔣扶暉　張鵬

許國璠　盛符升　朱英　龔玉

董俞　王立極　董元愷　荆克捷

吳之頤　錢特箹　孫　奏　戴　芳
湯彭年　朱　玉　周繼高　沈龍翔
李　鎧　施　熙　王孫馹　姚文熊
徐時浚　岑　鶴　徐汝聰　徐喆武
宋慶遠　程夢簡　孫　謙　林毓蓮
趙起英　盛　彩　路　迅　朱廷獻
殷元祫　郝　鉉　阮　彝　謝廷爵
高以位　張　標　黃　裳　孫閎達
岳宏譽　周同文　崔　華　管　捷
徐振釆　蕭秉晉　張爲煥　諸嗣郢

張祖籙　李　鑰　劉　繹　查會生

劉欽鄰　蔣以敏　蔣　埴　翁與之

朱　憺　王錫士　丁繩之

今上皇帝康熙二年癸卯科共七十八人

馬晉錫　金作鼎　胡士著　吳本立

張　喆　諸定遠　張　瑾　汪　虬

秦　弘　劉　楷　曹有光　張　英

顧弈榮　侯麟勲　那開雍　丁　熙

韓　弋　程文彝　龍　光　劉　鑣

吳一蜚　賈良璧　鄭僑生　歸允肅

喬萊　秦鉅倫　魏康孫　鄒嶧

阮士鵾　謝文運　陶虞颺　張其翰

張琴　楊務　任光世　荆衍穀

朱陶　田龔商　王廷謀　殷鼎

胡開生　周爰訪　淩應華　于棟如

倪長犀　沈攀　劉謙吉　史繼鮹

張琦　顧梅　顧嗣旦　盛彰

鮑允隆　王項齡　宗範　賈其音

李欽式　吳山　顧書　王家相

白彥良　管文才　丁人儁　王履同

劉始恢　裴天錫　汪士裕　任文煒
陳　菁　陸　坤　陳　哲　汪懋麟
周邦鼎　梁于淇　劉長發　張　楷
章世德　王　賓

康熙五年丙午科共六十三人

儲芳慶　顧芳菁　吳　苑　程式琦
董　閶　儲善慶　徐煥龍　儲　振
王日曾　魏麟徵　任　昌　唐　勳
王家棟　荆元鑨　項亮臣　孫　炅
高文思　龍雲澍　陶　敬　趙　統

曹廷懿　彭士右　黃其代　林翘

謝玉成　史逸孫　張玉履　高爾公

施翊　李鳳鳴　項龍章　徐石芝

汪浩然　王掞　詹宇　梁浩之

錢瀛登　顧智　羅秉倫　周如濂

盧肇坊　繆錦宣　張星　徐羽儀

于漢翔　金維寧　陳二酉　夏聲

支憲　梁湘之　張循陔　王兆熊

陸在新　田鉉　佘恭　許承家

趙國權　戎正中　吳標　梅鋗

楊言書　莊揢　湯原振

康熙八年己酉科共七十三人

牛奎渚　張我抱　許孫荃　江之泗

黄立　錢三錫　張寅　任振世

李天應　畢天庚　陳琮　過於飛

江允汭　朱世奕　周世祥　趙申喬

陸虬　貢琛　姚宗仁　江同淇

張新杍　鍾于序　戴京生　黄廼先

孟安世　葉炳　王元臣　朱廷鉉

徐鳳喈　徐紹孫　邵亮工　儲善闊

汪陶　程孟　陳天錫　王原祁

吳瞻　張惇　葉蔭生　朱鳳

許維梴　顏象淳　張嵩齡　仇瑞麟

何金蘭　沈復崑　荆洪揚　佴瘠

李廷弼　王愷　吳履聲　張祚

金相玉　薛渭英　錢世熹　王度

郭昂　陳昂霄　孟亮揆　季象雷

劉大臣　吳文鎔　陳瑄　吳琇

曹于京　王孫驂　徐天署　卞士弘

何琴雅　李毓英　蔣彪　林鍾

劉彥曉

康熙十一年壬子科共六十三人

陸輿　成康保　王之瑚　程瑞

王康　夏乾御　顧焯　王一經

張守　包咸　芮超　吳元臣

王司龍　顧洪善　吳世杰　周昉

楊綠　梁士建　項亦鑾　孫朝慶

尚應調　彭定求　吳師洛　韓竹

吳世基　華勤　王緝基　張發祖

范緦　史秉直　崔學古　錢二白

張啓應　陸象明　程遠　吳蘭

王吉武　顧崍　陳悅旦　魏壽期

金大成　梅子魁　周烈　施邦彥

陳維城　盛樹聲　陳啓文　徐世濂

吳之騄　徐陟　歐陽旭　王鳳孫

張睿　黃學勲　何綏來　王廷棟

郞金書　吳琎　尤何　馬翀

王允持　夏廸忱　丁宗閔

康熙十四年乙卯科 共六十三人

施震銓　岳鰲圖　何允謙　葛筠

許　坦　劉開國　王緝植　何　寬
徐元灝　張震林　錢士鋐　錢安世
丘時成　顧　藻　彭會淇　王　英
吳　鶚　沈　藻　王國彥　錢　壘
沈旭初　王　澄　潘邦彥　費　著
李岳頒　張　豹　華　黄　黄亮可
荆元實　李湑仁　趙世鏵　沈　業
胡文煥　劉嗣季　劉洛中　湯釆尹
陸德元　惠　潤　顧　琛　陳公球
蔣陳錫　戴本長　徐　臣　顧九金

王新華 封鄴 陸圻 蕭雲起

張道源 尤珍 楊瑄 汪爕

許嗣隆 陳于豫 樊致一 蔣燿

牟球 朱文龍 徐炳燕 保珽

周在宣 宋際運 趙林玖

康熙十六年丁巳科 共八十七人

潘麒生 魯瀾 柴鳳藻 陳時泰

張孟球 馮哲 王抑 胡年頫

張如錦 汪晉徵 蔣勳 彭寧求

宋志梁 李之珩 唐泓 楊崘

劉愈　張斗　湯正垣　呂仲呂

方伸　黃安國　方宣嚴　吳有斐

馮從雲　何康錫　申賡　葛雲藹

李儒琛　范儼　蔣文瀾　陳時震

柴淹　葛長祚　王治　周世俊

耿世際　劉國黻　姚士藺　孫臯

黃珂　孔毓禎　沈宗敘　吳嶽

艾汝成　張緒　秦淵　胡昱

萬丹詔　周宜振　盧英　吳之騂

胡岑齡　夏九敘　崔銑　汪治

汪廷簡　柯玉章　韋鍾藻　陸韜
陸祖修　惲華　陳琰　陳丞思
徐烱　張友　申朝棟　汪灝
錢遴　潘秉龍　陸肇昌　張敦臨
杜雯　郝之瑄　李暹穀　胡濬
湯粱　顧樽　秦之俊　宋元徵
徐雯　江朝宗　吳階芝　林倬
張嘉麟　叢克敬　金長庚

康熙十七年戊午科　共七十三人

宋衡　潘應恒　江箏　朱人特

王　錦　董德其　虞　吉　趙匡世

張之易　鄒　溶　鍾銘文　談　熤

陸　燧　曾金吉　鄧紹焕　朱而錡

鮑　薦　陳嘉璧　畢天植　朱雲渭

張顯祖　王師旦　郁世焜　趙　俞

張振鳳　吳　晟　汪尚銘　鮑鼎相

張元嘉　楊大鶴　史作霈　昂天翻

汪　舟　吳侯度　曹泰曾　王令樹

駱士鵬　夏雲來　吳　楷　汪士楚

魏日祁　王鼎臣　劉　準　盛安義

吳承福　章廷表　沈曾琦　許　銓

徐元貞　任觀瀛　曹　直　楊繼祖

阮無忝　于時相　錢蜚熊　周奇略

吳　轂　譚正矩　周　漣　孫　謀

張　瑗　周蕃孫　張　霖　金　釬

荆孝錫　曹新標　葛宗易　危映璧

王昌祚　周　藻　高　位　何　牧

李虎文

康熙二十年辛酉科共六十三人

胡任輿　崔　揚　張孝揚　汪　薇

陸肯堂　徐純修　萬廷詔　李符瑞
薛景瑄　陳鳴臯　趙昌祚　謝舉安
王功遜　黃暉烈　金　鉉　王孫駿
華宗源　霍雲集　吳戩縠　朱廷錦
黃夢麟　梅　庚　黃元鋑　劉弘謨
章永祚　左其旋　湯汝諧　俞文虎
張超彥　蔡　鏞　石爲崧　高天驥
霍秉仁　江清徵　姚弘緒　吳　瑋
趙天潤　陳　璡　程　淞　俞兼善
馮　瑞　孫　振　史廷良　周翼旦

姚田修　朱緒濂　吳荃　儲掄

陸遐昌　喬衛聖　劉國定　高璸

鹿祐　戚懿　余光全　馮昕

錢廷銓　趙律　王襄　高洪

程儀　金一蘭　鄒何求

皇清貢生

徐之龍江陰人神木知縣以死事贈僉事　張世榮華亭人仕至治中

華　鍾無錫人富川知縣以死事贈僉事　趙延光江陰人仕至副使

鄒之璜寶應人行取以科員用未仕　吳元萊興化人現任僉事

鄭爲旭儀真人現任御史　沈喬生泰州人仕至副使

王　奐南陵人仕至運使　劉弘基南陵人仕主事

鄧廷羅虹縣人仕至副使　吳盛藻和州人仕至副使

張履吉無錫人考選御史致仕

武勳

漢

韓信　淮陰人封淮陰侯

王陵　沛人封安國侯

周勃　沛人官丞相封絳侯

周亞夫　勃子封條侯

丁綝　石埭人封定陵新安鄉侯

三國

陳武　盧江人吳司馬

陳修　盧江人封都鄉侯

南北朝

劉粹　蕭人宋建威將軍封攝縣男

劉鍾　彭城人宋封永新縣男

蕭穎達　蘭陵人光祿大夫封吳昌縣侯

蕭摩訶　南蘭陵人陳車騎大將軍

張　奫 全椒人隋儀同三司文安縣子　　孫　瑒 吳縣人封富陽侯

左難當 石埭人隋大都督

唐

程　澐 休寧人官中丞　　汪　華 績溪人封越國公

汪　武 婺源人檢校司空　　胡　曈 婺源人宣歙節度討擊使

王　璧 祁門人金紫光祿大夫　　鄭　傳 祁門人淮南節度使

汪　節 績溪人神策將軍

五代

戴　壽 婺源人官指揮謚忠恭　　昌義之 和州人梁營道開國縣

劉知俊 沛人行營招討使大彭郡王

宋

劉福　下邳人雄州防禦使

程安節　休寧人統領制置使

詹光國　婺源人忠勇大將軍

施彪　青陽人金吾監國大將軍

夏貴　懷遠人淮西安撫制置使

元

游德敬　婺源人武節將軍

丁貴　五河人仝僉元帥府事

明

徐達　鳳陽人封魏國公

馮國用　定遠人封郢國公

馮勝　定遠人國用弟封宋國公

李善長　定遠人封韓國公

常遇春　懷遠人封鄂國公

胡大海　虹縣人叅知政事越國公

俞通海　巢縣人封虢國公

傅友德　宿州人封穎國公

沐　英　定遠人封黔國公

趙德勝　臨懷人追封梁國公

金朝興　巢縣人追封沂國公

廖永安　巢縣人封楚國公

廖永忠　巢縣人封德慶侯

吳　良　定遠人封江陰侯

朱　文　無爲人後軍都督府都督

陳　亨　壽州人封涇國公

鄧　愈　虹縣人追封寧河王

鄭　亨　歙縣人封武安侯

李文忠　鳳陽人追封岐陽王

郭　亮　合肥人封安城侯

華　高　含山人追封巢國公

桑世傑　無爲人追封永義侯

王　珪　合肥人右軍都督僉事

朱亮祖　六安人封永嘉侯

陳　瑄　合肥人封平江伯

郭子興　臨濠人封鞏昌侯

耿再成五河人追封高陽郡公　劉員合肥人右軍都督總兵官

李茂滁州人中府都督僉事　張赫臨淮人封航海侯

郭英臨淮人封武定侯　謝彥鳳陽人前將軍都督僉事

李濟臨淮人都指揮僉事　吳汧滁州人都指揮使

嚴德臨淮人封天水郡公　孫元謨懷遠人副總兵

沈仁定遠人歷官都督　范瑾定遠人左都督

湯昌定遠人元帥　袁華虹縣人封虹縣男

趙彝虹縣人封忻城伯　何隆滁州人右副都元帥

何渾滁州人總兵　趙奎全椒人都指揮使

謝貴虹縣人都督　李信虹縣人都督

洪日章　霍丘縣人副總兵　呂圻　宿州人封鎮官將軍

劉其源　霍丘人副總兵　王眞　鳳陽人都督

陳用　鳳陽人都督　甯正　鳳陽人都督充平羌將軍

程虬　歙縣人官總兵　李錫　歙縣人官總兵

陳政　邳州人都督府僉事　王成　邳州人都督僉事

王世昌　當塗人副總兵　施春　滁州人都指揮使

王才　全椒人都指揮驃騎將軍　范震　滁州人左府都督僉事

平安　全椒人右軍都督僉事　朱能　鳳陽人靖難功封東平王

陳珪　泰州人封泰寧侯　孫巖　鳳陽人封應城伯

譚淵　滁州人追封崇安侯　劉江　宿遷人封廣寧伯

劉榮 宿遷人封廣寧伯

陳友 全椒人封武平伯

方政 全椒人贈威遠伯

吳亮 來安人總兵進都督

吳經 來安人右府都督

顧成 貴池人封鎮遠侯

錢貴 海州人中軍都督同知

顏彪 鹽城人都督僉事

王瑜 海州人右軍都督府僉事

馬儀 宿遷人都督

沈清 滁州人封修武伯

陳旭 全椒人封雲陽伯

李彬 和州人封豐城侯

方瑛 全椒人封南和伯進爲侯

陳亨 和州都督僉事封涇國公

紀清 含山人都督僉事

厲達 海州人都指揮使

徐恭 和州人總兵官

王禎 邳州人右軍都督府僉事

陳懋 和州人太保追封濬國公

李濬 和州人封襄城伯

仇成 含山人封安慶侯

郃輔 邳州人封西平侯

韓志 邳州人中軍都督府同知

張欽 睢寧人右軍都督府

徐義 和州人都督同知

曾俔 和州人總兵官

楊文 含山人總兵官

胡淵 含山人都指揮使

顧仕隆 揚州人正德中封鎮遠侯

桂勇 懷寧人都督僉事

王勝 桐城人封太原郡侯

周正 江都人都督

湯慶 祁門人都督僉事

韓望東 山陽人都督僉事

周于德 江都人都督封驃騎將軍

李自芳 華亭人副總兵

顧鳳翔 青浦人副總兵

楊大烈 懷寧人後軍都督府同知

黃應甲 懷寧人大都督驃騎將軍

陳　謙武進人廣東掛印總兵

江南通志　卷之第三十二　〔四二〕

皇清武勲

楊　捷　江都人少保太子太保見任昭武將軍管江南提督阿達哈哈番

董三元　泰州人都督同知

袁　誠　臨淮人都督同知

周　球　來安人進士左都督眞定總兵

張思達　陝西人江寧衛註衛三等阿達哈哈番

陳　定　江寧人上元中衛註衛拜他喇布勒哈番

汪　義　保定人上元中衛註衛拖沙喇哈番

曹存性　北直人上元左衛註衛拜他喇布勒哈番

王　宗　常熟人蘄州衛註衛拖沙喇哈番

孔應芳　吳縣人蘓州衛註衛拖沙喇哈番
孟昌甫　長洲人蘓州衛註衛拖沙喇哈番
楊振邦　沂州人蘓州衛註衛拖沙喇哈番
王政舉　寧夏人蘓州衛註衛拖沙喇哈番
劉　虎　崇明人太倉衛註衛拖沙喇哈番
唐　文　靖江人金山衛註衛拖沙喇哈番
張承恩　薊州人鎮江衛註衛拜他喇布勒哈番
王　斌　遼東人安慶衛註衛拜他喇布勒哈番
鄭之文　江南人新安衛註衛拖沙喇哈番
賈大第　廣寧人宣州衛註衛拖沙喇哈番

史世科　六安人六安衛註衛拖沙喇哈番

高攀　六安人六安衛註衛拖沙喇哈番

張士元　遼東人揚州衛註衛一等阿達哈哈番

樓應彪　江都人揚州衛註衛拖沙喇哈番

吳宗起　揚州人揚州衛註衛拖沙喇哈番

江南通志卷之第三十二終

江南通志 卷之第三十二

江南通志卷之第三十三

祠祀

國之大事唯祀與戎洪範八政其三曰祀祠祀之典自昔爲重矣古之帝王積其精誠與神明通而百靈受職鬼神盻蠁下及方國皆得祭其境内山川若其地之先賢先臣足以垂範立訓有功德於民者咸秩祀典斯亦教化之權所託矣

國家定禮

先師孔子以下城社土穀先儒先賢有司歲時修事者既詳載之於篇其餘國殤物厲民間禱祈間著

靈爽者相沿已久亦附紀於末有其舉之不必廢也亦以順人情而已志祠祀

江寧府

社稷壇在府治北金川門外各縣俱有 風雲雷雨山川壇在府治東南雙橋門內上元縣江寧縣附郭不置各縣俱有

文廟崇祀孔子以四配十哲配享以七十二賢及左丘明以下三十二人從祀別立啓聖祠祀啓聖公各縣俱有 名宦祠祀名宦 鄉賢祠祀鄉賢

城隍廟在府治前各縣俱有 古城隍廟在石城門 旗纛廟各營有之 郡厲壇在府治西北神策門外在縣者曰邑厲壇 里社鄉厲二壇各縣鄉保俱有

漢壽亭侯廟府城各縣多有 忠烈廟在雞鳴山祀漢秣陵尉蔣子文 卞忠

貞廟在雞鳴山祀晉尚書卞劉忠肅王廟在
壼死蘇峻之難二子祔山
唐節度使曹武惠王廟在雞鳴山衞國忠肅廟
劉仁贍祀宋曹彬
鳴山祀元祠山廣惠王廟在雞鳴山神姓張名[illegible]
忠臣福壽渤前漢人詳宋訥記[illegible]
武廟在雞鳴山二廟俱皇清順五顯靈順廟在
治十三年總督馬鳴佩重修[illegible]
天歷代帝王廟在欽天山明洪武建從祀名臣三
山十五人今別祀伏羲神農黃帝於
其地爲三明功臣廟在雞鳴山今廢列祀者爲中
皇祠祀之山王徐達開平王常遇春岐
陽王李文忠寧河王鄧愈東甌王湯和黔寧王沐
英郢國馮國用泗國耿再成齊國丁德興蔡國張
德勝海國吳禎蘄國康茂才東海公茅成越國胡
大海梁國趙得勝虢國俞通海巢國華高江國吳
良安國曹良臣黔國吳復燕三聖廟在府治西北
山侯孫興祖凡二十一人神郎史皇倉
頡禹王廟在寶吳大帝廟在清涼寺晉元帝廟在
寧坊西唐建卞

將軍廟西唐天祐建　武成王廟在御街西　吳伍相廟在上元縣長寧鄉子胥解

劔渡處　周江乘廟在攝山相傳吳時賢令　梅將軍廟晉梅頤嘗屯營於雨

花臺東岡後即其地立廟　侯將軍廟祀侯瑱瑱與王琳戰烈山下大捷上人遂以名山

武烈帝廟在治城西祀隋陳仁杲南唐時將軍柴克宏夢仁杲遣兵助戰果太勝奏請封

祀　雙忠廟在府城江東門外祀唐張巡許遠　褒忠廟在府城南門外報恩寺宋

建康通判楊邦乂死忠於此　旌忠廟在鐵索寺之東南祀宋死節統制姚興　忠節

廟在府城東三里祀宋忠臣王珙以從張浚軍戰歿於陣　忠烈廟在府城竹街祀宋牛

富富霍丘人爲統制守樊城死之　東平忠靖王廟在江寧鎮　曹南王祠

在柴街祀元阿剌罕　徐將軍廟在獅子山　謝將軍廟在鳳凰臺祀晉謝幼度

董將軍廟在上元縣治將軍名成隨曹武惠王下江南民德之　嘉惠廟在府城東

南二十五里嘗以禱雨著靈**李王廟**在府城東南祀南唐李主**軍師廟**在鎮淮橋東祀諸葛武侯**白馬廟**在崇福鄉宋顧琛爲朝請晚至方山下泊見有朱衣介幘者執鞭屏諸商人船曰顧吳郡將至後琛果爲吳郡乃卽所見處立廟**先賢祠**舊在青溪東宋制使馬光祖建所祀諸賢皆生長金陵與遊宦於斯者後祠毀明焦太史竑言於大學士葉向高李廷機於普德後山建祠祀爲吳泰伯范蠡嚴子陵諸葛孔明張子布周公瑾是子于羽王休徵周子隱王茂弘陶士行卞望之謝安石謝幼度王逸少吳處默雷仲論劉子珪陶通明蕭德施顏清臣李太白孟東野李致堯潘祐曹國華張復之李幼幾包希仁范堯夫程伯淳鄭介夫楊中立李泰發張德遠楊希稷虞彬父朱元晦張敬夫吳勝之蘇子瞻眞希元**程明道先生祠**在上元縣治明景泰初知縣姜德政建又明道書院在鎮淮橋東北**范忠宣祠**在舊轉運司眞德秀建**眞文忠祠**在壽思堂西寶祐間馬光祖重建**馬莊敏祠**在城隍廟東祀宋制

使馬光祖**張南軒祠**在天禧寺宋淳熙間杜杲建**一拂清忠祠**在清涼山麓祀宋鄭介公俠俠閩人監安上門上流民圖力言新法之弊去國僅存一拂**王陽明祠**在西華門大街今廢**何廉直祠**在富民坊西祀何遵正德時工部主事諫南巡杖死**耿天臺祠**在清涼山南祀明督學耿定向**表忠祠**在全節坊明萬曆間奉詔祀建文死節諸臣建坊於朝天宮之東爲方孝孺陳廸齊泰曹濬呂賢鐵鉉暴昭侯泰景清毛泰卓敬郭任盧迴黃觀黃魁陳植胡子昭練子寧陳性善方大芳黃子澄周濬司中胡潤盧原質廖昇彭與民劉瑞王高鄒瑾王叔英王艮妻連周是修龔太陳繼之韓永黃鉞戴德彝高翔鄭智曾鳳韶王彬王度甘霖謝昇葉希賢董庸王玭魏冕巨敬樊士信李文敏王艮鄭居貞陳本立林嘉猷湯宗姚善葉惠仲陳彥囘黃希范宋徵黃彥清劉璟程通葛誠陳忠賢徐輝祖梅殷耿濬胡觀廖鏞陳質耿瓛俞通淵張倫王資崇剛倪諒瞿能宋忠莊德孫泰楚智朱鑑馬宣彭聚彭二謝貴余琪劉政宋瑄余本周拱

元蔡運鄭恕顏伯瑋唐子清黃謙王省何中余逢辰高巍鄭華梁良用盧振曾廷瑞伍性原陳應宗林珏鄒居默牛景先儲福一臨海樵夫一松江府同知皆失名

青溪黃忠節祠在桃葉渡祀明池州禮部侍中黃觀夫人翁氏及二女配焉又一在塞洪橋東其墓葬此

青溪小姑祠在金陵閘祀漢秣陵尉蔣子文妹

方正學祠祀明方孝儒在聚寶山南崇禎甲申祠毀近重修

景御史大夫祠在聚寶山祀明景清近重修

周忠節祠在學宮祀明紀善周是修修俱死於靖難

三忠祠在聚寶門外祀宋楊邦乂文天祥最後祀李邦華皆吉產因並祀

惠澤祠在善世橋祀明都御史方廉等十人皆有功德於民詳本志名宦

丁清惠祠祀明尚書丁賓

倪侯祠祀明郎中倪涑奏定船政不擾民皇清順治乙未衛弁欲變法總督馬國柱奏遵舊制民德之並祀

黃侯祠在秦淮貢院左祀明府尹黃承元

張莊節祠在雨花臺祀明左都督張可大死事見傳

汪文

毅祠在治城西祀明甲申死節檢討汪偉皇[illegible]清順治八年誥賜祭賜謚賜祀田

山廟在府治西南十二里晉王導建今廢

三茅眞君廟在句容縣

護聖廟在句容縣茅山元符間祀句曲山神

廣濟廟在句容縣茅山陶隱居豢龍於此禱雨輒應

馬神廟在府治北

禹王廟有二一在秋千村一在赤山湖

梁文孝廟在句容縣東門內昭明嘗讀書茅山邑人祀之

李衛公廟在句容縣治東南唐李靖討平輔公祏於丹陽故祀

顏魯公廟在句容縣東顏家村

盧大王廟在句容縣西北祀南唐盧絳

張王廟在句容縣南十里福祚鄉

陳武烈廟在句容縣治東門祀南唐陳仁杲

劉明府廟在句容縣東門內祀晉邑令劉超

沈使君廟在句容縣仁信鄉祀宋沈慶之

伍相廟在溧陽縣西南護牙山伍員破楚取道經此

顯惠廟在溧陽縣埭頭村祀漢史崇

貞義女廟在溧陽縣北鳳凰橋祀春秋黃山里史氏女

左伯桃羊角哀廟在溧水縣治南七十五里劉公祠在溧水縣治北三十五里祈禱必驗表忠祠在溧水縣北門外祀建文死難齊泰中山聖母廟去高淳縣治十里相傳爲后土之神項王廟在烏江去江浦治西六十里定山祠在江浦縣治南祀明名臣莊昺忠賢祠在六合縣治北明霍韜立祀宋名將韓世忠岳飛唐康大尹明縣令歐陽得基都督楊能參議黃宏後增元處士郭淵明按察使王弘明知縣唐詔汪越國公祠在江寧公名華唐封立廟賜額忠顯明命有司致祭通祀

蘇州府

社稷壇在府城盤門外風雲雷雨山川壇在盤門外長洲吳二縣附郭不置各縣俱有

文廟崇祀孔子以四配十哲配享以七十二賢及左丘明以下三十二人從祀別立啓聖祠祀

啟聖公各州縣俱有名宦祠祀名宦鄉賢祠祀鄉賢

城隍廟在府治武狀元坊各州縣俱有旗纛廟在蘇州衛治內郡厲壇在府治虎丘山前在縣者曰邑厲里社鄉厲二壇州縣鄉保俱有至德廟在府治閶門內祀吳泰伯復聖祠在府治楓橋西十里祀顏子亞聖祠在東禪寺西祀孟子言公祠在學道坊祀子游吳相伍大夫廟在府治盤門內俗云胥王廟靈濟廟在府治陽山澄照寺祀白龍神祀紹興中賜今額五賢祠在虎丘山平遠堂祀唐韋應物白居易劉禹錫宋王禹偁蘇軾韋蘇州祠在府學內祀韋應物范文正公祠在府治義宅之東宋咸淳十年建蘄國韓忠武王廟在府靈巖山寺西麓宋紹興二十年敕葬於此魏文靖公祠在府治鶴山書院祀魏了翁忠烈祠在乘鯉坊祀宋文天祥二尚書祠在府治懷胥橋南祀夏原吉周忱二

尚書周文襄祠在寶林寺內祀明周忱況公祠在吳縣學祀明況鍾周康王廟在府治市曹橋北或云晉隋間嘗戮人於此因立廟取成康刑措意夫差廟在府治姑蘇山東北常熟崑山皆有赤闌相王廟在府治東門赤門內或云赤闌即赤門相王即伍相慶忌廟在吳縣境以忌為怨非也春申君廟在府治子城內西南隅祀楚黃歇蕭王廟在府治樂橋祀漢蕭何會稽太守廟在府治穹窿山南祀漢朱買臣韓將軍廟在府城中官瀆橋南祀漢韓說任使君祠在府治元妙觀祀漢會稽都尉任延晉顧元公廟在長洲縣黃天蕩東祀晉驃騎將軍顧榮東山廟在府治虎丘山門內祀晉司徒王珣又立西山廟於西祀王珉陸內史祠在長洲縣益地鄉祀晉陸雲宋羊太守廟在府治子城烏鵲橋南祀羊元保甫里先生祠在長洲縣東五十里祀唐處士陸龜蒙即其故宅翰林王公祠在長洲縣

祀宋長洲令王禹偁**忠烈廟**在府治天平山白雲寺宋范文正公先祠**濂溪祠**在府治萬壽寺西祀宋周元公茂叔初茂叔孫興裔奏立祠於胥臺鄉其後孫淵始遷而家焉**孫學士祠**在府治萬壽寺天聖中孫冕守郡有善政**章莊敏公祠**在府治報恩寺東祀宋章楶今爲天妃宮**和靖先生祠**在府治虎丘西菴祀尹肅公焞公嘗讀書於此有三畏齋**參政張公祠**在府治瑞光寺祀民聚其族人張氏抄掠三十年莫張嚴初光福能禁止嚴與知吳縣華延年捕置於法郡人祀之寺中併祀延年**三公祠**在府治承天寺祀宋吳淵吳潛趙與籌以其皆守郡郡人思而祀之**楊和王廟**在府治習義鄉祀宋將楊沂中**二程祠**在府治仁壽里祀宋程顥程頤**忠孝龔先生祠**在府治中臺基巷祀明霍山教諭龔元祥**王文恪祠**在府治舊景德寺基祀明大學士王基**申文定祠**在流化坊祀明大學士申時行**表忠祠**在府治雍熙寺西祀明遜國忠臣姚善黃

子澄

周忠介祠在府治東祀明忠臣周順昌

三高祠在府治華山下祀明趙宧光王在公朱鷺

包山廟在府治洞庭西山俗稱包

太湖水神廟在府治洞庭俗號水平王廟宋知軍事胡宿奏列祀典

五龍堂在長洲縣東南以禱雨有應唐貞元中建宋淳熙間賜額靈濟

漢壽亭侯廟在府治武狀元坊東祀關雲長各州縣俱有

元壇廟在府治元妙觀前祀趙朗即蜀漢名將趙雲從兄弟

江東神祠在府治報恩寺西教場內漢祖六年灌嬰畧定江南至贛城神見於其山告以克捷之期士卒駭異凱還立廟贛江至孫吳遷神於吳境祭之神姓石名固

猛將軍廟在府治中街路仁風坊之北景定間因瓦塔而創神姓劉名銳或云即宋名將劉錡弟

顯應行祠在府治葑門內一名李王廟宋咸淳間建神姓李名祿或云即名將李顯忠

總管廟在府治蘇臺鄉神汴人姓金初有二十相公名和隨駕南渡僑於吳歿而爲神其子曰細第八爲太尉者理宗朝嘗著靈異遂封靈

祐侯侯子名昌第十四初封總管總管之子曰燕元七總管元至正間能陰翊海運皆封總管

國夫人廟在府治東南燕家橋今開元寺亦有其祠慧感夫人祠在府城承天寺舊名靈祐廟一在吳江聖壽寺聖姑廟在府治太湖包山舊傳晉王彪二女長聖姑次素姑嘗着屐涉水而衣不沾溼相繼卒人以爲神而祀之惠應廟在崑山縣馬鞍山之陽祀崑山神唐中和二年建宋崇寧間賜額衛文節公祠在崑山縣馬鞍山華藏寺之左祀宋太師秦國公涇婁侯廟在崑山縣東北婁侯村祀吳婁侯張昭陸遜王司徒祠在崑山縣景德寺內祀晉王珉珉舍宅爲寺故僧祀之張公廟在崑山縣東南三里祀宋張方平以其知崑山有惠政劉龍洲祠在崑山縣祀宋詩人劉過字改之廬陵人事賢堂在崑山縣報國寺東知縣楊子器建祀唐王綱宋潘友文張方平程沂韓正彥巫自修元如州王安眞潘昂霄葉文莊公祠在崑山縣儒學後祀明吏部侍郎葉盛景

雲大王廟在崑山縣祀唐尉遲敬德相傳敬德生此蔚州村故祀之或云曾封吳國公

卜將軍廟在崑山縣卜山山上有人於廟下得斷碑府君姓卜名珍字文昭西河人唐寶曆元年終葬於此莫詳廟祀之始

巴王廟在崑山西北三保斷碑云彭府君墓在巴王墓南由是知廟下有墓巴王彭府君莫得其詳

女媧廟在崑山縣惠安鄉

黃姑廟在崑山縣東三十六里舊志云父老相傳嘗有牽牛織女星精降焉故地即名黃姑

雙忠廟在崑山縣內祀明山西殉難巡撫都御史謚忠襄蔡懋德湖廣隨州知州謚忠愍王燾賜額雙忠

陸氏三賢祠在崑山陳墓鎮祀漢陸伯元唐陸贄宋陸龜蒙

朱恭靖公祠在馬鞍山祀明尚書朱希周

顧文康公祠在馬鞍山祀明大學士顧鼎臣

魏恭簡公祠在縣學東祀明太常卿魏校

忠烈祠在崑山春和坊祀明諸生陳淮禦倭有功死之

張烈愍公祠在崑山麗澤門外祀明四川興文知縣張振德死奢崇明之亂妻錢

氏及二女皆死之

巫咸祠　祀商相巫咸在常熟縣致道觀西今分防占爲公署土人別構數椽祀之

吴公祠　在常熟縣學大殿後宋咸淳間知府趙順孫又建書院於郡治元又建文學書院於縣東

煥靈廟　在常熟縣頂山上祭白龍之神唐咸通間建廟宋太平興國四年移於此

靈惠廟　在常熟縣治東南百步俗稱周孝子廟孝子縣人名容事母至孝既没忽一日見夢於母曰兒已爲神當輸忠朝廷盡力鄉閭故祀之

清權祠　在常熟縣虞山北麓祀逸民虞仲

要離廟　在常熟縣歸政鄉

莫邪廟　在常熟縣莫城

徐偃王廟　在常熟縣西南四十二里

春申君廟　在常熟縣練塘市

劉太尉廟　在常熟虞山南祀宋名將劉錡

張旭祠　在常熟縣儒學門內祀唐縣尉張旭

吴文恪公祠　在常熟縣治東北祀邑人吴訥

黄公祠　在常熟祀明遜國忠臣黄鉞

程公祠　在常熟祀明邢部員外郎程式死土木之難

唐公祠　在常熟慧日寺西祀明河南葉縣知縣唐

天恩正德初閫門殉流賊之難蔣忠愍公祠在常熟致道觀祀明御史蔣欽正德初忤劉瑾廷杖死瞿文懿公祠在虞山拂水巖西祀明尚書瞿景淳楊忠愍公祠在常熟塘滸祀明都御史楊漣先令常熟有政績後死璫禍福山廟在常熟縣北福山陽建於宋至和初東平忠靖王祠在常熟縣虞山南麓唐開元時淮陰張有嚴子沒而爲神宋太祖勅祀之至聖炳靈公廟在常熟縣治西北相傳爲火神翊聖祠在常熟縣南俗稱溫將軍廟祠山廟在常熟縣乾元宮海神李王祠在常熟縣致道觀元大定間建太湖廟在吳江縣南醋坊橋側宋祥符間建紹興間賜額永利甘泉祠在吳江縣治南六里祀龍神三高祠在吳江縣南雪灘上祀越范蠡晉張翰唐陸龜蒙宋元祐中建顧公祠在吳江縣北門外三里菴側祀顧野王或云祠即其所居地三忠祠在吳江縣長橋明初知州孔克中立以祀吳伍子胥唐張巡宋岳飛諸

葛武侯廟在吳江縣薛步村　盛將軍廟在吳江縣三都西吳赤烏初命上大夫倪讓將軍徐傑司馬領濠寨盛斌分撥地界而斌有功於吳江既卒邑人即墓立廟　昭靈侯廟在吳江縣治東祀唐刺史李明明太宗第十四子為吳郡有惠政　三賢祠在吳江縣震澤鎮宋寶祐邑人沈義甫立祀王蘋陳長方楊邦弼今廢　周忠毅公祠在吳江永定橋東祀明御史周宗建死璫禍　龍母廟在吳江縣利民橋　順濟龍王廟在吳江縣長橋　東嶽廟在吳江縣治後又震澤諸處各有行宮　麋城王廟在吳江縣二十六都　陳王廟有二一在吳江茆塔一在充浦　四明王廟在吳江縣庉村　周瑜將軍廟在吳江縣七都　梁紇廟在嘉定縣十五都　紀王廟在嘉定縣吳淞江南祀漢紀信　大梁王廟在嘉定縣東南彭越浦祀漢彭越　樊將軍廟在嘉定縣治西南黃渡祀漢舞陽侯樊噲　陳侯廟在嘉定縣依仁鄉祀漢曲逆侯

陳平靑王廟在嘉定縣祀魏陳思王植秦公廟在嘉定縣東南祀唐胡壯公秦叔寶杜拾遺廟在嘉定縣十五都祀唐詩人杜甫葛尚書廟在嘉定縣吳淞江西宋建洪武初重建歐司徒廟在嘉定縣黃姚港惠忠侯廟在嘉定縣西十八里俗呼護國楊相公廟仙王廟在嘉定縣西南白鶴村相傳王可交遇仙處織女廟在嘉定縣西北崑山縣太倉州俱有白龍王廟在嘉定縣智樂鄉又滬瀆龍王廟在縣西南黃渡鎮天妃宮在太倉州寶應觀世忠祠在太倉州雙鳳鎮祀吳越錢武肅一門五王平江伯祠在太倉州天妃宮之左祀明平江伯陳瑄孝友先生祠在崇明縣東沙祀元秦玉王力學隱居弟子私諡之張莊廟在崇明縣東沙吳太尉廟在崇明縣西沙石郎廟在舊崇明州東南宋末風潮中有石人長二尺許隨潮浮至東鄉廣慶橋下去復來人異之立於橋側祈禱輒應至元間廟祀之今遷於葛家橋西北

松江府

社稷壇在府城北門外

風雲雷雨山川壇在集仙門外官紹塘華亭婁附郭不置各縣俱有

文廟崇祀孔子以四配十哲配享以七十二賢及左丘明以下三十二人從祀別立啓聖祠祀啓聖公各縣俱有

名宦祠祀名宦

鄉賢祠祀鄉賢

城隍廟在府城興聖墻院後各縣俱有

旗纛廟在守禦千戶所廳後各衛所皆有

郡厲壇在府城通波門外濠上

鄉厲壇今附郭并於上穀壇寓祭各縣鄉堡俱有

八蜡祠在府治西南各縣俱有

五顯靈官祠在府廳幕

吳輔國將軍廟在府治西南祀吳陸遜陸凱

二陸祠在華亭縣谷水東崑山之陰青浦亦有祠

四賢祠在華亭縣細林山祠晉張翰陸機陸雲梁顧野王明萬曆間附張之象

顧侍

郎祠在華亭縣寶雲寺祀梁顧野王　五先生祠在華亭縣干山祀陸機陸雲元高士楊維禎錢惟善陸居仁　唐宋忠貞祠在府城南祀唐平章侍郎陸宣公贄宋丞相李忠定公綱　衛文節公祠在府治蕭塘鎮祀宋參知政事衛涇　胡公祠在府治儒學西祀元教授胡存道　夏周二公祠在府治西南明成化十五年建祀周文襄忱夏忠靖原吉皇清康熙癸亥知府魯超重建　方正學祠在府治內普照寺西偏初名鶴城書院皇清康熙二十一年知府魯超重建　徐文貞公祠在府治內儒學東南祀明少師大學士徐階　陸文定公祠在府城西門外興福寺左祀明尚書陸樹聲　父子忠孝祠在華亭縣學東祀明忠諫大理寺丞馮恩子應天府通判馮行可　潘公祠在上海祀布政潘允端以司濟有德於桑梓立祠祀之　三烈祠在府城右文街祀張烈婦陳氏嚴烈婦許氏烈女楊氏　忠烈祠在華亭縣鍾賈山祀明深州知州孫士美及其

父訥

董文敏公祠 在華亭縣興聖寺之後祀明禮尚書董其昌

三賢祠 在婁縣七星橋側舊在范文正公祠明崇禎時以范履冰范純仁合祀皇清順治間以前兵部尚書范鏓前東閣大學士文忠范景文合爲五太師祠

李令祠 婁縣知縣李復興行均田役法小民積困頓蘇立祠於白龍潭之陽詳見名宦傳

孟侍郎祠 在上海縣三十五保祀御史孟陽

羣忠祠 在上海縣明嘉靖四十三年建祀死難縣丞劉東陽宋鰲指揮使武尚文吳賢散官丁爵士民楊鋼

三公祠 在上海縣三十保祀明都御史海瑞按察司僉事鄭元韶上海知縣敖選

忠勇祠 在上海縣南滙所祀明死難李府及子香黍

沈布政祠 在上海縣祀明布政沈恩

周方二賢祠 在上海縣祀明巡按周如斗知府方廉

仰德祠 在上海縣祀明喬鏜喬木

海忠介祠 在青浦縣南城濠上祀明都御史海瑞

常州府

社稷壇　風雲雷雨山川壇俱在府城北門外德澤鄉武進縣附郭不置各縣俱有

文廟崇祀孔子以四配十哲配享七十二賢及左丘明以下三十二人從祀別立啓聖祠祀啓聖公各縣俱有　名宦祠祀名宦　鄉賢祠祀鄉賢

城隍廟在府城金斗門內各縣俱有　郡厲壇在府城北門外在縣曰邑厲各縣俱有　里社鄉厲二壇各縣鄉保俱有　八蜡祠在府治西各縣俱有　先賢祠在府城內今自延陵季子至楊廷鑑凡七十五人明萬曆三十一年建　忠義祠在府城正覺寺址祀宋文天祥姚訔等十五人明正德六年建　蘇東坡先生祠在府城顧塘橋北　楊龜山先生祠舊在懷德門內今在市街東祀宋楊時　先賢梁子祠在府城祀宋千乘侯梁鱣　鄒公祠在府治咸寧街祀明蘇松兵備道鄒墀　邵

康節先生祠在府治漳湟里　卞忠貞公祠在府城勝西里　胡文恭公祠在府城德安門外祀宋胡宿　劉龍圖祠在府治馬跡山宋劉晏駐兵處　漢壽亭侯廟府城各縣俱有　延陵季子廟凡四一在雙桂坊內一在東門直街一在府學講堂東偏一在天慶觀東江陰縣亦有　忠佑廟在府城祀隋司徒陳仁杲原籍晉陵人大業間仕至司徒為沈法興謀逆毒死屢現靈異南唐保大十三年封烈帝夫人軫氏武烈后明洪武初詔去封號題木主曰司徒陳公之神無錫宜興有廟　水平王廟在武進縣分水嶺舊傳為后稷庶子佐禹平水故祀之　劉將軍廟在府治清和坊祀宋劉師勇　湯襄武祠在武進縣內祀明東甌王湯和於關廟之東　江東順濟靈應行祠在武進縣祠山廟內西偏見蘇州府江東神廟記　柴將軍廟在武進縣忠佑廟西廡祀南唐龍武右將軍柴克宏　閆殿撰祠在武進縣忠佑廟西廡祀宋周杞　五

賢祠在武進縣祀唐獨孤及宋柳開李餘慶陳襄楊萬里今廢　三王祠在武縣東北
祀東嶽忠佑廣惠之神　三孤祠在武進縣祀蔡芮董三孤見撫遺　崇賢祠在武
進縣內史家巷祀明胡忠安公濙　唐荊川祠祀明唐順之在府城外運河岸西南天禧
橋西偏　陳伊菴祠在府城鳴珂巷內皇清順治十年建　忠節祠在府城正覺寺
西祀兵部尚書陳節愍公洽　王忠愍祠在府治奔牛鎮　皇清順治十年奉　旨卹明
御史王章　張南軒先生祠在府城　皇清順治十四年督學張能鱗建　劉仁
賢祠在武進縣南眞武廟東　三元殿文昌祠在武進縣明萬曆三十年建
靈濟龍祠在武進縣奔牛牐　麻尹二將軍祠在武進縣彭郎村祀宋文
天祥部將麻士龍尹玉　海烈婦祠在府治運河岸　尊賢祠在無錫縣惠山泉右
祀陸羽湛茂之李紳焦千之秦觀尤袤錢顗倪瓚張翼王紱　華孝子祠在無錫縣惠山

左祀孝子華寶

秦淮海先生祠在無錫縣第六箭橋上祀宋秦觀

七賢祠在無錫縣儒學東宋楊龜山先生講學是邑暨從遊四人祔五賢祠明嘉靖初益以李忠定公綱鄒文莊公寶更號七賢祠

李忠定公祠在惠山西祀宋李綱

胡安定先生祠在惠山右祀宋胡瑗　皇清康熙十一年知縣吳興祚立碑

道南祠在無錫東林書院左祀楊龜山先生

至德廟在無錫縣梅里即泰伯廟

顯忠廟在無錫縣秀嶂街祀唐張中丞巡江陰靖江俱有

顧右丞祠在無錫縣南林祀晉無錫令顧悅之

鄒文忠公祠在無錫縣惠山河塘上祀明提學副使鄒迪光

朱文公祠在無錫縣梅里鄉白擔山下

徐偃王廟在無錫縣廟塘山下

馬神廟在無錫縣洞虛宮　皇清順治初建

張正齋祠在無錫縣內洞虛宮之右祀明遜國時義士張翼

儲貞義祠在無錫縣內淨慧寺側祀明遜國時義士儲福及其妻范氏

于忠肅祠在無錫縣

外錫山祀明于謙**松滋王公祠**在無錫縣惠山秀嶂街**周海二公祠**在無錫縣惠山左祀明周文襄忱海忠介瑞**邵文莊祠**在無錫縣惠山二泉書院祀明邵寶**金龍大王廟**在無錫縣石鋪頭神姓謝氏杭州人爲黄河神**顧憲副洞陽祠**在錫山之麓**顧端文祠**在惠山寺左祀明涇陽先生顧憲成**高忠憲祠**在無錫縣水鉄巷祀明高攀龍**周文恪祠**在無錫縣惠山祀明周子義**馬文肅祠**在無錫縣惠山秀嶂街明崇禎甲申殉難馬世奇同殉朱方二孺人初謚文忠皇清順治十年賜今謚陽祠田七十畝**單貞姬祠**在無錫縣惠山寺左**伍賢祠**在宜興縣西九里一名伍相公祠**廣惠行祠**在宜興縣西門外祀漢張勃**二忠祠**在宜興縣東祀唐衛將軍逖尚書吳公雲**袁府君廟**在宜興縣治西南隅祀漢陽羨令袁玘**周孝侯廟**在宜興縣治東南隅祀晉平西將軍周處**梟山廟**在宜興縣潮汝

鎮東俗傳神姓潘兄弟三人遊北山指一草甚爲茶採而烹之信然土人因爲之立祠丞亭侯廟在宜興縣五賢區祀漢蔣澄蘇東坡祠在宜興縣蜀山忠烈行廟在宜興縣姚村祀漢秣陵尉蔣子文三夫人廟在宜興縣蜀山祀烈女之神許眞君廟在宜興縣青陽市相傳即眞君宅尚書廟在宜興縣青陽市祀明周文襄忱烈女廟在宜興縣順一坊祀五代時何氏罵賊死愍忠祠在江陰縣城隍廟西祀明光祿寺少卿錢錞二侯祠在江陰縣虹橋東祀明初江陰侯吳良靖海侯吳禎夏王廟在江陰縣夏港口祀大禹張睢陽廟祀唐張巡江陰靖江二縣俱有陳烈士廟在江陰縣新村烈士名忠字肖一宋季人義勇祠在江陰縣青陽鄉南街祀明嘉靖死難團長吳兌義士祠在江陰縣順化坊祀明嘉靖義士黃鑾四賢祠在靖江縣孤山頂祀元趙孟頫元虞集孔元虔孫一元四惠祠在靖江縣馬洲書院祀邑令金洪易幹張

師載鄭鑄

岳武穆祠 在靖江縣治西宜興亦有廟

烈女祠 在靖江縣治東北五里祀元至正中烈女陳元孥明孫馮二氏

耿公祠 在靖江縣東南神宗哲宗時人歿而爲神能除水患

鎮江府

社稷壇 **風雲雷雨山川壇** 俱在虎踞門外之南丹徒縣附郭不置各縣俱有

文廟 崇祀孔子以四配十哲配享七十二賢及左丘明以下三十二人從祀別立啓聖祠祀啓聖公各縣俱有

名宦祠 祀名宦

鄉賢祠 祀鄉賢

城隍忠祐廟 在府治西南各縣俱有

郡厲壇 在定波門外之北各縣俱有在縣日邑厲

里社鄉厲二壇 各縣鄉里俱有

八蜡廟 在府治東各縣多有

下

元水府廟在府治金山　白龍廟在府治常山麓　漢荆王廟在府治前祀漢荆王賈　焦先祠在府治焦山　褒忠祠在府治銀山祀宋剌史魏勝　旌忠廟在府城通吳門外祀宋韓世忠　周濂溪祠在府城南門外鶴林寺西祀宋周敦頤　宗忠簡祠在丹徒縣儒學內祀宋宗澤　范文正祠在丹徒縣學尊經閣下祀宋范仲淹　表忠祠在金山祀宋韓世忠魏勝　文信國祠在金山祀宋文天祥　陸丞相祠在府城外鶴林寺祀唐陸贄　夏禹王廟在府治禹跡山上　東嶽別廟凡二一在陽彭山一在戴港鎮丹陽金壇俱有　西嶽別廟舊在府治雲勝山下　龍王廟凡二一在北固山下一在金山　瓜步江神廟在府治金山　漢壽亭侯廟在府治玉山之側各縣俱有　金龍四大王廟在京口　徐偃王別廟凡二一在府治崇德鄉一在下瀆塘　漢留侯廟凡二一在丹徒鎮一

在彭城祀漢張良　武烈別廟在府城朝陽門外祀隋陳仁杲　都天廟在府城烈帝廟右　眞武廟在府治北固山南　張王別廟在府城西南皇清順治中修

炳靈公廟在府治丁角鎮　三眞君廟在府治塔山祀周唐葛三眞君　晏公廟在丹徒鎮神名戎仔江西清江人　壽丘司徒廟在丹徒縣上河街郎壽丘山神

康王廟在丹徒縣城隍廟西廡祀宋康保裔洛陽人與契丹戰死之　水府三官廟在丹徒縣南閘下　李衞公祠在府治甘露寺祀唐李靖　林仁肇祠一在丹徒因勝寺一在朱方門外仁肇在南唐以忠勇著聞　楊文襄祠在京口驛西祀明楊一清

善利廟在丹陽縣東北祀嘉山龍神　慈感廟在丹陽縣東南祀龍母　延陵季子廟在丹陽縣延陵鎮　漢王廟一在丹陽縣閭塘祀高祖一在越塘祀光武　孱陵侯廟在丹陽縣呂城鎮祀吳將呂蒙　梓潼帝君廟在丹陽縣東

陳少陽祠在丹陽北門外祀宋陳東　石曼卿祠在丹陽縣治前　靈濟廟在金壇縣治南祀龍神皇清順治中增修　袁太守廟在金壇縣三洞鄉祀晉袁宏

陶貞白祠在金壇縣陶村祀梁陶弘景　夏禹王廟在金壇縣西沙湖之上

吳季子廟在金壇縣顧龍山之巔　華光廟在金壇縣慈雲寺左祀五顯靈官

淮安府

社稷壇在府治西門外　風雲雷雨山川壇在府治南門外山陽縣附郭不置各州縣俱有

文廟崇祀孔子以四配十哲配享以七十二賢及左丘明以下三十二人從祀別立啓聖祠祀啓聖公各州縣俱有　名宦祠祀名宦　鄉賢祠祀鄉賢

城隍廟在府治東各州縣俱有　旗纛廟在各營　郡厲壇在府治北門外

州縣皆有在縣者日邑厲

里社鄉厲二壇 州縣鄉保俱有

楚元王廟 在府治西南漢高祖弟交封於此宋建炎中賊李成以萬衆攻城民禱於神大敗之益崇祀舊以宋趙立魏勝應純之元許維禎爲木主附廟中成化初知府楊杲又以漢張敞鄭弘汲黯尹翁歸黃浮三國關羽張飛晉王祥王渾唐宋璟宋米芾明范中施禮彭遠丘陵皆有功於淮人者并附祀焉

淮陰侯廟 在府城南市

漂母廟 在府治望雲門外

趙康川廟 在府治東祀趙師旦

顯忠廟 在府城北市之西祀宋開府趙立

威濟祠 在府城宋紹興間李寶自海道禦敵至石臼山禱之因風縱火焚敵敵大敗詔封祐順侯廟祀之

恭襄祠 在清江浦祀明平江伯陳瑄

督撫名臣祠 在郡治東南祀總督巡撫都御史江夏王竑汝陽滕昭等二十四人

貞烈祠 在郡西北窯溝正德四年爲烈女何氏立

忠孝祠

文節祠 在府學

陸丞相祠 在鹽城縣治南

吳王廟 在清河縣南孫吳楊吳未

祥

靈著廟在桃源縣西祀劉太尉太尉本縣人死而爲神　顯節侯廟在安東縣東祀唐御史王義方　盧醫廟在安東縣北　蒲神廟在海州石湫鎮漣河西岸凡遇蝗蝻有禱必應　五賢祠在海州祀漢于定國疏廣疏受蕭望之匡衡　六勇祠在海州祀明禦倭陣亾陳升等六人　孝婦祠在海州巨平山北有孝婦塚　由吾大夫廟在海州巨平山南大夫沐陽人隋文帝徵拜諫議大夫卒葬此人爲立廟　忠武祠在海州祀宋副總管耿世安賜額忠武　旌忠廟祀宋侯富通判海州死節賜額旌忠　濮壽亭侯廟在贛榆治東　郯子廟在邳州東北孔子嘗問官者　黃石公廟在邳州黃石社　張良廟在邳州治南　淵德公廟在邳州治西六里祀漢令韓稜

揚州府

社稷壇在府城西門外各州縣俱有　風雲雷雨山川壇在府城南門外三里橋北江都縣附郭不置各州縣俱有

文廟崇祀孔子以四配十哲配享七十二賢及左丘明以下三十二人從祀別立啓聖祠祀啓聖公各州縣皆有　名宦祠祀名宦　鄉賢祠祀鄉賢

城隍廟在府西北各州縣皆有　旗纛廟各衛所俱建惟寶應如皐無之　郡厲壇在府城北門外壽寧街各州縣皆有在縣者曰邑厲　里社鄉厲壇州縣各鄉都俱有

八蜡祠在府城西門外各州縣俱有　江海潮神祠在江都縣瓜洲鎮

江水祠前漢地理志云在江都漢宣帝詔祀江處　謝太傅祠在揚州子城上祀晉謝安

卞忠貞祠在江都縣南門內祀晉尚書令卞壼　邗溝神廟在江都縣　夏禹王廟有二一在江都浮山後一在高郵州臨澤鎮　董子祠祀漢董仲舒舊在府

城兩淮運使後堂內有井曰董井郎董子宅也明正德間移於新興坊

魏文帝廟 丕攻孫權十月詣廣陵大寒水冰臨江而返後人於城東四十里蔡家庄立廟稱曹王廟

韓忠獻祠 一在揚州雍熙巷內一在高郵州祀宋韓琦

文丞相祠 祀宋文天祥先在江都縣城西三義廟側明正德間立新祠城南一在儀真東關河岸

大忠祠 在揚州南門內新橋祀宋李庭芝以陸秀夫等配享

雙忠祠 在揚州廣儲門外梅花嶺側祀宋李庭芝姜才

蔣忠烈祠 在揚州南門外祀漢秣陵尉蔣子文

旌忠廟 在揚州城東門內祀宋死節臣魏全王方明

雙忠祠 在揚州西門內祀明高邦佐陳輔堯

廣陵五先生祠 在府城西門外祀宋胡瑗李衡王居正後增祀李樹敏沈珠

顯勇廟 在揚州舊城內祀宋死節臣吳從龍

張武定祠 在府城祀元張弘綱

曾襄愍祠 在江都縣祀明兵部尚書曾銑

三將軍廟 一在府城西一在儀真縣北祀宋將軍元怡梁宏張昭

三英

女祠在府治瓜洲鎮祀宋烈婦趙淮妾明烈女殷氏周氏

恭愛廟在陳公塘側祀漢廣陵太守陳登

梁昭明太子祠在儀真縣城南

康令祠在儀真縣城村唐咸通間歲旱六合康令以身禱而跨白馬入江死雨足歲稔邑人祀之

白沙廟在儀真縣宋嘉定五年建

伍胥廟在儀真縣西胥浦

三賢祠在儀真縣祀元郝經吳澄張翌

浣沙女廟在儀真縣西四十里

孝婦祠在儀真朴樹灣祭農人周祥妻張氏舊有坊曰剖腹活姑

茅公祠在泰興縣樂善坊祀明建文死節茅誧

東平王廟在泰興縣太平鄉祀漢東平王蒼

岳王廟在泰興縣口岸西

清水潭龍神祠在高郵州城北

紹興三鉅公祠在高郵界祀張浚韓世忠岳飛

漢高帝廟在高郵沛城村

露筋祠在高郵界采米芾有碑記

英烈夫人祠在高郵州即毛惜惜死節處宋方岳有傳

四賢堂在高郵州祀宋孫覺秦觀喬執中朱壽昌

康澤廟在高

郵湖中洲上祀宋耿遇德　雙貞女祠　在興化縣南門內祀劉仲二烈女　昭陽廟　在興化縣昭陽山祀楚令尹昭陽亦名山子廟　三閭大夫廟　在興化縣東　雙烈祠　在寶應縣祀漢臧洪陳容　三賢祠　在泰州祀宋張綸胡令儀范仲淹並以修捍海堰有功於民　三忠臣祠　在泰州祀宋李庭芝孫虎臣姜才　六太守祠　在泰州祀宋守荆罕儒周述田錫張綸孔道輔曾致堯　名賢祠　在泰州祀富弼范仲淹胡瑗王楊英陳瓘趙抃孔道輔曾肇胡令儀岳飛文天祥　胡安定祠　祀宋胡瑗一在泰州泰山之北一在如皋縣東南隅　王心齋祠　在泰州祀明理學王艮　董孝子祠　在泰州西溪鎮祀漢董永　思賢堂　在泰州學內祀宋韓琦歐陽修劉敞呂公著蘇軾宋彭方重建增祀陳瓘任伯雨爲七賢堂　貞烈祠　在如皋縣祀節婦盧氏顧氏章氏許氏胡氏石氏許氏許氏烈女季氏　江海神祠　在通州狼山　范文正祠　有二一在鹽場便倉西以

築捍海堰時嘗憩於此一在興化縣儒學內以曾令興邑

胡文定祠 祀宋胡安國在通州南門外安國嘗知通州

四賢祠 在通州祀范仲淹胡瑗岳飛文天祥

三賢堂 在通州祀州人張次山寓賢陳瓘任伯雨

安慶府

社稷壇 在府城西郭中

風雲雷雨山川壇 在府城東郭懷寧縣附郭不置各縣俱有

文廟 祟祀孔子以四配十哲配享以七十二賢及左丘明以下三十二人從祀別立啓聖祠祀啓聖公各縣俱有

名宦祠 祀名宦

鄉賢祠 祀鄉賢

城隍廟 在府治盛唐門外

旗纛廟 在衞營

郡厲壇 在府北郭各縣皆有在縣者曰邑厲

里社鄉厲二壇 各縣鄉保俱有

皖山祠 在府治西北祀周皖

伯學優祠在府治內祀宋儒游定夫黃直卿烈女祠在府治正觀門外知府胡
纘宗建余忠宣特祠在府學東洪武初建祀元忠臣余闕以韓建李宗可配知府胡
纘宗以推官黃突倫反以下二十有三人皆從闕死節建議祔祀之二忠祠在府治北郭祀
宋通判孫知徵夏倚烈夫人祠在府治青陽書院東知府胡纘宗建祀忠宣夫人及其子
德臣女福童龍湫祠在府治大龍山西麓朱司農祠在桐城縣西祀漢朱邑
周瑜祠在潛山縣西北二十里棠梨廟在太湖縣西祀唐張巡河西廟
一在宿松縣治東一在治西祀張何丹惠民祠在宿松縣治北祀明都御史彭韶朱瑄彭
奏蠲民逋稅朱弛漁利於民民德之忠潔王廟在望江雷港鎮祀楚三閭大夫屈原麴
大夫廟在望江縣北祀唐縣令麴信陵三孝祠在望江縣治東隅祀王祥孟宗徐仲
源

徽州府

社稷壇在府城鎮安門外各縣俱有 風雲雷雨山川壇在府南門外歙縣附郭不置各縣俱有

文廟崇祀孔子以四配十哲配享七十二賢及左丘明以下三十二人從祀另立啓聖祠祀啓聖公各縣俱有 名宦祠祀名宦 鄉賢祠祀鄉賢

城隍廟在府城南門內各縣俱有 旗纛廟各衛多有 郡厲壇在府城北郊

鄉厲壇在府城北郭外各縣鄉保皆有 八蜡廟在府城東各縣多有 忠烈廟在府治烏聊山祀唐越國公汪華

皇清康熙辛亥重修各縣俱有行祠 蔺將軍祠在府城潮水門外祀隋將軍蔺亮 顯忠祠在府城南街祀明靖難諸忠臣 尚賢祠在府城南門外祀晉程元譚梁任昉明陳彥回孫遇張禎彭澤何歆張芹劉志淑王繼禮明萬曆間增入徐擠

陶承學陳所學洪有助

呂司馬祠在府城太平興國寺祀唐司馬呂渭

節烈祠在府城水洞口祀歷代節烈

朱文公祠在歙縣紫陽山

朱韋齋祠在歙縣紫陽山祀文公父松

程朱闕里三夫子祠在歙縣堨田

世忠廟在歙縣黃墩祀陳將軍程靈洗績溪亦有祠

禹王廟在歙縣龍井山皇清康熙元年修

孝子祠在歙縣祀歷代孝子

孝女祠在歙縣劉村祀章氏二女

先賢祠在歙縣祀周程張朱四夫子

程襄毅祠在休寧縣南山庵左

陳定宇祠在休寧縣陳村

程宗伯祠在休寧縣車田祀明尚書敏政

汪文毅祠在休寧縣中街祀明檢討汪維暨夫人耿氏

朱文公闕里在婺源縣南每歲二八月次丁致祭

三賢祠在婺源縣後祀宋儒周濂溪程明道伊川

雙湖祠在婺源縣東門祀宋儒胡一桂

明經祠在婺源縣考川祀唐胡昌翼

雲峰祠在婺源縣考川祀元儒胡炳文

經鋤祠

在婺源縣大田祀漢倪寬諸儒

忠勇叢祠 在婺源縣十都盧源祀宋臣詹巨源光國芝端彥達後以光國祖必勝子世勛俱殁於王事並附之

雙烈祠 在婺源縣古坑祀指揮王千戶向死明嘉靖流賊之難

梅列侯祠 祀漢侯梅鋗在祁門縣悟法寺左

張王祠 在祁山之陽祀東平王張巡

吳長史祠 在祁門縣西祀吳仁歡歲時致祭報始建邑也

三賢祠 在閶門祀唐吳仁歡路旻陳甘節

岳王廟 在祁門縣西

薛公祠 在黟縣衙東祀唐薛稷

褒忠祠 在黟縣祀宋盧臣忠

石孟廟 在黟縣西北宋封靈濟王

巖溪廟 在績溪縣西北祀唐汪越國公第八子俊

乳溪廟 在績溪縣北祀汪越國公第九子獻

許張二姓廟 在績溪縣九里坑祀唐張巡許遠

蘇文定祠 在績溪縣新西街祀宋蘇轍

雙烈祠 在績溪縣大石門祀南雷二將軍

表忠祠 在績溪縣南祀程通

寧國府

社稷壇在西郊里許　風雲雷雨山川壇在南郊半里宣城縣附郭不置各縣俱有

文廟崇祀孔子以四配十哲配享以七十二賢及左丘明以下三十二人從祀別立啓聖祠祀啓聖公各縣俱有　名宦祠祀名宦　鄉賢祠祀鄉賢

城隍廟在府治西南　郡厲壇在府治北郊各縣俱有在各縣者曰邑厲　里社鄉厲二壇各縣鄉保俱有　褒烈廟在府治西門內祀宋知州事李光　遺愛祠在府治小東門內祀宋知州張果明袁旭沈性三人　文丞相祠在府北門外祀宋文天祥嘗知宣州　汪公祠在府南郭祀元尚書汪文節澤民　陳尚書祠在府學正東祀明陳靖獻廸　俞公祠在府治大東門內祀明俞逢辰　及守祠在府治西祀明

知府及官王文成公祠在府治正學書院祀明王守仁七賢祠在府治前原明賢祠祀明知府方逢時鄭繼之蕭良譽金勵崇禎中增入王公弼周光夏皇清順治八年增入管起鳳羅公祠在府治景德寺祀明知府羅汝芳六賢祠在府治敬亭山初祀南齊謝朓唐李白韓愈宋晏殊范仲淹皇清康熙丁未增入龔鼒文昌祠在府儒學各縣多有敏應廟在府治敬亭山麓祀廣惠王之神關公廟在府治北門祀漢壽亭侯各縣多有英濟廟在府治薰化門相傳爲梁昭明行祠佑聖閣在府治西街祀眞武陵陽土地廟在府治陵陽山北三皇廟在宣城縣學西昌黎祠在府治舊州學內二仙祠在府治後祀南齊謝朓唐李白六先生祠在府治祀周敦頤程顥程頤張載朱熹張栻義烈祠在府治北關外祀朱赤心隊將劉晏二烈清風祠在府治西南祀烈女胡氏紀氏烈女祠在府治迎春巷口祀明烈女徐氏東嶽

廟在府治西北祀秦山神各縣多有

東平廟府治有三祀唐忠臣張巡涇縣治集福廟亦祀巡

楊四將軍廟在府治北門外祀江河之神

張守標紙廟在府城北五里宋建炎間知府張果夢神語將陷沒果抱籍入水死民殮而奠之標紙於此

魯府君廟府城東南錢村祀隋梅知巖以有保障功

項王廟在府治嶧山下項羽駐軍於此

三聖廟在府治天慶觀之左三聖長曰祀之賀息次曰游奕三曰金甲云

張侯祠水陽南二里祀里人張構唐時構築隄捍禦水災

孝感祠在南陵縣東十字街祀晉孝子何琦

忠義祠在南陵縣籍山橋東祀明吳景

安賢祠在南陵縣開化寺祀張巡李白杜牧之李經何琦吳景

貞烈祠在南陵縣城隍廟東祀明貞女梅栢香汪德香何金妹

廣惠廟在南陵縣工山下祀工山之神

周太保廟在南陵縣北六十里祀吳李叔長周泰

茅將軍廟在南陵縣迎恩門見稽神錄

甘相公廟在南陵縣治北

祀晉甘卓王公祠在涇縣水西西精舍祀明王守仁懷德祠在涇縣水西東祀郡守劉起宗羅汝芳靈惠廟在涇縣治西祀晉內史桓彝香心廟在涇縣治東六十里祀節婦洪勝可妻梅氏左王廟涇縣東北十五里栢山祀隋左匡政郎左難當汪王廟在涇縣孤山高嶺祀隋汪華蕭王廟在涇縣治東祀梁武帝昭明太子丁大王廟在涇縣丁溪祀唐令丁令威承流府君廟在涇縣治南四十里祀承流山之神西峯大聖廟在涇縣治東南六十里黃蜕龍王廟在涇縣旗山頂之北李翰林祠在涇縣震山祀唐李白章四相公廟在寧國治東八十五里祀南唐宣歙鎮將章紹義烈方公廟在寧國治西三十里祀宋義士方致堯威顯廟在旌德治東北隅兗州刺史廟在旌德治東二十五里祀漢蔣元卿皃山廟在旌德治東二十五里舊以神學仙於竇子明療疾多愈故祀周公祠在太平治

西祀明周怡

節烈祠在太平治南祀羅趙等烈女十餘人

池州府

社稷壇在府城秀山門外　風雲雷雨山川壇在府城齊山傍貴池縣附郭不置各縣俱有

文廟崇祀孔子以四配十哲配享七十二賢及左丘明以下三十二人從祀別立啓聖祠祀啓聖公各縣俱有　名宦祠祀名宦　鄉賢祠祀鄉賢

城隍廟在府治西北各縣俱有　郡厲壇在城北里許各縣俱有在縣曰邑厲　里社鄉厲二壇在城北各縣鄉保俱有　八蜡祠在府東門外各縣俱有　旗纛廟在城北門小教場　文孝廟祀梁昭明太子蕭統凡二一在府城西俗稱西廟一在城西七十里秀山蕭梁時建淸康熙十九年知府喻成龍重修

皇

漢壽亭侯廟

在郭西街各縣俱有

高獲廟在府城北里許祀東漢處士久廢皇清康熙十九年知府喻成龍重建

趙文節祠在府城南五里祀宋通判趙昂發

清溪二生祠在清溪江口

包何二太守祠在府城毓秀門內祀宋孝肅包拯明太守何綸正

黃侍中祠凡二一在府治羅漢磯一在九華門外祀明建文忠臣黃觀

忠烈祠在毓秀門內祀三忠六烈宋趙昂發夫人雍氏又清溪二生明黃觀夫人翁氏暨二女又烈婦唐貴梅烈女康清姑

成仁祠在府治城隍廟前祀明給事中陳敬宗

秦推官祠在府城南門外祀明推官秦懋義

李操江祠在府城南獅子口祀皇清操撫李日芃

王陽明祠在青陽縣九華山化成寺西

恭愍褒忠祠在石埭縣四都祀宋安撫制置使丁黼

旌忠祠在石埭縣治東祀瀘州知州死難蘇瓊

余司徒廟在建德縣十里皇清康熙十七年知縣喻成龍重修

峰子山廟在建德縣玉山之麓自唐宋勑

封昭應侯東嶽宮在建德縣南玉峯有大藏經閣知縣喻成龍修

太平府

社稷壇在清源門外街西各縣俱有　風雲雷雨山川壇在南津橋南當塗縣附郭不置各縣俱有

文廟崇祀孔子以四配十哲配享以七十二賢及左丘明以下三十二人從祀別立啓聖祠祀啓聖公各縣俱有　名宦祠祀名宦　鄉賢祠祀鄉賢

城隍廟在府治東吳赤烏年創建歷代修葺皇清康熙十一年增修　郡厲壇在府城北在縣曰邑厲　旗纛廟在建陽衛北門內各縣俱有　定江神廟在府城外采石山即水府廟　馬神廟在湖熟門外　火神廟即五顯廟在五條巷內　李太白祠祀唐李白在府治青山麓　虞大傅祠祀宋虞允文在府治寶積山之西宋

賜名曰英烈明三忠祠在府治西祀花雲許瑗王鼎陶學士祠祀明陶安

在當塗縣東街郎安故宅范學士祠祀范常在府前忠節坊丁孝子廟在府

治慈姥磯上祀孝子丁蘭湖神廟在當塗縣鄭侯祠祀漢蕭何在府公廨漢壽

亭侯廟在府治演武塲西順治間重修各縣俱有皇清李衛公祠祀唐李靖

在蕪湖縣赤鑄山梁文孝祠在蕪湖縣昇平橋東祀昭明太子蕭統烈女祠

在蕪湖縣儒學西祀烈女詹氏海忠介祠在蕪湖縣城外祀明海瑞江神廟在繁

昌縣三山鎮貞女祠在舊縣鎮祀烈張仙真烈婦祠在繁昌朝陽門外祀生員

方鳴蛟妻洪氏

廬州府

社稷壇在府治西門外風雲雷雨山川壇在府南門外合肥縣附郭不置

各州縣俱有

文廟崇祀孔子以四配十哲配享以七十二賢及左丘明以下三十二人從祀別立啓聖祠祀啓聖公各州縣俱有名宦祠祀名宦鄉賢祠祀鄉賢

城隍廟在府治東州縣俱有旗纛廟多在武教塲郡厲壇在府治拱辰門外州縣俱有在縣者曰邑厲里社鄉厲二壇州縣鄉保俱有八蜡祠在府治余公廟橋東州縣多有馬神廟在府治和平橋東州縣多有漢壽亭侯廟在府治和平橋東州縣多有包孝肅特祠祀宋包拯舊名香花墩在府城南濠內

余忠宣公祠在府城東門外祀元余闕周忠愍特祠在府治明教臺東

蔡氏祠在府治十字街東張侯遺愛祠在府治水西門外祀太守張瀚屠公祠在府治察院前祀太守屠仲律將軍廟在府治水西門內城上祀宋少保楊沂中

姚李二公廟在府治德勝門外祀宋統制姚興招撫使李顯忠　**二賢祠**在舒城縣祀文翁朱邑　**三劉祠**在舒城縣東祀漢潁羨侯劉信魏刺史劉馥明郎縣劉顯　**大忠祠**在廬江縣祀明陳植死靖難　**宣聖南祠**在廬江縣宣聖五十八代孫孔思原徙廬江建家廟春秋祭如學宮儀　**二狀元祠**在無爲州祀宋元豐狀元州人焦韜明永樂甲辰狀元邢寬　**靈澤廟**在無爲州螺磯山祀漢昭烈后孫氏於此宋賜額曰靈澤　**汪越公廟**在無爲州神姓汪名華新安人隋末屯兵烏聊山稱吳王唐封越國公宋政和四年賜廟額曰忠顯　**楚公祠**在無爲州祀宋待制楚建中　**賈公祠**在無爲州祀宋理學賈易　**姚王廟**在巢縣東山頂祀宋統制姚興餘縣亦有　**范亞夫祠**在巢縣治內又一在治東七里　**二賢祠**在巢縣萬家山麓祀巢父許由　**大成祠**在六安州北門外明成化間奉旨孔氏子孫流寓應建聖祠以廣祀事　**皐陶祠**在六安州北門外塔西　**程**

知軍祠在六安州北門外祀宋死節知軍程端中　汪學士祠在六安州城西九十里祀宋汪立信　歐陽文莊祠在六安州北門外祀明知州歐陽德　史相祠在六安州治東祀明相國史可法　二程夫子祠在英山縣城隍廟後　南嶽神祠在霍山頂傍附雷太保萬春祠　三蘇祠在霍山縣治東祀宋蘇洵蘇軾蘇轍　馬總督祠在霍山縣東聖宮前為皇清總督馬國柱立

鳳陽府

社稷壇　風雲雷雨山川壇一在舊闕門右一在大城南門外一在太城北門外鳳陽縣附郭不置各州縣俱有

文廟崇祀孔子以四配十哲配享以七十二賢及左丘明以下三十二人從祀別立啓聖祠祀啓聖公各州縣俱有　名宦祠祀名宦　鄉賢祠祀鄉賢

城隍廟在府治西南爲都城隍府城隍在臨淮縣移鳳門內州縣俱有旗纛廟[illegible]所俱[illegible]有

郡厲壇在府城外州縣皆有在縣者曰邑厲里社鄉厲二壇[illegible]鄉保俱有

八蜡廟在府治獨山門東五里許州縣多有馬神廟在府治[illegible]武塲州縣[illegible]多有

龍王廟在府治獨山門東五里潁州潁上縣皆有之崇伯觀在府治塗山西麓

禹廟在府治塗山頂泗宿二州俱有啓廟在府治荆山頂漢關高祖過此命立廟

聖廟在府治荆山麓各州縣俱有

名臣祠在府治儒學祀明戸部尚書年富

楊公祠在府治荆山巔祀楊瞻

三侯祠在懷遠縣儒學祀何立陳邦翰潘登貴

貞烈祠在懷遠縣治西南祀花將軍妻郜氏諸人

文昌祠在定遠縣

包公祠在定遠縣治西祀包拯

大忠祠在五河縣北城臺祀明泗國耿武莊再成

雙忠祠在五河縣北二十里祀唐張巡許遠

莊子祠在蒙城縣東門外

叢氏祠在霍丘縣祀御

史叢其

女忠祠 在霍山縣治東祀明殉義李氏

河神廟 在泗州南門外

馬郚二公祠 在泗州南察院右祀馬斯藏郚陞

顯忠祠 在泗州祀李紹賢

淮瀆廟 在盱眙縣下龜山寺西南世傳大禹鎮水怪處

呂東萊祠 祀宋呂祖謙以六世孫伯宗招撫盱眙家於此

周濂溪祠 祀宋周敦頤以七世孫體乾為宋制置使裨將守泰州城陷避難招信因家盱眙

范文正特祠 祀宋范仲淹明洪武初撥富民塡鳳郡其子孫遂自蘇州徙盱眙

雙貞祠 在盱眙縣東北陡山下祀何氏二烈女

相山廟 在宿州西北九十里有行祠在州治東神上應房心之宿能翻雲致雨莫詳姓名

閔子祠 在宿州北七十里閔子鄉騫山南墓前在此

二忠祠 在宿州東門城祀張巡許遠五河縣亦有

三忠祠 在靈璧縣西祀明知縣陳伯安主簿蔣賢壽州指揮錢美同殉流賊

張龍公祠 在潁州東三十里詳在唐趙耕記宋歐陽修祈雨文蘇軾謝雨文

歐陽文忠公

祠祀宋歐陽修在儒學西彭爲率本州僚屬重建於儒學西 劉侯祠在潁州祀宋劉錡

三忠祠在潁州東關祀元忠臣李黼兄冕子秉昭 六貞祠祀漢烈婦范滂母明節婦陳海妻李氏李澤妻劉氏周雨妻韓氏時銓妻李氏烈婦魏德妻張氏在潁州東關 三忠祠在潁上縣治祀明李天衢謝肇鉉廖維義皆捍賊有功 趙侯祠在太和縣祀明趙夔始築邑城者 湯陵祠在亳州北渦河二里

徐州

社稷壇 風雲雷雨山川壇俱在州城外各縣俱有

文廟崇祀孔子以四配十哲配享七十二賢及左丘明以下三十二人從祀別立啓聖祠祀啓聖公各縣俱有 名宦祠祀名宦 鄉賢祠祀鄉賢

城隍廟在州治北各縣俱有 旗纛廟在衛署後爲水圮 州厲壇 鄉

厲壇各縣鄉俱有　八蜡祠各縣俱有　洪神廟或稱金龍四大王　呂梁洪關尉神廟在州城明宣德間登祀典　留侯廟一在留城一在子房山明平江伯陳瑄禱雨有應建祠祀焉　恭襄侯祠在州城祀平江侯陳瑄有功漕運　東嶽廟在州城西南隅　元帝廟在州治小河口　禹王廟在州治呂梁上洪東岸蕭縣亦有廟　漢壽亭侯廟各縣俱有　彭祖廟舊在州城東北隅今徙北門城闉　漢高祖廟在州城南廣運倉東　黃石公廟在州城東北二十里　東坡祠在州城南臺頭山　忠烈廟在州治祀宋死節知州王復　三賢祠在蕭縣白茅山祀閔子子張顏率　亞聖廟在蕭縣祀孟子後裔名端者寓此　漢高原廟一在沛宮故地一在泗水亭一在豐縣　忠孝祠在沛縣祀死節顏瓌父子　唐李文靖廟在豐縣西　東漢光武廟在豐縣西北　司馬溫公廟在豐縣西

滁州

社稷壇 風雲雷雨山川壇 俱在州城北各縣俱有

文廟 崇祀孔子以四配十哲配享七十二賢及先丘明以下三十二人從祀别立啓聖祠祀啓聖公各縣俱有

城隍廟 在譙樓西各縣俱有 旗纛廟 在州衛内 州厲壇 在縣曰邑厲 鄉厲壇 本州鄉村中有八各縣俱有 表豐大王廟 在州城皇清康熙十年重修

栢子龍潭廟 在州城外以六月六日祭禱雨輒驗 漢壽亭侯廟 在州西

二賢祠 在州治醉翁亭後祀歐陽修蘇軾 王陽明祠 在州城内保豐堂右 九賢祠 在州城内保豐堂後春秋二仲祀唐韋應物李德裕李長夫李公垂韓思復宋王禹偁歐陽修張方平曾肇 四賢祠 在州城内九賢祠左祀明李一鵬高倬王聚奎金光辰 鄉

賢胡莊肅祠在州治上街王文成祠在全椒縣奎光樓右朱文公祠在全椒縣

和州

社稷壇在印山門半里許別見含山縣風雲雷雨山川壇在梁山門外半里許含山縣俱有

文廟崇祀孔子以四配十哲配享以七十二賢及左丘明以下三十二人從祀別立啓聖祠祀啓聖公又見縣名宦祠祀名宦鄉賢祠祀鄉賢

城隍廟在州治東南別見縣郡厲壇在州治香泉門外半里許在縣曰邑厲里

社鄉厲二壇州縣併有之周侯廟在州治姬家巷東宋開禧三年軍民感郭侯周虎全城之功爲立生祠賢母祠在周侯廟左特祀周侯母何氏何於虎拒守抗金人

時領家餉十　**三賢祠**在州儒學東廡側祀唐太學生何蕃國子司業張籍宋狀元張孝祥　**三老堂**在州治後祀宋知州傅堯俞范純仁劉摯　**關帝廟**在州治元妙觀東縣俱有　**覇王廟**在州東北四十里烏江項羽自刎處後人即其地立廟　**馬神廟**在州治百福寺後　**烈女祠**在州城南隅祀宋烈女元孝婦明節婦十八人　**香烈祠**在州治之西北明崇禎乙亥流寇陷城知州黎弘基及同知陳蕙姚學正康正諫教諭趙世選殉難祠之　**姥廟**在州西三十里祀歷陽神母歷陽未陷爲湖母有先哲人始以爲神　**灌將軍廟**在州治印山門内漢灌嬰修城有功故祀　**浣紗女祠**在州治馬神廟右即古漁丘渡伍員爲追兵所追於此取渡浣紗女織之員慮其洩戒以勿言女因抱石自沈後人高其義廟祀之　**九娘子廟**在州治内祀歷陽侯范增女慶曆初東寇王倫圍歷陽恍若有見已而潰散遂就勦滅故祀之　**余闕廟**舊在城西隅今失其處　**秦姬廟**在州西三十里麻湖秦始皇爲東海

游浮於湖徵民婦女牽舟舟大不可動誅者甚衆有姬涖諫不聽投湖中死田罷其役民感而祀之

插花廟在州東北七十里陰陵山祀魯妃即項王之虞姬也　焦太史祠在州治西北隅祀明太史焦竑　陸秀夫祠在州治豐山　鄭旻嶽祠在張家山　功臣祠在含山縣東街祀明華高仇成李彬楊文紀清事詳武勛　烈女祠在含山縣青街詳貞烈志　游定夫祠在含山縣祀廣平游酢　旌忠廟在含山縣祀宋統制姚興立

廣德州

社稷壇在州城西門外　風雲雷雨山川壇在州城南門外建平縣俱有

文廟崇祀孔子以四配十哲配享以七十二賢及左丘明以下三十二人從祀別立啓聖祠祀啓聖公縣皆有　名宦祠祀名宦　鄉賢祠祀鄉賢

城隍廟在州治東縣皆有　州厲壇在州城北門外縣有邑厲　里社鄉厲

二壇鄉保皆有 祠山廟在州治西五里祀漢張渤建平俱有 漢壽亭侯廟在州治東縣俱有 方山廟在州治方山麓神爲方山人名通佐祠山大帝治水有功又於錢塘斬蛟有功 顯濟龍王廟在州治南七十里禱雨多應 石嶺真武廟在州南二十五里 昭妃宮在州治東門外祀張真君妃 東嶽廟在州治東南 呂祖祠在州治東 四先賢祠在州治祀范仲淹真德秀王叔英周瑛 九烈祠在州治祀常績王翼潘璠李庚俊王儔趙時戩趙時晦蔣夔朱嗣孟 三忠祠在州治祀岳飛練子寧王叔英 六賢祠在州治祀鄒守益錢德洪王畿耿定向沈冲在艮 鄒東廓祠在州治祀鄒守益 三惠祠在州治祀趙崇賢王邦瑞彭棟 王修撰祠在州治祀王叔英 陸氏祠在州治祀陸長庚 邵氏祠在州治祀邵圭 八蜡廟在建平縣善政坊

江南通志卷之第三十三終

江南通志卷之第三十四

陵墓

過墟墓而生哀懷九原之可作匪特徘徊陳跡亦以景仰前修苟一善可名則高塚壘壘者終不應與草木同盡也矧六代遺區堂斧所封非茂陵之玉椀即筌族之黃腸乎自地官本俗之法不行其爲族墳墓者茫然莫辨豐碑宰樹礪牛角而爨薪蒸固比比矣然則護隹城以留姓字其亦古墓大夫之遺意歟志陵墓

江寧府

三國吳大帝陵在鍾山陽后步氏合葬於此

晉元帝建平陵　明帝武平陵　成帝興平陵

哀帝安平陵四陵皆在雞籠山　穆帝永平陵在幕府山西　康帝崇平陵　簡文帝高平陵　孝武帝隆平陵　安帝休平陵　恭帝沖平陵五陵並在鍾山

宋武帝初寧陵　文帝長寧陵俱在鍾山　明帝高寧陵在幕府山陽

陳高祖萬安陵在城東三十五里　文帝永慶陵在陵山南

明太祖孝陵在鍾山之陽與馬后合葬懿文太子封焉

皇清定鼎遣官修理勅諭守護春秋上元縣詣陵致祭

周越王翳墓在句容大橫山下　左伯桃羊角哀墓在溧水縣

楚項羽墓在江浦縣烏江

漢史崇墓在溧陽縣埭頭里　陶謙墓在溧陽縣

三國吳甘寧墓在直瀆山下

晉山簡墓在樂遊苑內覆舟山之陰　溫嶠墓在幕府山　郭璞墓在元武湖中　卞壼墓在朝天宮西　王導墓在幕府山西　顏含墓在靖安里曾孫延之銘十四世孫眞卿立石　謝濤墓在上元縣土山　陸玩墓在雞籠山　王祥墓在江寧縣西南　阮籍墓在鳳凰臺下　謝安墓在梅岡墓前有無字碑　王濛墓在高亭湖側　葛洪墓在句容縣　紀瞻墓在句容縣　謝惠連墓在上元縣宣義鄉　謝靈運墓在上元縣本業寺

南北朝宋

劉獻墓在青龍山謝朓有詩　劉穆之墓在江寧縣

齊

沈太后墓明帝生母在幕府山　明欽皇后墓在淳化鎮　文惠太子墓在夾石　海陵王墓沈括筆談云在金陵有農人得方石刻云海陵王墓謝朓書　巴東公墓在棲霞寺側有碑　豫章王嶷墓在金牛山　竟陵王子良墓在金牛山

梁

昭明太子墓在郡東北四十五里賈山前　安成王墓在清風山　始興王墓在清風鄉黃城村　南康王績墓在神泉鄉　吳平侯蕭景墓在清風鄉花林村　建安侯蕭正墓在淳化鎮　裴邃墓在上元縣　司馬子產墓在新村　王僧辨墓在方山　文宣阮太后墓在通望山　吉翰墓在吉山　朱異墓在巖山　陶弘景墓在句容縣雷平山

〔陳〕張麗華墓在賞心亭

〔唐〕顏眞卿墓在句容縣東後顏村　陳融墓在六合縣　汾陽王郭子儀墓在六合縣盤城

五代南唐昭惠后墓在江寧縣未詳　張居詠墓在石頭城東北　慶王李弘茂墓在高淳縣元宗次子

〔宋〕李邈墓在青龍山贈昭化軍節度使　楊宗閔墓在鍾山鄉殉金人難贈魏國公謚忠介　王璋墓在鍾山鄉節度使　楊邦乂墓在聚寶門外謚忠襄　尹起莘墓在新亭鄉　俞㮚墓在溧水縣兵部尚書　魏良臣墓在高淳縣光祿大夫謚敏肅　徐彥伯墓在六合縣馬鞍山文士　楊洪墓在六合縣封彰武伯　黃宏墓在六合縣太常卿

〔明〕徐達墓中山王　常遇春墓開平王　李文忠墓岐陽王　湯和墓東甌王以上俱在鍾山之陰　康茂才墓在幕府山蘄國公　鄧愈墓在城南西山之原寧河王　沐英墓在長泰北鄉黔寧王　吳良墓江國公　吳禎墓海國公　顧時墓滕國公　吳復墓安陸侯　王志墓許國公以上俱在鍾山之陰　俞通海墓在聚寶山虢國公　胡大海墓在城南十五里越國公　趙德勝墓在烏石岡梁國公　馮國用墓在鳳西鄉郢國公　郭子興墓在聚寶山陝國公　郭英墓在聚寶山營國公以上俱明開國功臣傳詳人物

呂本墓在鍾山陰太常寺卿　丁璿墓在崇禮鄉都御史　王敞墓在土山尚書　金澤墓在鍾山岡右都御史　梁材墓在白山太子太保　顧璘墓在彭城山尚書　張可大墓在麒麟門外太子少傅　方大美墓在上元縣太僕寺卿

黃居中墓在官山南國子祭酒梅殷墓在牛首山駙馬李祺墓在[illegible]西駙馬胡觀墓在牛首山駙馬金朝興墓在太平門外沂國公楊璟墓在鍾山陰芮國公梅思祖墓在鍾山陰汝南侯顧成墓在安德門外夏國公

王愷墓在雨花臺側當塗縣男自金朝興以下皆洪武勳臣有傳徐忠墓在城南蔡國公宋晟墓在聚寶門外鄖國公陳瑄墓在大山平江侯趙彝墓在鳳凰門東沂城伯唐鐸墓在江寧縣太子少保方孝孺墓在聚寶山文學博士張鎰墓在鳳西鄉學士周瑄墓在安德鄉太子少保童軒墓在鳳臺鄉太子少保倪謙墓在新亭鄉禮部尚書倪岳墓在新亭鄉少保余大成墓在[illegible]山[illegible]史張瑄墓在唐家山刑部尚書張琮墓在鳳西鄉右都御史王以旂墓在白山太保金紳墓在長泰鄉刑部侍郎殷邁墓在湖堰村禮部侍郎吳自

新墓在江寧鎮刑部侍郎焦竑墓在仙鶴門外狀元謚文端何如寵墓在歸善鄉大學士謚文端劉應詔墓在鳳臺岡朝議大夫汪偉墓在射烏山殉崇禎之難謚文烈曹義墓在句容縣吏部尚書張諫墓在句容縣太僕寺卿齊泰墓在溧水縣南青絲洞兵部尚書殉建文難莊㫤墓在江浦縣定山吏部郎中謚文節

皇清

李敬墓在六合縣刑部侍郎

蘇州府

商

巫咸墓在常熟縣虞山

周

泰伯墓在府境靈巖山西北麓敕塢仲雍墓在常熟縣虞山周章墓在虞山吳之祖也王僚墓在府城北嚳山闔閭墓在虎丘劍池齊女墓在虞山梁昭明太子有碑吳女墓在閶門外舞鶴女夫差墓在陽山瑣墟

墓夫差女與夫差墓近　申公巫臣墓在匠門西南　孫武墓在吳縣東門外

干將墓在古匠門外　專諸墓在伍大夫廟側　要離冢在閶門濠呂城內

煖墓在吳縣西北二里　慶忌墓在長洲縣東北二十五里今名慶墳　澹臺滅明墓在澹臺湖傍　言偃墓在常熟縣虞山

漢梁鴻墓在吳縣西四里　皐伯通墓在胥門外　陸烈墓在虎丘山西北十里　黃香墓在常熟縣梅里鎮　嚴助墓在吳江縣治東南　孫堅墓在府城南三里

三國吳陸績墓在揚抱山　朱桓墓在橫山　顧琮墓在婁門外唐北　盛斌墓在吳江縣

晉何充墓在吳縣岝崿山　石崇墓在吳縣西六里　潘岳墓在石崇墓西北

張翰墓在橫山東五里　袁將軍崧墓在橫山東五里　江纂墓在天平山上沙　朱誕墓在婁門外一里　顧榮墓在吳縣東南二十里

南北朝宋

張裕墓在華山　郁泰元墓今名元墓山

齊

陸倕墓在吳縣綬山鄉

梁

陸雲公墓在橫山

陳

顧野王墓在楞伽山下　莫釐將軍墓在莫釐山大樹下

唐

顏崇墓在泰伯廟西　陸象先墓在光福山西　歸融墓在城北二十餘里唐山南西道節度使　姚紹之墓在吳縣西五里　張從師墓在虎丘　陸贄墓在齊門外六里官河之西　陸龜蒙墓在甫里　眞娘墓在虎丘　黃幡綽墓在崑山縣西北

五代吳越王錢元璙墓在横山

宋陳國長公主墓在横山法雲寺駙馬石端禮合焉有記　范仲淹墓在天平山　李堪墓在洞涇西工部尚書　蔣堂墓在横山堯封寺傍禮部尚書　鄭戩墓在横山謚文肅　葉清臣墓在横山翰林學士　沈起墓在長山鄉天章閣待制　陳質墓在華山刑部侍郎　錢藻墓在天平山侍讀學士　程師孟墓在横山下廣平侯　朱長文墓在支硎山隱士樂圃先生　邊珣墓在蒸山太子中舍　徐林墓在靈巖山龍圖閣學士　范良器墓在楞伽山下翰林學士　胡元質墓在横山謚獻惠　韓世忠墓在靈巖山西封蘄王謚忠武　范成大墓在天平山謚文穆　趙希懌墓在穹窿山太師謚正惠　張世傑墓在支硎山謚文忠　滕元發墓在陽山謚章愍　王綯墓在崑山縣謚文

恭衛涇墓在崑山縣諡文節陸綰墓在常熟縣中散大夫周虎墓在常

熟縣諡忠惠姚嘉言墓在常熟縣參軍孝子周容墓在虞山北麓朱

存仁墓在嘉定縣宣撫使郟亶墓在太倉北門內司農寺丞

元王都中墓在金井塢于文傳墓在閶門西鴈蕩村葛應雷墓

在望墅墩俞琰墓在蘇州盤門外號石澗先生朱澤民墓在陽抱山七姬

墓皆榮陽潘氏妾同時誓節在郡城東北隅顧仲瑛墓在崑山縣徐珵墓

在常熟縣

明陳鎰墓在吳山西麓諡熙愍施槃墓在洞庭東山翰林修撰李蕡墓

在陳公鄉兵部侍郎徐有貞墓在貞山武功伯韓雍墓在雅宜山諡襄毅劉

幹墓在邑西幹為長洲丞民感德留衣冠葬之因名其地曰劉公墩孔鏞墓在九龍山

工部右侍郎
顧鼎臣墓在潭山大學士謚文康
毛珵墓在華山都御史
王鏊墓在東洞庭梁家山少傅大學士謚文恪
唐寅墓在橫塘王家村解元名士
吳寛墓在花園山謚文定
徐縉墓在靈巖山吏部左侍郎謚文敏
徐學謨墓在彈山太子少保禮部尚書
楊成墓在吳山南太子少保兵部尚書謚莊簡
韓世能墓在岐龍山禮部侍郎
申時行墓在吳山太師大學士謚文定
毛堪墓在天池山贈工部右侍郎
趙宧光墓在寒山高士
徐如珂墓在跨塘贈工部右侍郎
蔡懋德墓在吳縣妙明山山西巡撫死闖難謚忠襄
周順昌墓在白蓮涇馬家墩賜塋一頃二十畝吏部郎中死逆璫禍謚忠介
陳檡墓在長洲縣陽山東起居注
顧存仁墓在陽山大石塢太僕寺卿
俞士悅墓在白蓮橋西刑部尚書
沈周墓在相城高士
文徵明墓在武丘鄉花橋涇翰林待詔
袁洪愈

墓在葑門外太子太保諡安節周詔墓在小茅山禮部侍郎王錫爵墓在閶門外來鳳橋西太傅諡文肅王穉登墓在白馬澗徵士崇禎周后祖墓在匠門東北徐汧墓在陽山少詹五人之墓在虎丘山塘天啓間義民顏佩韋楊念如馬杰沈揚周文元黃子澄墓在崑山縣馬鞍山太常寺卿虞祥墓在金潼里兵部尚書葉盛墓在淞瀆里諡文莊周倫墓在新洋江東諡康僖柴奇墓在廟墩府尹李憲卿墓在冬字圩副都御史顧章志墓在六保尚書浦兵部右侍郎歸有光墓在縣治南金潼里太僕丞張振德墓在崑山縣西朱塘鄉諡烈愍程宗墓在常熟縣工部尚書程式墓在報慈里刑部員外殁於土木徐恪墓在縣北門外南工部侍郎李傑墓在常熟縣禮部尚書蔣欽墓在常熟縣正德中廷杖諡忠愍唐天恩墓在虞山殉流賊難贈光祿少卿陳瓚墓

在桃源澗謚莊靖　瞿景淳墓在寶巖謚文懿　趙用賢墓在羅墩謚文毅　顧大章墓在均墩西謚裕愍　孝子吳璋墓在吳江縣梅里村　周宗建墓在二十七都謚忠毅　吳洪墓在梅里南刑部尚書　周用墓在吳江縣謚恭肅　龔洪墓在嘉定縣工部尚書　侯侗曾墓在嘉定縣通政　張任墓在嘉定縣右副都御史　陸釴墓在太倉州太常寺卿　毛澄墓在太倉州禮部尚書謚文簡　王忬墓在太倉州右副都御史子世貞世懋附　張溥墓在太倉州庶吉士　孫士美墓在吳縣深州知州殉節贈太僕寺卿　歸大道墓在長洲縣副使

皇清

金之俊墓在吳江縣太傅奉勅營葬謚文通　于宗堯墓常熟知縣有惠政卒於官民感而葬於邑　郭文雄墓崑山知縣卒於官廉介幾不能殮士民公助葬於崑山之麓

松江府

〔漢〕陸康墓在府城西廬江太守

〔三國吳〕陸遜墓在府城西江陵昭侯　陸瑁墓尚書　陸抗墓江陵侯

陸凱墓嘉興侯並在府城

〔晉〕陸曄墓在華亭縣光祿大夫　陸監墓在婁縣西陽亭侯

〔唐〕顧謙墓在府城崧子里朝散郎

〔宋〕朱承進墓在華亭縣太子少保　曹澤之墓在上海縣號樂靜先生

〔元〕費寀墓在青浦縣封江夏公謚榮敏　衛謙墓在青浦縣　任仁發墓在青浦縣　三高士墓在婁縣葬楊維禎陸居仁錢惟善

〔明〕王鍾墓在青浦縣戶部侍郎謚僖敏　袁凱墓在府東門外御史　朱孔

㬊墓在青浦縣順天府丞夏衡墓在婁縣太常寺卿張璹墓在府城南贈太子太保刑部尚書錢溥墓在青浦縣吏部尚書謚文通吳玘墓在府東順天府尹唐瑜墓在上海縣副都御史唐珣墓在府城北右都御史宋奎墓在青浦縣大理寺卿王霽墓在上海縣大理寺卿張悅墓在婁縣兵部尚書謚莊簡顧清墓在婁縣禮部尚書謚文僖陸深墓在上海縣詹事府詹事謚文裕張電墓在上海縣贈工部尚書孫承恩墓在婁縣太子少保禮部尚書謚文簡董體仁墓在上海縣工部侍郎董傳策墓在上海縣禮部侍郎潘恩墓在上海縣左都御史謚恭定徐陟墓在婁縣刑部侍郎陸樹聲墓在府城北太子太保禮部尚書謚文定唐文獻墓在婁縣禮部尚書謚文恪蔡汝賢墓在婁縣兵部侍郎徐光啟墓在上海縣太保禮部尚書文淵閣太學士謚文定陳繼儒墓

在青浦縣徵士徐階墓在婁縣大學士董其昌墓葬蘇州禮部尚書林景暘墓在華亭太僕寺卿董羽宸墓在上海縣吏部侍郎錢龍錫墓在婁縣太子太保禮部尚書文淵閣大學士錢士貴墓在華亭縣刑部侍郎

常州府

齊高祖泰安陵在通江鄉彭山武帝景安陵明帝興安陵輿地志齊諸陵在故蘭陵金牛山

梁建陵武帝父文帝陵在東城里武帝修陵簡文帝莊陵在古蘭陵境

周泰伯墓相傳在無錫鴻山一載蘇志未詳安陽侯贊墓在無錫安陽山周章少子周封安陽侯季札墓在江陰縣申港有孔子石碑古篆曰嗚呼有吳延陵季子

之墓黃歇墓在江陰縣君山之陽

（漢）劉昌墓在無錫縣白石山　虞仲卿墓在無錫朱山王莽逼爲司徒不從

蔡邕墓在常郡互村　袁玘墓在宜興縣銅官山漢陽羨令　蔣默墓宜

興竹山　蔣澄墓在宜興都山

（三國吳）劉繇墓在郡北濱江　孫必興墓在無錫夏墓山吳東定侯贈夏

王　顧容墓在無錫縣東南十八里

（晉）周處墓在宜興縣英烈廟後　義興太守劉超墓在宜興縣　郭璞

母墓在江陰縣申港

（南北朝宋）王華墓在無錫縣西二十五里　王僧達墓在無錫膠山南

（齊）王琨墓在無錫縣東北二十五里　孝子華寶墓在無錫縣慧山

陳蔣有政墓在宜興縣白塔村

隋司徒陳仁杲墓在府城陳墓灣山

唐滕邁墓在無錫新橋門外　李紳墓在無錫縣東五里謚文肅　衛遂墓在宜興縣許墅　李蠙墓在宜興縣善權洞　高智周墓在宜興縣葛塢村

五代南唐柴克宏墓在柴墅

宋張鑄墓在許墓村　鄒浩墓在府城青山門外謚忠公　胡宿墓在武進萬安鄉謚文恭　周孚先恭先墓在安上鄉　錢治墓在遵教鄉兵部　霍端友墓在千墩　王逢原墓在薛村　張濤墓在新塘鄉侍郎　蔡戡墓在壺公山學士　薛極墓在平原　秦觀墓在無錫璨山　李夔墓在湛硯山李綱之父　孟忠厚墓在孟灣隆祐太后兄封信安郡王　沈氏墓在白茅山太師

洪皓妻丞相适母封魏國夫人

張俊墓在青山灣封循王勑葬

尤袤墓在西孔山尚書謚文簡

尤焴墓在東孔山端明待制謚莊定

蔣重珍墓在宜興縣侍郎謚文忠

丘崈墓在江陰縣樞密使謚文定

葛勝仲墓在由里山謚文康

葛邲墓在青暘鄉丞相

蔣之奇墓在宜興縣樞密使

胡松年墓在梅林樞密使

孫覿墓在宜興縣尚書

蔣芾墓在宜興縣丞相

周葵墓在梅林參政

元

陳祖仁墓在武進縣

虞薦發墓在無錫縣

王天覺墓在宜興縣

倪瓚墓在無錫縣

明

胡濙墓在武進縣尚書謚忠安

陳洽墓在武進縣尚書謚節愍

段民墓在武進縣侍郎謚襄介

王輿墓在武進縣謚文肅

白昂墓在常州謚康敏

徐問墓在常州謚莊裕

周金墓在武進縣謚襄敏

孫慎行墓在武進縣

謚文介吳宗達墓在武進縣謚文端張瑋墓在武進縣謚清惠許鼎臣墓在武進縣山西巡撫劉熙祚墓在武進縣謚忠烈王章墓在府城謚忠愍施武墓在無錫御史盛顒墓在無錫縣都御史張選墓在錫山給事中世宗時諫受廷杖楊淮墓在無錫縣議大禮廷杖後贈太常卿邵寶墓在無錫縣尚書謚文莊蔡亨墓在無錫縣太常寺卿秦金墓在無錫縣尚書謚端敏譚愷墓在無錫縣都御史施策墓在無錫縣太僕寺卿周子義墓在無錫縣尚書謚文恪孫繼皐墓在無錫縣禮部尚書萬象春墓在無錫縣都御史高攀龍墓在無錫縣謚忠憲顧憲成墓在無錫縣謚端文嚴一鵬墓在無錫縣刑部侍郎馬世奇墓在無錫縣中允謚文肅吳高墓在江陰縣封江陰侯徐驊墓在江陰縣工部尚書湯沐墓在江陰縣大理寺卿劉乾

墓在江陰縣光祿寺卿李應昇墓在江陰縣謚忠毅繆昌期墓在江陰縣謚文忠葉茂才墓在江陰縣侍郎徐溥墓在宜興縣贈太師杭淮墓在宜興縣都御史胡忠墓在宜興縣都御史唐鶴徵墓在宜興縣太常卿萬士和墓在宜興縣尚書史孟麟墓在宜興縣太僕卿

皇清

呂宮墓在武進縣大學士

鎮江府

南北朝宋

興寧陵在丹徒縣武帝父孝皇帝所葬孝穆趙皇后附熙寧陵在丹徒縣文帝母胡太后所葬

齊

永安陵在丹陽縣高帝父宣帝及陳皇后所葬高帝泰安陵在丹陽縣昭皇后劉氏合葬修安陵在丹陽縣明帝父景帝及懿后江氏合葬武帝景安陵

陵在丹陽縣　明帝興安陵在丹陽縣敬后劉氏合葬

〔漢〕荆王劉賈墓在府治後圃　孫鍾墓在丹陽縣白鶴山

〔三國吳〕長沙王孫策墓在郡城南　韋昭墓在府城東七里　左忠墓在金壇縣　左思墓在金壇縣

〔晉〕東海王越墓在郡城南　殷仲堪墓在丹徒縣　郗曇墓在丹徒縣　褚裒墓在郡城南　蔡謨墓在丹陽縣　董憲墓在丹陽縣　袁宏墓在金壇縣

〔宋〕營陽王義符墓　廬陵王義真墓　衡陽王義季墓並在府城東　徐羡之墓在丹陽縣

〔梁〕弘偃將軍墓在丹徒縣　蔡大寶墓在丹陽縣東安豐侯

〔唐〕褚遂良墓在丹陽縣 桓彥範墓在丹陽縣 儲光義墓在金壇縣

〔五代南唐〕徐知諫墓在府城黃社村 李從謙墓在府南堅城岡 沈彬墓在丹陽縣

〔宋〕蘇舜元墓在府城京口轉運使 蘇紳墓在京峴山翰林學士 蘇頌墓在五州山丞相 陳汝奭墓在黃山大中大夫 俞希旦墓在金鼎山陽朝議大夫 陳升之墓在五州山丞相 王介墓在蒜山祠部 王漢之墓在馬鞍山學士 王罕墓在永安里光祿卿 米芾墓在長山郎中 宗澤墓在烏龜灣 林希墓在馬蹟山樞密使 鄧潤甫墓在下濞塘左丞相 曾布墓在長山丞相 黃伯思墓在招隱山秘書郎 劉逵墓在汝山侍郎 趙野墓在圖山學士 趙文亮墓在朝陽門外節使死事敕葬 邵必墓在丹陽縣

龍圖閣學士　魏勝墓在丹陽縣刺史　三孝女墓在大泊西嘗以裙裹土葬母　張縝墓在金壇縣方山學士　張慤墓在金壇縣中書侍郎　張綱墓在金壇縣參知政事諡文簡　湯鵬舉墓在金壇縣大學士諡敏肅　孝子王康墓在金壇縣

元

青陽夢炎墓在鳳凰山翰林學士

明

沈固墓在丹徒縣石羊子尚書　姜寶墓在丹徒縣禮部尚書　賀邦泰墓在荊城港尚書　費誾墓在府城禮部侍郎　靳貴墓在長山太子太保大學士諡文僖　楊一清墓在大峴山少師大學士諡文襄　閻玘墓在觀音山　賀世壽墓在荊城港尚書　虞謙墓在金壇縣都御史　于湛墓在官坊村西都御史　王樵墓在金壇縣都御史

淮安府

周公冶長墓一統志在府境韓憑墓在邳州

漢韓信母墓在府西與漂母墓相對漂母墓在府西枚皐墓在舊淮陰縣于定國墓在東海舊縣今海州孝婦墓在東海新縣北今海州嚴彭祖墓在海州

魏陳琳墓在邳州

晉王祥墓在睢寧縣

唐程知節墓在府城東宋韓蘄王築城掘得知節碑銘李世勣墓在睢寧縣黃山社

宋張耒墓在府城西舊淮陰縣趙師旦墓在山陽縣韓澳墓在舊城西

門外封高陽郡公陸秀夫墓在鹽城縣西南

元史欽墓在清河縣北金城鄉趙立墓在山陽縣北辰鎮

明金濂墓在府東門外沐陽伯沈翼墓在府南平河橋戶部尚書楊理墓在府西缽池山刑部侍郎葉淇墓在移風閘西岸太子太保葉贄墓在吏字鋪工部侍郎蔡昂墓在府城南包家圍禮部侍郎胡璉墓在府治西石塘戶部侍郎潘塤墓在平河橋都御史盧蕙墓在府城西安樂鄉都御史

揚州府

周昭陽墓在興化縣昭陽山

漢廣陵厲王胥墓在府城東武鄉江都王建墓未詳所在孔融墓在府城高士坊側袁術墓在寶應縣南董永墓相傳在泰州西溪鎮黃

霸墓在泰州

三國張遼墓在府城大儀鄉　呂岱墓在如臯縣東南

齊褚澄墓在府城北

隋煬帝墓在府城西

唐陳亞墓在江都縣　尉遲恭墓在江都縣　陳融墓在江都縣呂溫表其墓　皇甫敬墓在江都參軍　王播墓在江都丞相　淳于棼墓在府蜀岡之北　朱瑾墓在府雷塘　杜僧明墓在高郵臨澤鎮

五代楊行密墓在儀真縣

宋呂文仲墓在江都縣東侍讀　陳良墓在興寧鄉祕書郎　張康國墓在東興鄉樞密使　秦定墓在西山端明學士　孫覺墓在善應鄉龍圖學士

陳瓘墓在西山諡忠肅　沈洙墓在儀真縣兵部侍郎　吳敏墓在縣北山少宰　楊汲墓在陳公塘侍郎　王琪墓在儀真縣侍郎　許元墓在儀真縣天章閣待制　妃子墓宋南渡有宮嬪死于行者葬今泰興　孝子顧昕墓在泰興縣黃橋　孫正臣墓在高郵州龍圖學士　毛惜惜墓在高郵城內殉節封英烈夫人　晏殊墓在泰州丞相　胡瑗墓在如皐縣安定鄉　王覿墓在如皐縣龍圖待制

（明）高銓墓在江都縣西戶部尚書　王軏墓在府城西兵部尚書　葉相墓在府北門外刑部左侍郎　曾銑墓在縣西金匱山都御史諡襄愍　史可法墓在梅花嶺招魂葬此　單安仁墓在儀真縣舊江口　萬鈞墓在高郵州百戶洪武諭祭　王觀墓在高郵指揮永樂諭祭　李儼墓在泰興縣姜溪河尚書　張翺墓在泰興縣東城外侍郎　成璡墓在興化縣畢家灣兵部尚書　高穀墓在興化縣

少保大學士諡文義楊果墓在興化縣戶部右侍郎龔綺墓在寶應縣京兆儲巏墓在泰州吏部侍郎徐蕃墓在泰州工部右侍郎錢藻墓在如皋縣京兆李敬墓在通州西門外都御史馬坤墓在鐵綫河太子少保戶部尚書姚繼巖墓在狠山鄉太常寺少卿凌相墓在通州西門外都御史陳堯墓在通州西門外刑部左侍郎崔桐墓在舊海門禮部右侍郎

皇清王永吉墓在儀真縣躑躅寺太子太保吏部尚書諡文通

安慶府

上古赫胥氏陵在潛山縣天柱山朝陽峯左

漢朱邑墓在桐城縣西二十里張雲墓在桐城縣西二里邑令張雲祈雨死妻赴水從之邑人立雙墓喬元墓在潛山縣北彰法山張何丹墓在宿松縣漢時令

三國吳周瑜墓在宿松縣圭山

南北朝宋何思墓在潛山縣王家坦

齊何昌寓墓在潛山縣　畢誠墓在潛山縣

唐柴紹墓在太平山　狄梁公仁傑墓在太湖縣九村坂　魏大夫墓在望江縣貞元中題碑　孝子徐仲源墓在望江縣

五代周本墓在宿松縣

宋黃庭堅墓在懷寧縣　王祐墓　王罕墓並在潛山縣王家坦　向榮墓在太湖縣　潘琛墓在宿松縣福昌嶺後　吳臬墓在望江縣西北五里臬星變陳言屢徵不仕　周必尹墓在望江縣　龍仁夫墓在望江縣北三十里

元余闕墓在府西門外二里闕死難賊義之求屍葬此　韓建墓在康濟門外江

濱與闞同死李宗可墓在余墓左馬倅墓在余墓右皆同死陳宗義墓在潛山縣王幼學墓在望江縣

明顏素墓在府城石牛山劉尚志墓在懷寧縣小龍山吳獻秀墓在古角城內汪道亨墓在府西門外方學漸墓在桐城縣松茂鎮方大鎮墓在小龍山錢如京墓在桐城縣城內兵部左侍郎阮鶚墓在山山副都御史吳用先墓在會公山兵部侍郎左光斗墓在白沙嶺贈少保都御史謚忠毅方孔昭墓在合明寺金燕墓在潛山縣北雷纘祚墓在太湖縣饒政墓在望江縣北七里葉家冲羅貞女墓在望江縣

皇清張秉貞墓在桐城縣兵部尚書姚文然墓在桐城縣邢部尚書謚端恪

徽州府

漢　吳王芮墓在婺源縣　梅鋗墓在祁門縣

晉　程元譚墓在府城冷水舖　黃積墓在歙縣　鮑弘墓在富溪

南北朝　宋　汪叔舉墓在積溪縣

梁　徐摛墓在歙縣

陳　程靈洗墓在歙縣

隋　詹黃隱墓在婺源縣

唐　汪華墓在雲嵐山　畢師遠墓在篁墩　孝子黃芮墓在向杲

王希羽墓在澤富汪村園　吳少微墓　程南節墓　范傳正墓　朱廷傑墓以上俱在休寧縣　汪道安墓　胡學墓

程湘墓　洪經綸墓以上俱在婺源縣　吳仁歡墓　王

璧墓俱在祁門縣

〔五代〕陶雅墓在府城　查文徽墓　余琳墓俱在休寧縣　劉津墓在婺源縣　謝詮墓在祁門縣

〔宋〕祝確墓在歙縣南處士　程元鳳墓在古城關丞相　謝泌墓在問政山諫議　汪叔詹墓在古城山少卿　汪若海墓在漁梁山直閣　俞獻可墓在梅渡灘待制　蘇易簡墓在休寧縣溪口參知政事　洪中孚墓在黃石少師　凌唐佐墓在西園待制　范啓墓在傅村敕賜風月處士　程珌墓在二十都萬松山待制　朱文公祖墓一在連洞一在官坑一在湯村一在王橋一在鎮下一在小巷紹興中文公自武彝歸省訪求諸塋封識而去　周繼忠墓在祁門縣周山舍人　方岳墓在北隅荷嘉塢侍郎　汪勃墓在黟縣樞密使

（元）鄭玉墓在府城獅山　李端墓在休寧縣東山　胡一桂墓　胡炳文墓　白謙墓俱在婺源縣

（明）楊寧墓尚書　唐皐墓狀元　唐澤墓侍郎謚襄敏　許國墓少傅　汪道昆墓侍郎　吳國仕墓尚書　鮑道明墓在宋村鳳山尚書　鮑象賢墓尚書　方弘靜墓尚書○以上俱在歙縣　朱升墓詹田學士　程信墓兵部尚書謚襄毅　程敏政墓禮部尚書○以上俱在休寧縣　汪仲魯墓春坊　汪舜民墓都御史　潘潢墓尚書謚襄毅　潘旦墓尚書　游應乾墓尚書　余懋學墓謚恭穆　胡用賓墓太僕寺卿　汪應蛟墓戶部尚書謚清簡　余懋衡墓吏部尚書謚文莊○以上俱在婺源縣　汪綱墓在黟縣侍郎　胡宗憲墓在績溪縣兵部尚書

寧國府

漢蔣詡墓在旌德縣刺史

晉俞縱墓在涇縣石蘭將軍　陳焦墓在涇縣五城山左

南北朝宋楊運長墓在府城南象鼻山

唐蔣華墓在宣城縣敬亭山下　白府君墓在府城西居易兄有祭千五兄文

羅隱墓在涇縣東　左難當墓在太平縣西

五代南唐徐知證墓在府城西丁山

宋趙師祁墓在府城千堆山封宣城王　李含章墓在敬亭山太常卿　梅詢墓在府城東嶧山尚書　高瓊墓在湖北太尉　吳柔勝墓在府城南修撰

吳灊墓在府城隆演山丞相　貢師道墓在府城東待制　梅堯臣墓在府

城南栢山都官　徐勣墓學士　董必墓學士　孝子李經墓俱在南陵縣西

汪澥墓在涇縣祭酒　虞光墓在寧國縣學士　李叩公墓在太平縣參知政事　虞儔墓在寧國縣侍郎　劉逸墓在太平縣文學　李誠墓在太平縣元帥

元　貢奎墓在府城石馬山　汪澤民墓在府城南嶧山

明　陳廸墓在府城石塘冲殉建文難尚書謚靖獻　秦逵墓在府城西方山尚書　徐說墓在府東右通政　萬琛墓在府城四望山贈光祿卿謚忠烈　張綸墓在府城北驄都御史　詹沂墓在府北關外中丞　張守道墓在府北侍郎　蕭彥墓在涇縣右都御史　趙健墓在涇縣通政使　吳景墓在南陵縣勅葬忠臣　屠義英墓在寧國縣侍郎　郭建邦墓在旌德縣侍郎

池州府

商

彭祖墓在石埭縣北飛渡橋西

漢

逸民高獲墓在府北門外清風亭

晉

檀念之墓在貴池縣檀村

南北朝

檀珪墓在檀村

梁

昭明太子蕭統墓在府城秀山

唐

胡楚賓墓在府城杉塢　康駢墓在黃老山之東　羅鄴墓在梅根浦上流之岸　費冠卿墓　李昭象墓俱在青陽縣　張果墓在石埭縣與彭祖墓對　周繇墓　周繁墓並在建德縣

五代

宋齊丘墓在青陽縣　殷文圭墓在府治東南殷村

宋

楊輔臣墓在府城楊村學士　檀遠墓在檀村學士　楊和武墓

在大剡坑侍郎湯允恭墓在府山川壇北太保李茂信墓在吳村處士華岳墓在齊山白原殿前司趙昂發墓在城東碎石嶺謚文節程九萬墓在九華山開國公陳巖墓在雲鶴山處士桂雍墓在石埭縣處嶺總管王鎡墓在縣西城子山學士丁黼墓在金城山謚恭愍孝子丁阡墓在縣西

李植墓在建德縣東陽烏山尚書

〔元〕檀豫順墓在府城興孝鄉李南翁墓在竹力坑

〔明〕孫仁墓在府城侍郎汪珊墓在府城五溪山侍郎徐謙墓在青陽縣少卿劉光復墓在青陽縣太常卿胡本惠墓在銅陵縣都御史佘毅中墓在銅陵縣贈太僕卿畢鏘墓在石埭縣尚書謚恭介徐紳墓在建德縣都御史李一元墓在建德縣侍郎鄭三俊墓在建德縣吏部尚書

太平府

〔三國〕吳景帝陵在府城東凌家山

〔齊〕和帝陵在府城北黃山

〔漢〕陶謙墓　陶雍墓並在古丹陽鄉北　陶超墓在當塗縣小朝山

班超妻鄧氏墓在繁昌縣黑沙洲有碑

〔三國〕吳陶基墓在府境橫山麓　周瑜墓在蕪湖縣周村繁昌亦有未知孰是　黃蓋墓在繁昌縣

〔晉〕陶璜墓在當塗縣東　陶回墓在小朝山　陶如海墓　陶登墓並在超域有碑陰云父子相繼爲忠孝墓　陶景仁墓在陶墓東七里　桓溫墓在府城南十五里　畢卓墓在府城南十里　毛璩墓在縣南尼山圩　楊亮墓

在縣東泊山南楊震七世孫　殷仲文墓在縣南十五里　王敦墓在蕪湖縣

【梁】陶黔墓　陶芳覽墓　陶融墓並在府境

【唐】李白墓在府青山西北　賈島墓在府境　李淳風墓在蕪湖縣

【宋】陳規墓在姑孰鄉少師　李之儀墓在府東北編修　孫眞人墓在采石白鶴觀前　石待問墓在蕪湖縣南金紫大夫　石禹勤墓在蕪湖縣太守　石天麟墓在古丹陽鄉宣義郎死節　陶居仁墓在蕪湖縣參軍　韋許墓在蕪湖縣

【元】張飛卿墓在府城　完顏權墓在府東　十女墓在蕪湖縣東丁月娥率諸女死節合葬一塚

【明】孫富十墓以行軍參謀佐明太祖取太平卒於軍詔賜城南周家山以葬　陶安

墓在府治北喻家山學士 李蕙墓在府治西右都御史 端廷赦墓在府城東北張塘右都御史 萬通墓在蕪湖縣副千戶賜葬 喻智墓在府城[illegible]兒山副都御史 倪嵩墓在府城東右都御史 杜智墓在蕪湖縣赭山都御史 吳琛墓在繁昌縣都御史

廬州府

夏 皐陶墓在六安州

漢 英布墓在六安州 頡羹侯墓在舒城縣

三國 何晏墓在廬江縣

晉 習鑿齒墓在六安州

唐 沈佺期墓在英山縣

〔五代〕伍喬墓在廬江縣

〔宋〕馬亮墓在府西七里謚忠肅　包令儀墓在府東七里侍郎　包拯墓在府東十五里謚孝肅　劉鈞墓在府城水西門外翰林學士　王之道墓在無爲州封魏國公　王藺墓在無爲州侍郎　賈易墓在無爲州侍郎　焦蹈墓在六安州狀元

〔明〕蔚綬墓在府城禮部尚書　張淳墓在府南門外右都御史　瞿通墓在府城土山都御史　張先墓在府城追封蔡國公謚忠毅　鄭泰墓在舒城縣侍郎　鄭時墓在舒城縣尚書　秦明悅墓在舒城[illegible]部尚書　胡守恒墓在舒城縣翰林詹事　陳植墓在廬江縣侍郎　邢寬墓在無爲州狀元　薛祥墓在無爲州祖孫並尚書　吳光義墓在無爲州狀元　汪霖墓在太

安州都御史

楊倬墓在六安州光祿卿

皇清

龔鼎孳墓在合肥縣禮部尚書謚端毅

鳳陽府

古

神農衣冠陵在亳州城內北隅古有碑碣

商

湯陵在亳州渦河北二里

明

祖陵在泗州北十三里明洪武十九年建葬其高曾祖三世其土自壅爲墳

舊陵明淳皇帝后陵在府城太平鄉

夏

防風氏墓在懷遠縣

周

莊周墓在臨淮縣

孫叔敖墓在懷遠縣塗山東北

晉獻公墓在定遠縣東八十里

宓子賤墓在壽州東南

楚史倚相墓在壽州南五里

廉

頗墓在壽州八公山　范蠡墓在蒙城縣　霍叔墓在霍丘縣　徐偃王墓

徐君墓俱在泗州　楚懷王墓在盱眙縣　閔子騫墓在宿州　宋

共姬墓在宿州　沈諸梁墓在潁州西鄉　伍尚墓在潁州東二里　甘

羅墓在潁上縣

〔漢〕曹義墓在懷遠縣　漢安定侯桓榮墓在懷遠縣　楚虞姬墓在定遠縣相傳靈璧葬其首此葬其身　戚夫人墓在虹縣　朱買臣墓在虹縣　王

常墓在蒙城縣　彭越墓　武涉墓　張元伯墓俱在盱眙縣

陳勝墓　桓譚墓俱在宿州　匡衡墓在靈璧縣　水丘墓在潁州西北舊治

光武鏖戰士骨於此　兒寬墓　馬武墓俱在太和縣　岑彭墓在太和縣細陽

三國晉肅墓在壽州　王昶墓在霍丘縣昶魏人

五代楊行密墓在壽州　桑維翰墓在盱眙縣

宋焦千之墓在府城焦山南秀才　董槐墓在定遠縣許國公　寇準墓在泗州

元蔡居士墓在府南左夾門　貊高墓在太和縣　張弘畧墓在亳州

明白塔墓在府西北二十五里十王四妃墳在焉　黃琛墓在白塔墳南駙馬　顧佐墓在府朝陽門北尚書　李遠墓安平侯　年富墓尚書俱在懷遠縣　宋晟墓西寧侯　胡海洋墓東川侯　費瓛墓崇信伯俱在定遠縣　苗衷墓在定遠縣清澄灣尚書　費聚墓在五河縣平涼侯　陳翌墓在虹縣尚書　孝子徐汝楫墓在霍丘縣　金純墓在泗州尚書　曹國長

公主墓　太原長公主墓俱在盱眙縣　陳道墓尚書　李紹賢墓行人諫南巡廷杖　馮應京墓諡恭節俱在盱眙縣　呂將軍墓在潁州明初賜葬　李敏墓尚書　張鶴鳴墓兵部尚書俱在潁州　王質墓在太和縣刑部尚書

皇清　周永緒墓在盱眙縣東山副使順治十四年賜葬

徐州

商　仲虺墓在沛縣　微子墓在沛縣微山

周　閔子墓相傳在蕭縣元置贍墳地租　子張墓在蕭縣東三十五里　宋玉墓在蕭縣西南三十里

漢　范增墓在徐州　留侯張良墓在留城南　王陵母墓在徐州

碑

樊噲墓在州城北九十里　劉向墓在州城演武場南　龔勝墓在州城東南三里　楚王英墓在古彭城　華陀墓在徐州　絳侯周勃在

周亞夫墓　雍齒墓俱在豐縣

三國

呂蒙墓在蕭縣

唐

蔣横公墓在蕭縣

五代

朱全昱墓在碭山縣梁太祖朱溫兄

宋

党進墓在碭山縣　李若谷墓在豐縣太尉叅知政事謚康靖

元

曹甫墓　曹伯啓墓　成克敬墓並在碭山縣　袁遵道墓在豐縣趙孟頫書碑　曹中墓　秦英墓並在豐縣

明

山雲墓在留城都督　權謹墓在州城北以孝行徵爲學士　顔環墓

在沛縣靖難時父子死節

滁州

漢

皐陵侯墓在全椒縣光武帝子

唐

張原佖墓在滁州　劉鄴墓在來安縣　白行簡墓在來安縣

五代

張訓墓在州東南三十里

宋

張盈之墓在滁州光祿卿　張次元墓在滁州提點　吳華墓在全椒縣少傅　王粹道墓在全椒縣提點

明

范常墓在滁州學士　黃立恭墓在關山西北侍郎　劉清墓在州北三里侍郎　胡松墓在州東四十五里諡莊肅　于澤墓在滁州謙之祖官工部子尋忤旨安置滁州贈少保　金光辰墓在滁州都御史　金九陛墓在全椒縣副使

和州

〔梁〕王僧辯墓在州南梁山西

〔宋〕彭思永墓在州城西南　游定夫墓在含山縣北

〔元〕危素墓在含山縣新東門外

〔明〕瑯玡吉墓在州西門外　李濬墓在州西門外襄城伯　陳亨墓在州

鳳凰山　仇成墓在五都寧陽侯　馬諒墓在州西北侍郎　李彬墓在含

山縣豐城侯　華高墓在含山縣廣德侯　王富墓在含山縣駙馬

廣德州

〔漢〕中山靖王妃墓在州治東俗呼娘子墓

〔唐〕劉文靖墓在州治北

〔宋〕吳應龍墓　章汝均墓俱在建平縣　潘敬所墓在建平縣七里　鄭清之墓在建平縣　趙時踐墓在建平縣宋末閩門死難塔

〔明〕劉成墓在州城洪武時戰殁　王原采墓在州城建文時修撰死難　雙玉塚在州北七十里趙氏女未嫁聞夫死亦死合葬

江南通志卷之第三十四終

江南通志卷之第三十五

古蹟

語有之懷葛之遺化爲蓬車楫馬之俗桑柘之野蛟龍淵之崇阿玉壘之區牂羊游焉浮雲變現百年一瞬矧吳宮晉代禾黍高低詩人致歎於江左者猶依稀杖履間乎雖然前踪渺矣有不與俱往者履綦所即嘯詠所臨神氣在焉則一石一樹摩抄徒倚輒不能去以今之視昔當猶後之視今志千秋者可慨然而興矣諸琳宮梵刹考其興替亦登覽之一助云志古蹟

江寧府

越城或云范蠡或云東甌越王所築在府古秣陵長干里今聚寶門外報恩寺西遺址猶存

冶城在府本吳王夫差鑄劍之所一云孫吳即今朝天宮地 **石頭城**在府即今石城門與清涼門相近楚金陵邑吳城石城隋置蔣州唐韓滉五城皆相去不遠 **秣陵城**在府舊治宮城南八里 **漢丹陽郡城**在府淮水之南按吳苑記去長樂橋東一里南陵大路今武定橋東南有長樂橋舊東城角之內外皆足郡治城周一頃開東南北三門 **吳都城**

宮城在府淮水之北五里據覆舟山之前東環平岡以爲安西城石頭以爲重後帶元武湖以爲險前擁秦淮以爲租周圍二十里十九步正門口　門赤烏十年作太初宮周圍五百丈作八門前五門曰公車曰昇賢曰明陽曰左掖曰右掖東一門曰蒼龍西一門曰白虎後一門曰元武宮城之正門與宣陽門對又南五里至淮水有古大航門時都城皆設籬曰古籬門宮後有苑城 **臺**

城卽吳後苑城

晉都城宮城在府晉仍吳之舊而增築爲都城十二門南四曰宣陽開陽清明陵陽東二曰建春東陽西二曰西明閶闔北四曰廣莫元武延熹大夏宮亦仍吳之舊曰建康成帝作新宮繕苑城修六門曰正南門曰大司馬門後曰平昌東曰東掖西曰西掖大司馬門與宣陽門相對內存太極殿清暑殿

南朝都城宮城在府皆仍舊都城門改開陽曰津陽改陵陽曰廣陽餘因之陳改廣莫曰北捷宮城門東曰萬春西曰千秋陳改萬春爲雲龍改千秋爲神武

古揚州城漢無定制或在丹陽郡城之南晉初近石頭城東晉以宰相領揚州牧築城於青溪東南臨淮水上名東府城舊城爲西州城

湖熟城湖熟古縣名漢屬丹陽郡宋元嘉中徙越城流人於此今在丹陽鄉去府五十里淮水北

王舍五城在郡城之東

宣武城在府治西北九里宋沈慶之築孝武欲北伐問須兵幾何慶之曰二十萬孝武疑其多乃令慶之守此城而自率六軍攻之不能下乃罷北討

白下城在府西北一十四里

齊武帝置縣陳亡縣廢　唐上元縣城在府即將州城池　南唐都城在府初吳楊行密子溥取昇州後將徐溫自領昇州改築城郭爲金陵府吳天祚二年溫假子知誥簒吳國號唐復姓李名昪城州二十五里貫淮水於城中西據石頭即今石城三山二門爲大西水西南接長千爲南門即今聚寶東門即今大中橋處北門即今北門橋處爲都城　倉城在府吳積貯之所　白馬城在府吳時舉烽火於此　金城吳時所築今府東北句容縣之瑯琊鄉即其地晉咸康中桓溫北伐行經金城見爲瑯琊內史時所種柳皆十圍因嘆曰木猶如此人何以堪攀枝執條泫然流涕　建鄴城在府冶城東　瑯琊城在府古江乘縣界　懷德城在府晉大興元年築　臨沂城在獨石山北臨天江今攝山之西白常村蓋其地距府治三十八里　東府在府晉安帝義熙十年冬城東府在清橋南臨淮水後爲會稽王道子宅道子錄尚書事以爲治所時人呼爲東府　檀城在府本謝元別墅至宋屬檀道濟故名檀城

金陵府城 在府隋大業六年置在元風觀南 **韓滉五城** 在府見前石頭城 **平陵城** 在溧陽縣西三十五里平陵山下周二里高一丈城有四門門外濠濶六七尺孟東野真元中爲溧陽尉縣南五里有投金瀨瀨南八里有故平陵城城周十餘步基址才高三四尺而草木甚盛率多大櫟叢篠蒙翳如塢如洞其地窪下積水沮洳深處可活魚鼈幽邃可喜東野得之忘歸趙子昂有題孟東野平陵圖詩 **杜城** 在溧水杜城山下即杜伏威屯軍處 **古固城** 在高厚春秋時吳築高一丈五尺周七里餘今廢 **竹城** 在溧水東南六十里 **東葛城** 在江浦縣西三十五里梁臨淮郡治東葛城即此 **西葛城** 在江浦西北四十里 **吳王城** 在六合縣妻家渡西吳主權嘗屯此宋宣和中闢門門今基址存 **瓜步城** 在六合瓜步山側齊建元初太守劉懷慰築 **胡墅城** 在六合臨揚子沚梁襲齊運輸於此陳與隋請平亦是地 **瓦梁城** 在六合瓦梁堰上陳大建中伐齊取之原有壘 **晉王城** 在六合宣

化鎮隋晉王廣伐陳築對石頭城　**盤城**在六合近盤城山下臨圩田宋有步軍司莊及兵寨

建康府治在府初在天津橋北後從東錦繡坊　**昇州治**在府即今內橋北　**廢建康縣**在府治北東晉分淮水北爲建業改曰建康隋平陳省入江寧　**廢江乘縣**在上元縣西北三十里秦置漢因之晉蔡謨守江所戍東至土山西至江乘即此　**廢臨沂縣**在上元縣西北三十里晉咸康中置陳亡始廢　**廢懷德縣**在府宮城南一里晉元帝以瑯琊國人隨渡江者近千戶因立懷德縣處之後改費縣陳亡廢　**廢同夏縣**在上元縣東一十五里梁武帝生於同夏里故立縣隋末廢　**受禪壇**在府石頭城高壟地舊志以爲宋高祖受禪柴燎告天之所　**太社太稷壇**古府古都城宣陽門外　**北郊壇**在府北覆舟山南　**雩壇**在府東郊籍田之域內　**籍田壇**在府東郊十五里　**天地壇**在府洪武門外壇制闕四門繚以朱垣內復爲垣圍列壇中居樂舞上爲大祀殿前爲齋

宮大垣之左列神樂觀樂舞禮生設犧牲於內今廢

上元舊社壇在府白下門外尉廨東

南郊壇在府吳太元元年始祭南郊晉元帝建武二年定郊兆於建鄴之南大利二年立於城南十餘里在長樂橋東籬門外宋孝武大明三年遷於牛頭山西在宮之午地梁武帝即位南郊爲壇在國之陽今城東與婁湖相近

方盟壇在府陳宣帝大建十年立婁湖側

建康府社壇在府城西南慶元元年留守張杓移置下水門內秦淮南元時遷於城南門外越城之後

永安宮在府即吳東宮在臺城東南輿地志云吳東宮在城之南晉初東宮在城之西南其後移於宮城之東南宋齊梁又在宮城之東北宮苑記云永安宮在臺城東華門外晉孝武大元二十一年新作東宮

齊青溪宮在府城東二里南史齊武帝元嘉十七年生於建康之青溪宮後爲芳林苑

梁金華宮在府青溪東去臺城三里輿地志云梁大同中築昭明太子蔡妃所居陸襄傳云大通三年昭明太子薨官屬罷蔡氏別居金華宮以襄爲中散大

夫步兵校尉金華宮　陳德安宮在府掖宮苑記在
家令知金華宮事　宣陽門外直西即
都城西南角外陳宣帝爲文皇后所築隋平陳移
江寧縣於此明年罷之人呼爲安德宮池宋末池
猶存在精　宋行宮在府即建康府治南唐之　太初
鋭軍寨内　舊宮也在今内橋之北
宮在府即孫　昭明宮在府甘露中造　南宮在府吳
策故府　與太初宮相望　太十所
居在臺　梧園宮在句容縣西　隋行宮在六合大業
城南　吳王別館　元年帝幸江
都置六宮於上沛　太極殿在府建康宮之正殿也
在方攅二山間　山謙之丹陽記云太極
殿周制路寢秦漢曰前殿徐廣晉記曰謝安作新
宮造太極殿缺一梁忽有梅木流至石頭城下因
取爲梁殿成画梅花於其上以表佳瑞實錄云大
元中起太極殿謝安欲使王獻之題榜因説魏韋
仲將懸虚櫈書凌雲臺覩獻之正色曰仲將魏之
大臣寧有此事使其若此有以知魏德之不長安
遂不之逼文昌雜錄云東晉太　清暑殿在府臺城
極殿東西閣天子聞以聽政　内晉孝武

帝造宋孝武大明五年鴟尾中生嘉禾一枝五莖遂改爲嘉禾殿　含章殿在府宋孝武帝造在宮中帝女壽陽公主人日臥於殿簷下梅花落額上號梅花粧　玉燭殿在府宋孝武帝造孝武將壞武帝居室起玉燭殿與從臣觀之牀頭有土障壁上掛葛燈籠麻蠅拂侍中袁顗稱武帝儉德帝不答獨言曰田舍翁得此已過矣　靈和殿在府臺城內益州刺史劉悛獻蜀柳武帝命植於靈和殿三年柳歲枝條柔弱狀如絲縷帝與公卿宴賞嘆曰楊柳風流可愛如張緒當年　紫極殿在府宋明帝所作　披香殿在府臺城內　顯陽殿　昭陽殿俱在府齊太后皇后所居　鳳華殿　壽昌殿　靈曜殿俱在府皆齊武帝時建　芳樂殿　玉壽殿俱在府齊東昏建在臺城內　重雲殿在府梁武造在華林園　五明殿在府臺城內梁武帝謙恭待士時忽有四人來貌可七十鶉衣攝履無人知者帝名入惟昭明太子識之一見如故舊目爲四公子帝移入五明殿更重

之大同末魏使崔敏來聘敏博贍儒釋知天文醫術帝選十人於此殿推論三教百家六籍五運九十餘日敏喪神嘔血歸末及境而卒事類記四人姓名蜀闖驍术越黼仇脊難敏者仇脊也

光華殿在府臺城

求賢殿在府臺城內陳建

烽火樓在府石頭城西南最高處

落星樓在府東北四十里吳大帝建吳都賦饗戎旅於落星之樓

冶城樓在府晉建卽謝安石王羲之同登處

入漢樓在府石頭城

青溪樓在府臺城內

景陽樓在府法寶寺西南宋精銳中軍寨內孝武大明元年紫雲出樓中狀如烟改爲慶雲樓遺址尚存

百尺樓在府南唐宮中

忠勤樓在府治中宋淳祐十年吳淵建

芙蓉樓在府舊名北樓在丹陽城北

東南佳麗樓在府建康志在銀行街舊爲賞心樓久廢馬光祖改建

南磵樓在府卽今躍馬澗

來賓樓在府聚寶門外西南馴象街北

重譯樓在府馴象街南與來賓樓相對

鶴鳴樓在府三山門外西闕中街北

醉

仙樓在府三山門中街南集賢樓在府瓦屑壩西輕煙樓在府江東門內江關
南街淡粉樓與輕煙樓相對翠柳樓在府江東門內西關北街梅妍樓與翠
柳樓相對清江樓石城樓俱在石城關樂民樓在三山門外謳歌
樓鼓腹樓俱在石城門外自來賓至鼓腹十四樓俱明太祖建以聚四方賓旅昇
元閣在城外一名瓦棺閣即瓦棺寺也西晉長興年見陸地生蓮因掘得一瓦棺開見一僧儼
然蓮從舌根出云此僧誦法華經萬餘部歸寂命以瓦棺葬晉始建寺遂名閣乃梁朝故物高二百
四十尺南唐時猶存今在城之西南角揚吳未城時正與越臺相近長干之西北也唐以前江水逼
石頭李白詩云白浪高於瓦棺閣以此臨春結綺望仙三閣在府古宮城陳
至德二年建鳳凰臺在府城內之西南隅猶有陂陀僅可登覽中山之孫徐天賜西園相
屬焉考自宋元嘉十六年秣陵王顗見三異鳥文彩五色衆鳥附翼羣集時謂之鳳起臺於山因名

又按宮苑記鳳凰樓在鳳臺山上宋元嘉中築
雨花臺在城南三里據岡阜最高處俯瞰城闉舊傳梁武帝時有雲光法師講經於此天雨花故名江南登覽之地三曰甘露曰雨花曰陵歊建炎兵後臺址僅存後人乃請均慶院舊額即基建寺
周處臺在府城西南
郭文舉書臺在府宋志天慶太乙殿即文舉讀書臺
望晱臺在府白下村
日觀臺在府即劉宋司天臺在臺城內
九日臺在府南飈館岡上齊武帝九日宴羣臣于此
昭明讀書臺在府一在蔣山一在姑熟今遺址尚存又溧水有董丞蔡邕兩讀書臺
獨足臺在府舊宮城
南唐月臺在府子城東南
觀象臺在府雞鳴山之巔明改名欽天山立欽天監觀天象於此今臺廢
皇清康熙二十一年建北極閣於其上
義臺在句容縣西南隅唐孝子張常洧旌表之所
元武觀在府北宋建在元武湖上
通天觀在府華林園
齊雲觀在府臺城內陳建
士林館有二一在府治臺城西梁

武帝建一在六合竹鎮

賞心亭在府下水門之城上下臨秦淮盡觀覽之勝丁謂建亭燬馬光祖重建金陵事迹云丁晉公鎮金陵重建賞心亭初典金陵真宗賜周昉所畫袁安卧雪圖曰付卿到金陵可選一絶景處張此圖謂遂張於此亭

白鷺亭在府接賞心亭之西下瞰白鷺洲柱間有東坡留題景定元年馬光祖重建

翠微亭在府城西五里清涼寺山頂南唐時建宋乾道間亭已不存紹興中復建淳祐巳酉淮西總領陳綺新而大之石城登臨最佳處

新亭在府城西南十五里近江渚一日中興亭丹陽記曰京師三亭吳舊立先基既壞隆安中丹陽尹司馬恢徙創今地世說過江諸人每暇日輒相邀出新亭藉卉飲宴周侯顗在座歎曰風景不殊舉目有山河之異皆相視流涕丞相導曰當共戮力王室克復神州何至作楚囚相對泣耶孝武寧康元年桓溫來朝頓兵新亭名王坦之謝安安發其壁後置人溫爲却兵笑語移日乾道五年留守史正志即故基重建

勞勞亭在府古送别之所吳置亭在勞勞山上顧

家寨大路東即其所李白詩勞勞送客亭即此

紅羅亭　在府古今詩話南唐後主作紅羅亭裁紅梅作豔曲歌之宋景定志作羅江亭

化龍亭　在府幕府山側晉識云五馬渡江一馬化龍故名

東冶亭　續志云在府東二里汝南灣西

冶亭　在府治城

甘露亭　在府北陳大建七年秋甘露降樂遊苑詔於苑內覆舟山立亭

忠孝亭　在府冶城卞壺墓側

木末亭　在府城外方孝孺祠後

臺城寺水亭　在府幽靜開敞騷人墨客多遊詠其中

折柳亭　在府賞心亭下張詠建

練光亭　在府宋保寧寺

風亭　在府折柳亭東葉清臣建

王處士水亭　在府齊南苑中即陸機故宅基

二水亭　在府下水門城上下臨秦淮西而大江北與賞心亭對乾道五年留守史正志重建

木龍亭　舊志在移忠禪院路西去府城七十里在江寧鎮舊傳有香木浮至土人迎之爲亭又號木牛亭

覽輝亭　在府保寧寺後鳳凰臺舊基側

三山亭　在府石城西對三山

小山池亭　在溧

陽縣平陵城小山側**寒光亭**在溧水縣下瞰梁湖**明堂**在府國學南宋大明五年立其牆宇規制一如太廟十有二間以應期數**聽華堂**在府六朝事迹云元帝幸謝安宅命讌安侍坐使桓伊吹笛爲一弄畢又撫箏按徵作金縢曲聲律慷慨俯仰可觀安泫下霑襟**樂賢堂**在府臺城內晉明帝爲太子旹建**武帳堂**在府城外宋元嘉中建武帳岡上**大本堂**在府明洪武初以爲太子諸王授經之所延四方耆儒於其中公侯子弟皆就學焉今廢**易并堂**在句容縣治中堂後宋淳祐間令張榘改建氷玉軒趙時佀爲令嘗請於朝均民賦稅榘其壻也因記曰晉人語云婦翁氷清女壻玉潤非敢自謂玉潤繼氷清也將以遠挹前言近瞻往行云爾**射鴨堂**在溧陽縣平陵城去縣治三十五里元和初縣尉孟郊建**晚香堂**在溧陽縣南趙丞相之別館堂前植菊故名晚香理宗御書額賜之**讀書堂**在六合縣橫山前世傳梁昭明讀書其中**華林園**在府臺城內本吳舊宮苑也世說晉簡文帝在華林園謂

左右曰會心處不必在遠翛然林木便有濠濮間趣覺鳥獸禽魚自來相親建康宮闕簿云宋元嘉中築蔬圃二十二年更修廣之築天泉池造景陽樓大壯觀花光殿設射堋又立鳳光殿醴泉堂花萼池一柱臺層城觀興化殿孝武又造靈曜前後殿日觀臺梁武造重閣上名重雲殿下名光嚴殿陳永初中造聽訟殿又有臨政殿陳亾悉廢宮苑記云園內有池名天泉池內有醴泉亭池南起雲堂琴堂芙蓉堂之屬又按晉孝武開北山閣宴遊亦在此園

沈約郊園在府鍾山下約有愍郊園并與謝朓唱和諸詩

半山園在府南宋王安石建

西園在府郎治城地王導所築

東籬門園在府籬門內南史何點信佛居東籬園

烏衣園在府烏衣巷東

繡春園在府宋馬光祖立時重建

樂遊園在府按寰宇記其地云在晉爲藥園義熙中盧循反劉裕築藥園壘拒循即此宋元中以其地以北苑更造樓觀於覆舟山後改曰樂遊苑十一年三月禊飲於樂遊苑會者賦詩顏延之爲序孝武大明中造正陽林光殿

於內侯景之亂焚燬畧盡

桂林苑在府境落星山之陽

上林苑在府雞籠山之東

芳林苑在府一名桃花園齊高帝舊宅也

方山苑在府齊武帝立

博望苑在府東七里齊惠文太子所立

芳樂苑在府齊東昏侯築在臺城

北苑南唐築在府城北

南苑在府城外瓦棺寺東北

婁湖苑在府齊武帝永明元年築陳更加弘壯後其地爲光宅寺

江潭苑在府新林路西梁大同初立

元圃在府齊惠文太子築在臺城北惠文太子性奢麗宮中多雕飾精綺過於千宮開拓元圃與臺城北塹等其樓觀塔宇多聚奇石妙極山水慮帝望見傷列修竹內施高障造遊牆數百間輿地志云圃有明月觀婉轉廊徘徊橋內作淨明精舍梁書昭明太子於元圃立館以延朝士番禺侯軌稱此中宜奏女樂太子不答誦左思招隱詩何必絲與竹山水有清音軌大慚

張昭宅在府南大長千道西

陸機宅在府南秦淮側晉陸機陸雲讀書臺舊址猶存

王導宅在府烏衣巷導渡江時居此

紀

瞻宅在府烏衣巷晉書瞻厚自奉養館 謝安宅在
宇壯麗花石竹木爲一時之盛 府
烏衣巷口圖經云謝 江總宅在府青溪金陵故事
安居驃騎航之側 南朝鼎族多夾青溪
江令宅尤 謝靈運宅在府即康樂坊 徐鉉宅在府攝山西
占勝地 園池甚盛宅
有來 張洎宅在府秦淮北岸洎爲 李建勳宅在府
賓亭 南唐參政時賜第 青溪
北 王安石宅在府半山元豐末安石 吳隱之宅在
蚚 請舍宅爲寺賜報寧 府
古都城南五里當在今雙橋門内隱之爲廣州刺
史罷官無還資所居内外茅堂六間籬垣陋妻
子不免 顧愷之宅在府瓦棺寺東北愷之建層樓
飢寒 爲畫所風雨寒暑不下筆必天
氣明朗乃登樓 沈慶之宅在府古城東南十里今
染辜妻子罕見 上方橋左右南史傳云
慶之居清明門外有宅四區室宇甚麗又有園在
婁湖慶之一夕攜子孫徙居之以宅還官柳元景
造之鳴笳列卒慶之插杖而耘嘗 在府
賦詩云老朽筋力盡徒步還南岡 王僧綽宅 江寧

縣西三里舊志云古人社西凶地三歐晉周顗司馬秀蘇峻皆居此以禍敗僧緯居之嘗曰大丈夫當以正自居何凶之有

太廟在府晉中宗置在秦淮西

焚衣街在府齊東昏侯製異服三十六種梁襄王焚於御街

烏衣巷在府南晉王導謝安居此巷其子弟皆烏衣因名巷口有朱雀橋

長干里在府城南五里有山岡其間平地民庶雜居有大長干小長干又有東長干在聚寶門外

烏榜村在府慶元志按圖經初立西州城未有籬門立烏榜與建康分界後名其地爲烏榜村在天慶觀西

射雉場在府六朝事迹云在縣東二十里齊東昏侯置射雉場五百所皆以七寶裝飾

雞鳴埭在府青溪西南潮溝之上齊武帝遊鍾山射雉至此埭聞雞鳴

國門在府梁天監七年作國門於越城南在今高座寺東南澗橋北越城東偏

望國門南史侯景犯建康令羊偘率千騎頓望國門其地在越城東偏

籬門在府按宮苑記舊京邑南北兩岸籬門五十六所蓋京邑之郊門也

朱雀門六朝事迹云晉咸康二年作朱

雀門新立朱雀浮航南渡淮水亦名朱雀橋對吳都城相去六里

邀笛步 在府青溪橋右乃晉王徽之邀桓伊吹笛處

侯景故壘 在府今桐樹灣古大航城在其南梁紹泰元年北齊兵至建康陳霸先問計於韋載載曰齊人若分兵據三吳之路畧地東境則大事去矣今可於淮南因侯景故壘築城以通轉輸乃遣載於大統築侯景故壘使杜陵守之

賀若弼壘 在上元縣北三十里隋平陳賀若弼過江於蔣山龍尾築壘

韓擒虎壘 在上元縣西四里今在石頭城西按元和郡國志隋平陳樹碑其文薛道衡之詞武德七年趙郡王孝恭平輔公祏紀功與此碑相對本李百藥之詞

仁威壘 在句容自羊門內按南史周弘讓爲仁威將軍城句容以居命曰仁威壘又故老相傳達奚將軍屯兵於此又名甲城

新亭壘 金陵志云亭在府城西南十二里壘不存

秦淮柵 即柵塘也吳時夾淮立柵又梁天監中作兩重柵皆施行馬至南唐府置柵如舊

青溪柵 在府城東蘇峻之亂因風縱火進燒此柵官軍再敗

卞壺父子死之情平陳斬張麗華貴妃於柵下

到公石在府梁到溉第有礓石長丈六尺武帝迎置華林園宴殿前謂到公石

石闕在府晉元帝於宮前立闕衆議未定王導指牛頭山爲天闕不別立闕宋孝武大明七年於溥望梁山立雙闕梁置石闕在端門外

同泰寺石在府臺城內即梁武帝捨身處寺前有醜石四各高丈餘俗呼爲三品石

夢筆驛在府治亭江淹嘗宿此夢太白稱郭璞謂曰吾有筆在公處河見還淹探懷中五色筆授之後爲詩絕無美句

舊金陵驛在府宋建

臨江驛在府臨江舊縣名因以名驛

元御史臺

公署在府大中街北明太祖克金陵即署建中書省後即吳王位爲宮馬東洛青溪西接古御街後阻內橋東横舊瀆榜曰舊內之門今廢獨周垣存

王騫墅在府鍾山

彎碕在府吳都賦云左稱彎碕

没字碑在府謝安墓側

飲馬池在江浦西華山北相傳項羽飲馬池

桃葉渡在府秦淮口因王獻之妾名

横塘在府六朝事迹云吳大帝時自江口

沿淮築堤謂之數塘

霹靂溝 在府六朝事迹云王荆公詩云霹靂溝西路即此

景陽井 在府城臺城中南史隋克臺城陳後主與張麗華孔貴妃俱入井隋軍出之其井有石欄多題字舊傳云欄有石脉以帛拭作臙脂痕

寺觀附 并附育嬰堂

靈谷寺 在郡鍾山東南舊於獨龍阜建道林寺梁改開善宋改太平興國後改蔣山明洪武初徙山之東偏改名靈谷自山門入松徑五里乃至寺其中路履之有聲鼓掌則聲若彈絲俗呼琵琶街殿宇不施一木皆壘甓空洞而成後有浮圖即梁寶誌改葬處塔前有石泉迴曲僧曇隱所得入功德水也石旁有古松偃蹇明高帝月夜掛衣於上蟲蟻不生方丈扁以青林堂榜明高帝山居詩於上寺左有梅花塢寺有明高帝大靈谷寺記及徐一夔奉勅撰靈谷寺碑寺今廢殿獨存

皇清順治十六年重修

棲霞寺 在府攝山南齊明僧紹故宅捨為寺陳江總有碑隋造舍利塔

於寺後唐改功德寺高宗製明隱君碑南唐改妙因寺徐鉉書額宋改普雲寺仁宗賜金寶方碑明洪武初仍名棲霞寺有王世貞記陳文燭重修棲霞寺碑陸光祖天王殿記汪道昆般若堂及多寶塔記亭焦竑董其昌五百阿羅漢畫像記披攝山一名繖山中峰屹然車立左右山環抱如拱陳江總及唐高宗碑尚完天王大雄法堂諸殿接於中峯之麓隋舍利塔前中峯澗水從石蓮孔中噴出爲品外泉倚山石佛千身爲千佛巖紗帽峯明月臺循中峰而上有白鹿泉珍珠泉疊浪巖再上爲天開巖爲明徵君故宅宅後有白乳泉僧寮倚山架壁各擅其勝白雲菴紫峯閣稱幽峻歷朝以來高僧棲息明覺浪禪師開法此塔在焉笑峰笠菴山門重新今禪堂創建於中峰之下

雞鳴寺在府雞籠山與覆舟臺城相接晉永康間始創道場明初爲普濟禪師廟洪武二十年改創雞鳴寺遷靈谷寶誌公法函瘞於山麓建浮圖五級有施食臺寺中有憑虛閣望湖亭皇清康熙癸卯塔燬重修葺之并易山門

清涼寺在府石城門內崇山之阿寺極幽邃吳順

義中爲興教寺南唐爲文益禪師道場號法眼宗最盛後主嘗留宿寺中宋太平興國間改清涼廣惠寺蘇軾嘗捨彌陀像於寺中明洪武初周王重建賜今額左上爲清涼臺俯視大江即南唐翠微亭舊址

鐵塔寺在府朝天宮後劉宋泰始中建名延祚寺唐有僧靈智生無目能通曉經論時人稱有天眼爲建塔於寺宋熙寧中賜寺名曰正覺改塔名曰普照明建文中嘗募修今寺廢獨塔存

永慶寺在府北門橋之西梁永慶公主建又名自塔寺明洪武中重建賜今額

吉祥寺在府清涼山之北元時爲天妃廟明永樂初改寺萬曆間焦竑讀書於寺建華嚴樓爲重修吉祥寺碑記後有古梅虬枝鐵幹扶疎十畝

金陵寺在府馬鞍山唐沙門貫休建

弘濟寺在府觀音門外燕子磯明洪武初即山建觀音閣正德間因閣建寺賜名弘濟殿閣皆緣崖構成以鐵繩穿石繫棟俯臨大江從江上望之如燕怒飛

靜海寺在府儀鳳門外盧龍山之麓明永樂間命使海外風波無警因建寺賜額有潮音閣傑出殿表

幕府寺在府

幕府山晉元帝渡江王丞相導嘗建幕駐軍於此梁天監中武帝與寶公來遊始建寺因名幕府

嘉善寺在府鐵石山明正統中僧法通建寺賜額山椒有石佛閣蒼雲崖一線天奇石綺錯幽勝

崇化寺在府高峰院明正統間重修賜額崖下有泉沸起水面若散花故名梅花崖壑水

草堂寺在鍾山鄉臨大江舊建鍾山西麓本齊周顒捨宅明洪武七年以其地爲開平王墓徙寺於此

佛國寺在府太平門外鍾山之西明景泰間僧募建賜額

三塔寺在府神策門外明永樂間建

興善寺在府太平門內

普緣寺在城北隅晉名耆闍寺

祈澤寺在府高橋門外祈澤山劉宋時建梁卽寺置龍堂龍池在焉世爲祈雨之所

定林寺在府方山宋乾道末年建舊在鍾山寺廢徙此

翼善寺在府土山卽謝安東山高卧處梁名資福院武帝時寶公說法於此宋元改淨明寺明正統間始賜今額

天寧寺在府高橋門外宋治平間建

莊嚴寺在府高橋門外

隆昌寺在府治六十里寶華

山梁寶誌公開創故稱寶華明初久廢萬曆三十
六年奉旨供銅殿於巔建聖化隆昌寺崇禎十年
三昧律師住錫兹山爲律堂始
國朝律師見月建受戒壇

大報恩寺 在府聚寶門外

古長干里吳赤烏間康僧會致舍利吳大帝神其
事置建初寺及阿育王塔江南塔寺之始也晉太
康間劉薩阿得舍利於長干里復建長干寺晉簡
文帝勅長干造三級塔梁武帝詔修宋改天禧寺
建聖感塔元改天禧慈恩旌忠寺元末燬於兵明
永樂十年勅建梵宇悉準宮闕造九級琉璃塔賜
額大報恩寺御置碑記宣德再賜
御製碑嘉靖間大殿燬惟塔存
皇清康熙三年居士沈豹募建大殿規制宏麗殿左
爲禪堂有三藏殿唐三藏法師石塔在焉禪堂前
有修藏社藏南藏板僧松影修塔後爲無梁殿萬
佛閣閣後放生池濠上亭與塔相映塔高百餘丈
五色琉璃合成冠以黃金寶頂照耀雲目夜篝燈
百二十有八數十里風鐸相聞鍾山大江悉在憑
眺中萬曆間塔頂偏僧洪恩修正

天界寺 在府聚寶門外

皇清順治十七年雷損塔重修

善世橋南舊在城中大市橋北元名龍翔集慶寺明初改天界寺洪武戊辰寺災徙建今所榜寺門日善世法門永樂間增置毘盧閣旃檀林三十六菴天順間重建觀音輪藏諸殿成化中益廊廡規制宏敞僧廬悠邃寺中萬松菴牛峰亭最勝崇禎間博山艤禪師開法於此其後覺浪盛禪師繼之

弘覺寺在郡牛首山梁天監間司空徐度建名佛窟寺唐大曆元年代宗因感夢勑修浮圖七級相峙東西峯頂宋太平興國二年更名崇教寺明正統間改賜今額兹山爲唐法融禪師開教處人門有白雲梯石磴百級銀杏一株蔭蔽天日上爲觀音閣爲兜率崖又上爲文殊洞洞傍有含虚閣巒壑萬狀踞牛首之勝先是明有御製牛山菴記舍利塔在文殊洞下西峯又有方塔在文殊洞

幽棲寺在郡牛首花巖間劉宋孝武時建寺在前幽棲山故名唐貞觀初法融禪師居此更名祖堂明屢經修建兹山自融祖開由代不乏人前明如海天天竺雪浪覺浪後先掩映今石谿佳錫

花巖寺在府由棲山陰卽古獻花巖唐高僧由中懶融居此有百鳥獻花因名明成化

間始建寺賜額寺中巖洞臺閣最盛

能仁寺在府聚寶門外天竺山舊在古城西劉宋元嘉中文帝建名能仁寺楊吳太和中改報先院南唐昇元中改興慈院太平興國間改承天寺宋政和中改能仁禪寺建炎中燬洪武戊辰改建今地嘉靖初復災萬曆間重修皇清順治間復修

碧峰寺在府聚寶門外晉瑞相院永嘉中爲寺唐貞觀中重建改翠靈寺宋淳化改妙果寺元至元中改鐵索寺明洪武中勅建居異僧金碧峯

高座寺在府雨花臺梅岡晉永嘉中建名甘露寺西竺僧尸黎蜜據高座說法因名舊志云有僧號高座道人葬此故名或曰竺道生所居明洪武中重修弘治間復加恢拓皇清順治十五年更建大殿寺中觀音羅漢像最古

永寧寺在府梅岡古名刹按志高座亦名永寧今爲二寺後有方正學祠景大夫祠其地高敞有木末亭亭後有嘯風亭南對雨花北眺鍾陵有芝泉出於其間

寶光寺在府梅岡東南舊名天王寺劉宋大明中建梁廢爲昭明太子果園楊吳時又爲徐景通園南唐保大間更建奉先

禪院後葬曇師起塔遂名寶光塔院元改爲寺曰普光明初賜今額

瓦官寺在府城西南隅建康實錄晉哀帝興寧二年詔移陶官於淮水北遂以南岸陶所建寺故名瓦官內有晉義熙中獅子國所獻玉佛先有徵士戴安道手製佛像五軀及顧長康維摩圖世號三絕南唐昇元中改寺曰昇元寺閣曰昇元閣宋太平興國五年改爲院額曰崇勝戒壇明初寺廢嘉靖中杏花村建積慶菴掘地得昇元石像云此即瓦官寺故地遂爲古瓦官寺

鳳遊寺在府鳳凰臺之右初名叢桂菴嘉靖間因積慶菴改爲古瓦官寺菴與寺相對遂名上瓦官萬曆乙未易今名

承恩寺在府三山街舊內旁明御用監王瑾故宅景泰間改宅爲寺

鷲峯寺在府鈔庫街南齊爲東府城梁爲江總宅唐乾元中刺史顏魯公置放生池東拔青溪宋淳熙間待制史正志移於青溪之曲明天順間即其地建寺賜額曰鷲峯

迴光寺在府城南隅梁天監間創蕭子雲飛白大書寺額名蕭帝寺唐保泰中改法光寺宋太和中改鹿苑寺明永樂間有迴光大士自西域至重建

改今額

封崇寺一名卧佛寺在府三山門内

淨覺寺在府治三山門内洪武間勅賜

安隱寺在府雨花臺即古安隱院明永樂初重建奏賜今額

普惠寺在府三山門外永樂間爲唱經樓天順年間重修賜今額

寂照寺在府惠光寺東

靜明寺在府寂照寺西有玉華泉出山下

西天寺在府報恩寺後號國公墓右明洪武中西城僧班的達居此示寂勅建賜今額

永福寺在府天竺山前能仁寺東明正統中建賜額有孔雀臺弘治辛酉重建

德恩寺在府西天寺東晉普光寺基明正統間重建賜今額嘉靖間燬惟殿存

永興寺在府梅岡西南明成化初年賜今額

普照寺在府永興寺旁元至大間僧無盡建明成化間僧定璵重修賜額

普德寺在府聚寶門外明正統間創建

華嚴寺在府安德門外寺本古蹟久廢明永樂間重建其寺僧以植花果爲事

慧光寺在府新亭鄉宋治平間建賜古光宅寺創制極古佛宇後山石如掌雲光法師講經於此明洪武重重建

賜今額

江心護國烈山寺在府烈山上

天隆寺在府鳳臺門內重岡邃嶺有古林律師塔在焉

三山寺在府三山之麓明洪武十三年建其地三峯田連中隱孤寺有磯頭懸江中登者豁目

崇因寺在府城南十里石馬山之陰劉宋時名曠野寺齊廢梁大同中復建唐開元中以懶融嘗居改禪居院太和中改崇果院宋改寺額曰崇因明嘉靖間重修此地舊爲新亭有王謝遺跡劉諶詩云十里崇因寺臨江水氣中

永泰寺在府吉山梁建南唐葬淨果禪師因名淨果院後復改寺

興教寺在句容縣治東北晉咸寧間建明永樂中重建

崇明寺在句容縣東北隅晉咸熙中建名義和梁路明太子書額宋太平興國年改今額寺有浮圖甚峻明隆慶四年重修鐘樓崇禎十六年再修皇清順治四年告成殿後有毘盧閣

金華寺在句容縣東南隅晉成康三年尚書令李邈捨宅造靈曜寺宋改今額

報恩寺在溧陽縣東門外梁天監中建宋宣和中爲神霄宮後改

爲廣教寺在溧陽縣東門外長慶初金吾長史倪寺鑄捨宅建賜額資聖禪院宋太平興國初改今額明宣德初重建廣法寺在溧陽縣西門外唐名零陵寺楊吳號資福院宋改今額淨土寺在溧陽縣東南五十里丁山側唐初建爲雲泉院宋治平中賜今額宣和中更爲禪院後復爲寺勝因寺在溧陽縣西五十里晉義熙初建唐改唐興宋改今額法慧寺在溧陽縣北六十里吳丞相葛威捨宅建梁名安靜寺宋大中祥符初賜今額明洪武末歸併法興寺法會寺在溧陽縣西南六十里社渚吳時建唐名資善院宋改今額白龍寺在溧陽縣西七十里晉建舊有三塔一名三塔寺或云僧伽化行之地又名大聖院雲泉寺在溧陽縣東南五十里唐名雲泉院許監詩所云前朝恩賜雲泉額也宋治平初改爲淨土院永壽寺在溧水縣治城南萬曆三十六年建初名永昌後勅改今名上方寺在溧水縣西二十里郎孫鍾種瓜處開福寺在溧水縣南門外唐開元中建明永樂中重建興

化寺在溧水縣東北三十里唐大中初建名延安寺明洪武中重修改今名

無想寺在溧水縣南一十八里無想山一名寂院

明覺寺在溧水縣治西四十里唐咸通十年名正覺寺元大順間改今額明正統間復建

廣嚴寺在溧水縣治北四十里唐天復三年朔初名儀成宋治平三年賜今額後燬於李成之亂重建

保聖寺在高淳縣東五里舊名龍城庚貞元中建宋祥符中改今額

儒童寺在高淳縣東南二十五里唐景福中建

禪林寺在高淳縣東二十里唐咸道中建明永樂初復建

龍化寺在高淳縣南五十里唐咸通初建

顯慈寺在高淳縣西四十里唐中和間建宋紹興中改今額

飛來寺在高淳縣西南三里明天啓二年中秋夜忽有銅像彌勒一尊端坐太平圩之東角及旦黃沙蔽天士民咸集見而異曰始飛來佛耶建寺遂以飛來名

定山寺在江浦縣東北三十里獅子峯下有泉出殿中亦名定山泉

石佛寺在江浦縣東北十八里宋建炎中建明洪武中重修

東

濟寺在江浦縣西三十里舊名湯泉院宋元祐中重建　接待寺在江浦縣西二里明洪武初建　長蘆寺在六合縣南二十五里宋大聖中建

皇清順治十年天界禪師覺浪改名禪院　靈巖寺在六合縣東十五里靈巖山上唐咸通中建明洪武初重建　臥佛寺在六合縣東北南唐保大中建明洪武中重建　寶聖寺在六合縣北四十里屏山之北元至和元年建殿於其明洪武間重建後屢增修有泉亦名寶聖泉

祇洹寺在六合縣北五十里冶山按嘉定志載唐開元二十三年建鄭滂懷古云寺有解脫禪師隋主問何以伐陳師云乘桃葉而渡必克晉王乃造桃葉舟及江有童謠桃葉歌其時見岸邊有由遂造寺

朝天宮在城西全節坊卽吳冶城晉西州城劉宋國學皆其地楊吳時建爲紫極宮宋改名祥符尋改天慶觀元名元妙觀大曆中陞爲永壽宮明洪武十七年重建賜今額殿後有萬歲亭凡

大朝賀行禮於此習儀按冶城山吳王夫差鑄劍處今山後鑄劍池猶存晉改西園建冶亭其上下忠貞墓在焉郭文舉故臺亦此地西偏有西山道院明初建以館劉眞人雲林叢蔚居然松壇芝府

天妃宮在獅子山下儀鳳門外明文皇遣使海外颶風黑浪中賴天妃顯護永樂間勅建宮久圮

皇清康熙三十二年總督于成龍捐貲重修

洞神宮在淮清橋西宋建明正德間修相傳爲江總宅金陵志云宋景定四年制使姚希得創蜀三大神廟於青溪側即此

崇熙宮在句容縣茅山華陽洞南門之東即舊崇禧院唐王知遠師陶弘景見知於太宗元祐中改爲宮

元符宮在句容縣茅山積金峯下宋嘉祐中蜀人王畧結廬煉丹於此徽宗賜額元符宮明重建

祠宇宮在句容縣中茅峯西唐天寶中勅於廟下立精舍

神樂觀今改眞武行宮在洪武門天壇西明初郊廟合用大樂設觀選樂舞生習教其中名神樂觀賜勅後遷北京觀所存樂舞

止祀先師孔子今觀廢祀孔子樂猶存有亭曰醴泉明文皇在觀結壇溢出

盧龍觀在盧龍山與儀鳳門相接洪武初建景泰間重修明高帝剏爲漢陳友諒親樹旌麾督戰於此山今康熙壬戌年宛陵江有濤重修

靈應觀在靈應山與石城門近宋名隆恩祠明正統間賜今額山下有渾曰烏龍潭可百餘畝祈雨有驗故以靈應名今爲放生所

朝眞觀在長壽山淳化鎮東明正統年建道士葛可澄諸道藏賜勅

洞元觀在天印山麓葛仙公白日飛昇處吳大帝赤烏二年建唐貞觀併入崇棲觀宋改崇眞元因之明重建仍吳洞元額仙公洗藥池鍊丹井猶存

仙鶴觀在仙鶴門外漢時建

玉虛觀在上方門外吳時建

元眞觀在中和橋北明永樂十八年爲勅封妙惠仙姑建

清源觀在雨花臺側宋名清源廟元至正重修明成化十三年又修賜觀額接清源君蜀三神之一

棲眞觀在淮安德鄉正統中建賜額

佑聖觀在江東門外明成化二年建

壽元觀在句容縣治西南隔葛洪故宅梁大

監中建有葛公井**五雲觀**在華陽洞西五雲峰下宋天聖中建**聖祐觀**在句容縣大茅峰頂又有德祐觀在中茅峰仁祐觀在小茅峰俱元延祐中建**玉晨觀**在句容縣大茅峰下自高辛時展上公於此得仙術相繼修鍊陶弘景隱居之所也內有古柏左紐若虯龍異狀連燬於火**崇福觀**在句容縣中茅峰西白雲峰下初華陽宮道士王景溫退居結廬於此宋紹興間詔即所居建崇福觀**乾元觀**在句容縣大橫山下梁天監中陶隱居荆鬱擺齋天聖間改賜今額有觀妙先生碑已中斷拔之遂合**紫陽觀**在句容縣大茅峯下崇禧宮**太平觀**在茅山側即陶隱居華陽館也宋元符中改額**抱元觀**在句容縣茅山柳谷泉上舊名柳谷菴政和八年因陳希殼修行於此勅賜今額**清真觀**在句容縣茅山大羅源中宋政和中吳德清始建爲道人棲茌之所徽宗朝賜以觀額齋時多有鶴至謂之鶴會**清泰觀**在溧陽縣治東南宋淳熙中移溧水廢額**幽棲觀**在溧陽縣北三十里梁普通初

有隱士號幽棲者鍊丹如此舉家昇仙後因以宅爲黄山觀在溧陽縣西四十里黄山下舊傳西晉時有黄鶴眞人修道成仙唐天寶中建爲觀觀

泰虛觀在溧陽縣治西南四十里晉盤白眞人成道之地簡文詔以眞人宅作觀賜額招仙宋大中祥符初改今額觀有九井云眞人滅丹處明萬曆間賜有道藏

香山觀在溧水縣治東北元延祐中建

尋仙觀在溧水縣治東南仙壇鄉梁建於靈芝山鸞洞

白石觀在溧水縣治東南六十五里荊山中金陵志云舊傳干和獲玉之地殿有干和塑像觀有方池井僅三四尺投之以石則水上沸如珠

祠山觀在高淳縣治南元至元初建

尋眞觀在高淳縣治北

萬壽觀在高淳縣寶陽門外宋時建正殿祀眞武乃本縣習儀之所

玉虛觀在江浦縣浦子口白玉蟾有詩

元眞觀在六合縣治西高岡之上宋隆興初建

育嬰堂總督阿席熙同布政使龔佳育按察司金鎮督糧道張永茂鄉紳鄧旭等捐俸捐資

建造虹橋佃房若干間取租給費
皇清康熙二十二年總督于成龍以來安縣官田千
畝施爲養育之資
立有碑記見藝文

蘇州府

魚城在府横山下吳王築以養魚　酒城在府壇塘邊夫差祭子胥處臨江勸酒故名

鴨城在府西門外吳王築以養鴨　麋湖西城在府平門外麋王與越王遙戰處

搖城在府城東南三十八里　居巢城在長洲縣界　鴻城在府婁門外　越城在府胥門外　湯城在府城東北　相城在府城東北五十里子胥初築時先於此相地壘土而城之因下濕乃止故名　婁城在崑山縣東三百步吳子壽夢所築　武城在崑山縣西北　金城在崑山縣東三里吳王所築　度城在崑山縣東南七十里黃巢築傍有度城湖　東城在崑山縣東三百步　西鹿城在崑山縣　巴城在崑山縣西十八里

雉城在崑山縣西北十八里今雉城湖即是其地　顏縣城　瓦浦城並在崑山縣界載於古經　扈城在常熟縣北五里吳王建離宮扈蹕故名今爲扈城村　九里

城在常熟縣北九里吳王牧馬於此莫城相傳莫邪鑄劍之所在常熟縣南十二里郎城在常熟縣東南鵝城在常熟縣東北十五里尚墅城在常熟縣北十八里金鳳城在常熟縣西北四十八里塢城在嘉定縣嘐城在嘉定縣南門外今名嘐塘又避吳越王諱改婁塘鶴市在府閶門外吳越春秋吳王有小女每食蒸魚食半而與女女怨曰王食魚辱我還自殺闔閭痛之葬於郭西舞白鶴于吳市萬人隨觀男女與鶴入羨門因塞之以送死人稱曰鶴市毛公壇在府洞庭西山漢劉根得道處今有石塘丹井在焉館娃宮在靈巖山上以西施得名吳都賦舉乎吳娃之館吳宮在郡城東南五十里吳王別宮美人宮在郡城夫差所作西氏鄭旦居之桃夏宮在郡城春申君所建齊雲樓在郡治後子城上即古月華樓初陽樓在郡中池上宣風樓在常熟縣治西宋曾愼建姑蘇臺在郡城外姑蘇山山水記云夫差作臺建九曲路高見百里春秋遊焉郊

臺在郡城横山東麓石湖之上吳王郊祭之所

望亭在府西境吳先主所御亭

金昌亭在府閶門外陸龜蒙謂梁鴻墓在焉

醒心亭在府葑門裏有土阜對峙水中雖巨浸弗沒號曰浮墩後避諱改曰浮丘

吳會亭在府織里橋北

滄浪亭在郡學東傍有小山高下曲折與水相縈帶中吳節度使吳承祐作亭於上名曰滄浪

思思亭在府舊木蘭堂之左祀韋應物白居易劉禹錫

四照亭在郡圃東宋王渙建

范公亭在崑山縣薦嚴寺後圃地上成大讀書處

嵒山亭在崑山縣馬鞍山之陽

賞心亭在常熟縣西即舊治歌館

濟川亭在吳江縣前宋沈輝建

耕穫亭在太倉州西渚之北秦約作

須春亭在崇明縣樵樓南

昇月館在郡城帶城橋東

姑蘇館在郡城盤門內西城下

坐嘯齋在郡城南宋紹興間蔣璨建

黃堂在郡城鷄陂之側春申君子假君之殿

木蘭堂在郡城嵐齋錄唐張搏爲刺史植木蘭于堂

雙蓮堂在郡

城舊芙蓉堂至和初吳處約以雙蓮花開易名招隱堂在郡城畫錦坊郡人胡元質所居三瑞堂在府楓橋孝子姚淳之居萬卷堂在府帶城橋南侍郎史正志建四賢堂在崑山縣治宋李衡莫濟周必大王希呂同時去國并祀其中喜廉堂在崑山縣治陳世昌自信守名對理宗有一廉可喜之語因名其堂南山嘉趣堂在常熟虞山東芝裕邑人虞子賢得朱晦菴城南雜詠眞跡遂梁堂以居肯堂在常熟鄭起潛尚書之居宋理宗書扁壽樸堂在吳江縣綺川侍郎莫禮作嘉樹堂在嘉定縣西四十里强恕齋自汴徙吳作半隱堂在崑山縣莫仲宣所居又有西園其別墅也韓侂冑當國開居十年自號西園居士華林園在府城華林里闔閭故跡梧桐園在郡城吳宮內夫差所葺一名琴川南園在府治子城西南廣陵王錢元璙帥吳時創梅都官園在郡城聖俞晚年謝事卜築滄浪之傍與蘇子美爲隣辟疆園在郡境自西晉以來臺館林泉之勝號吳

中第一辟彊姓顧**潭氏園**在嘉定縣月浦上**長洲苑**在府城西南七十里枚乘說吳王濞云漢修治上林雜以離宮佳麗玩好不如長洲之苑**樂圃**在府清嘉坊北朱長文所居故錢氏金谷園也**隱圃**在郡城靈芝坊蔣樞密所居爾守蘇謝事囙家焉圃中有水月菴烟蘿亭風篁亭香巖峯古井貪山等景自賦隱圃十二詠且繪爲圖**硯池**在府靈岩山**西施洞**在府靈岩山**仙人洞**在吳江縣東門仙里橋下深而莫測**丹井**在常熟縣虞山南嶺下天監初天師張道裕來隱鑿井其下宋淳熙中進士李正則浚井得藏丹石礦啓之化爲雙紅鶴飛入尚湖今井廢**香水溪**在府吳故宮中**越來溪**在府楞伽山東北與石湖通**夏駕湖**在府西城下吳王避暑駕遊於此**百花洲**在府胥盤二門之間**錦帆涇**在府卽舊子城濠也吳王常作錦帆以遊**採蓮涇**在府運河之陽上有採蓮橋橋下尚可通舟**白馬澗**在府城南二十五里支遁養馬處**睡龍灣**在吳江縣

黄家溪相傳宋高宗南渡時駐蹕於此有泉湧出　消夏灣在府洞庭西山之趾相傳吳王避暑處　明月灣消夏灣東吳王玩月處　可盤灣在府西洞庭山下　雞陂在府婁門外吳王畜雞城　范蠡宅在府包山杜圻洲北蠡浮五湖遂居此　甪里先生宅在府太湖中今包山有用里村　陸績宅在府臨頓里　丁令威宅在府陽山有丹井存焉　蔡經宅在府朱明寺西　周公瑾宅在府雍熙寺西孫策爲瑜治第子吳今猶云周將軍菴　陸玩宅在府卽今靈巖寺　王珣宅在府日華里卽今景德寺　戴顒宅在府卽今北禪寺　張融陸慧曉二宅在府竝今承天寺　陸龜蒙宅在府臨頓橋　陳君子宅在府閶門陳之奇第　言偃宅在常熟縣西今稱言公巷　范文正公義宅宋范仲淹知杭州歸吳廣其居以聚族人在府城中　鄭虎臣宅在府鶴舞橋東宋末殺賈似道於木棉菴卽其人也　楊和

王府在府和令坊范參軍府在崑山縣西河上范成大所居鄭大資府在崑山縣通德坊曾丞相府在常熟縣褒繡坊衛文節公第在崑山縣石浦其第有友順堂宋寧宗書扁梅福隱居在府西市坊曹勉之隱居在崑山縣李重發隱居在崇明縣姚劉沙企鶴軒在府東昇平橋越人賀方回之居復軒在吳縣之黃村處士章憲以貯經史百氏之書萬玉清秋軒在吳江縣里人甯昌言之別墅張可觀爲之圖樂菴在崑山縣圓明村宋李衡歸老之地臞菴在吳江縣松江之濱王份營此以居圜江湖以入圖中有與閑堂烟雨閣聚遠樓桃花塢在府閶門裏北城下郡人春遊看花于此本章氏別業響屧廊在府靈岩山吳王建廊而虛其下令西施與宮人步屧繞之則響因名蝸廬在府城北中書舍人程俱所居筠谷在府西館橋之西宋待制榮薿所居薿字茂世舊寓道州結廬竹間號筠谷及知臨安引年匄辭陛

辭之日上以琉璃壺貯丹桂花且繪之使面題詩二十八字并金帶爲賜復書篘谷二大字寵其歸卜築吳下終老焉

漫莊在吳江縣處士顧禧所居禧棄官高慧鄉人重之

烏夜村在崑山縣晉穆帝何皇后父準寓此產后之夕有羣烏夜驚於枾落自後有烏獻夜鳴必有大赦

南村在府越來溪西吳山下寺簿盧瑢所居扁曰吳中第一林泉有御書得妙堂扁

松竹林在崑山縣治南宋項公澤所居

東墅在府又名東莊與南園皆廣陵王元僚帥吳時其子倚內指揮使文奉所剏經營三十年極園池之勝奇卉異木及其身見皆成合抱又累土爲山亦成巖谷多燕集其間任客所適文奉跨白騾披鶴氅緩步花徑或泛舟池中容與往來聞客笑語就之而飲

滸墅在郡西二十五里圖經云秦始皇求吳王劍白虎鐏於丘上遂西走二十五里而失劍不能得地裂爲池因名其地曰虎疁至吳越時諱鏐因改爲滸墅云

鬱林石在舊察院吳寬記之

小洞庭在郡齊門外劉僉憲廷美自西致政歸累石爲山號小洞

石幢

在郡城北數里唐徐浩書郡守陳師錫從置府第鄉人夜過河上者多見鬼物乃相與請于州復置舊處其臨頓在府吳王時嘗頓軍於此後軍廠在嘉定縣江灣㤀遂絶此後軍廠在嘉定縣江灣朱高宗南渡時駐此白公堤閶門外七里山塘唐白樂天築仙人踪在嘉定縣馬陸村有池如巨人足水旱無盈縮蠡口在府齊門北文有蠡塘在婁門東相傳范蠡出五湖於此遺人馳書招文種白公檜在府唐白樂天手植後爲朱勔取獻京師七星檜在常熟縣致道觀梁天監中所植奇古特甚

寺觀附 并附育嬰堂

開元禪寺在府盤門内吳孫權母吳夫人捨宅建永禪師開山名通元寺寺有石佛二相傳晉建興二年滬瀆海口漁者見神光照水徹夫旦而視之乃二石像浮水上或曰水神也以三牲巫祝迎之像泛流而去吳人朱膺等復于海濱迎入城置通元寺光明七晝夜不絶其後漁者復于

此獲一青石鉢初疑白類華而用之俄有佛像現于外遂併以供佛唐東宮長史陸東之書碑延載元年則天遣使送珊瑚鏡一面鉢一副宣賜供養兼改重雲寺開元中再改今額舊在城北北陲後唐同光中錢氏遷置于此

報恩講寺 在府城北北陲故呼北寺卽通元寺舊基吳越錢氏移支硎山報恩寺改建于此

瑞光禪寺 在府開元寺南吳赤烏間僧性康建名普濟院宋宣和間建浮屠十三級五色光現詔賜今額併賜塔名天寧萬壽寶塔

正覺禪寺 在府城東南隅其先爲宋揚和王別墅元爲陸志寧寓館尋舍爲大林菴明洪武中滇南僧弘宗再建奏賜今額

承天能仁禪寺 在府治北甘節坊梁衛尉卿陸僧讚捨宅建初名廣德重元寺宋初改承天宣和中改能仁元並存故額稱承天能仁今因之

靈鷲教寺 在府城東北隅舊名永光院又名東林院梁天監中僧永光建

東禪教寺 在府萬壽寺東南吳赤烏間陳丞相宅因池中生瑞蓮遂捨爲寺名鎮國院唐大中間勅改東禪明覺寺宋異僧遇賢號林酒仙者

嘗居之**永定講寺**在吳縣東南吳地記云梁天監中蘇州刺史吳郡顧彥先捨宅建唐乾符間賜今額**北禪講寺**在府城門內晉戴顒宅也唐司勳陸郎中居此後以為寺**南禪集雲寺**在郡學東唐開成間僧元遂建有千佛堂轉輪經藏白居易在郡嘗書白氏長慶集留千佛堂明洪武中號寶曇和尚亦應奏請今名**雙塔禪寺**在府城東南隅唐咸通中建初名般若院吳越錢氏改羅漢院宋雍熙中王文罕建兩磚塔對峙遂名雙塔**定慧禪寺**在府雙塔寺西初名西方院天禧中賜今額**寶光講寺**在府城東北隅跨塘橋本鬱林太守陸績故宅明洪武中即寺為軍營遂廢其後普薰菴僧善識捨本菴地改建于此**廣化教寺**在府城東北隅後梁乾元三年諸葛氏捨宅建初名崇吳禪院宋大中祥符元年改賜今額**積慶禪寺**在府善教橋北宋開寶年建紹興間賜額**寶幢講寺**在承天寺內東偏又名玉箎山房宋元祐間開山**泗州寺**在府城西南隅宋嘉定間移置

于此

虎丘禪寺 在府虎丘山晉王珣及弟珉別業也咸和二年捨建即劍池分爲東西二寺今合爲一

半塘壽聖教寺 在府九都綵雲里寺有雅兒塔晉道生誦法華經値童子死葬此義熙十一年商人謝本夜聞誦經聲旦見墳生青蓮花事聞詔建塔名法華院宋治平間賜今額

迎湖教寺 在長洲縣六都晉永寧間建

白蓮教寺 在長洲縣十五都地名陸塘吳赤烏間建

靈源教寺 在府太湖洞庭東山碧螺峰下峰有靈泉故名梁天監元年建

治平教寺 在府上方山下梁天監二年建舊名楞伽寺宋治平元年改今名寺傍有石井隋人刻字蓋楊素移郡橫山時也

楞伽講寺 在府楞伽山上俗云上方寺寺有浮圖七級

穹窿禪寺 在吳縣西南四十五里穹窿山舊名福臻禪院相傳朱買臣故宅梁天監二年建

白馬禪寺 在府穹窿山西址即穹窿所析者元季寺燬永樂元年重建

靈巖禪寺 在府靈巖山上舊名秀峰寺宋改顯親崇報禪院即吳故館娃宮也梁天

監中始建爲寺寺成有異僧負鉢囊入憩廡下長身黧面梵相奇古其徒不之省夜索筆圖其像于壁而去其後異僧見之驚曰此西土智積菩薩也因建智積菩薩殿弘治間重建

崇福教寺在長洲縣三十一都尹山故又稱尹山寺梁天監二年建

靈瀫教寺在長洲縣十四都蠡塘舊名靈壽教院梁天監二年建

大覺教寺在長洲縣二十七都大姚山梁天監間建

天宮教寺在府胥山南太湖之濱梁天監三年開山

昭明教寺在吳縣錦峯山相傳爲昭明太子所建

光福講寺在吳縣鄧尉山龜峯上梁大同間建寺有舍利塔又有銅觀音像郡水旱祈禱輒應

實相教寺在吳縣香山西太湖之濱舊名寔相院宋大中祥符元年賜今額

法海寺在府洞庭東山隋莫釐將軍捨宅建宋祥符五年改今額

寒山寺在府閶門西十里楓橋下唐人詩有姑蘇城外寒山寺夜半鐘聲到客船之句

翠峯禪寺在府莫釐山之陰唐將軍席溫捨宅建天寶間名僧重顯所謂雪竇禪師嘗居此其

遺跡有降龍井羅漢樹悟道泉猶存上方教寺在府洞庭西山唐會昌六年開山本名孤園寺宋嘉泰間重建白雲禪寺在府天平山一名天平寺唐寶曆二年僧永安建名白雲菴以山有白雲泉也宋慶曆間范仲淹以先墓所在奏爲功德寺因賜今額蓮花教寺在府陽山西太湖濱唐神龍二年居民劉氏井中生青蓮花因捨宅爲寺寶壽教寺在吳縣八都地名黃蘆唐大中七年開山興國教寺在長洲縣十一都黃埭唐大中二年郡人葉氏夢僧求一錐地遂捨宅爲寺保聖教寺在長洲縣二十都甫里唐大中間建宋祥符中重建永壽教寺在長洲縣二十七都籍塘陳湖之上唐大中十一年居民管洪捨宅建覺林教寺在長洲縣十三都治長涇唐廣明間陳垣捨宅建初名義安寺梁開平元年改永安宋大觀四年改賜今額澄照教寺在府陽山下唐會昌間丁某捨白馬磵宅爲白鶴寺宋祥符初始賜今額甑山教寺在府陽山北竹青塘五代時建法華教

寺在府葑門外斜塘宋建焉宋熙寧六年建湯山南地名黄村宋寶慶元年建之北宋乾道間建寺在婁門外宋嘉定間建

白蓮講寺在長洲縣二十都十里即陸龜蒙别業祠堂在

利濟教寺在府閶門外南濠宋紹興間建

大覺教寺在府

磧砂禪寺舊名延聖禪院在長洲縣二十六都陳湖

崇福教寺在長洲縣二十八都章練塘宋景定間建

接待教

普賢教寺在府天平山之東牛頭峯塢内宋景定間建

全福講寺在長洲縣二十六都宋景定年間建

景德教寺在崑山縣治西南通德坊内晉建始名寶馬寺宋景德二年奏賜今額

慧聚教寺在崑山縣馬鞍山下梁天監十年吳興沙門惠嚮建相傳嚮登山寓一石室忽見寺神請助千工用佐景福是夜風雨暴作暗鳴之聲人皆聞之遲明殿基成延袤一十七丈高丈有二尺巨石矗然其直如矢事聞因命建寺賜今額封山神爲大聖山王仍賜鉄爐繡佛勅張僧繇繪龍于四柱歷朝御書題詠甚多

華藏

講寺在馬鞍山頂舊名般若宋宣和間易今名本在山之北麓洪武十三年移建于此薦嚴資福禪寺在崑山縣治東南唐天祐三年建梁開十三年改崑福院宋大中祥符元年勅改惠嚴禪院尋賜今額能仁教寺在崑山縣東南三十五里唐天祐二年建名羅漢禪院唐長興二年改德義院宋大中祥符元年改今額報國講寺在崑山縣景德寺西舊在城西一里許名九品觀堂相傳其地本屠沽所聚寺僧師諒一夕夢有神人披髮執戈而告曰北地當作道場師何不興一觀堂名以九品鑒池爲沼當有石埳現寤與衆言之因協力建造果得石埳數層上刻元幹僧師諒九品觀堂元泰定間改建于此後荃公重建奏請今額聖像教寺在崑山縣南三十五里滬瀆晉建興二年有迦葉維衛二石像從海逆水而來止此衆迎像置郡城開元寺里人趙罕復捨所居建寺于此勅賜今額延祥教寺在崑山縣東南四十里梁天監間建名紹法寺宋大中祥符元年改賜額趙靈興福教寺在崑山縣西南

六十里唐大中十年建趙靈山在寺後故名　福嚴禪寺在崑山縣東南七十里磧礇村

元至元間建　慧日禪寺在常熟縣治西稍北梁天監問開山今爲祝聖道場　破山

興福寺在常熟縣虞山北嶺下齊始興五年建始名大慈梁大同三年改興福寺唐咸通九

年賜額破山興福寺　聖壽東靈寺在常熟縣治西北梁大同中建唐嗣聖二年改爲中

興寺本在吳縣界神龍元年移置于此賜今額　東塔崇教興福教寺在常熟縣

治東北半里　維摩禪寺在常熟縣虞山上宋隆興元年建　永慶教寺在常

熟縣河陽山梁大同二年建宋賜名大福寺尋改今額　妙清教寺在常熟縣莫城陳禎

明二年開山初名妙清院明洪武中重建　大慈教寺在常熟縣福山鎮梁大清元年建舊

名法水禪院宋大中祥符元年改今額　報忠寺在包山上梁天監表山宰大師建明弘治

間復整額皆敕賜　勝法寺在常熟縣梅里鎮唐元和中建　智林教寺在常熟縣

李墓村唐乾元元年建初名永安寺朱大觀四年改賜今額

聖壽禪寺 在吳江縣治西北延壽坊故名北北寺吳赤烏間建梁開平間改興寶院宋天聖三年賜今額

無礙講寺 在吳江縣常樂坊西故名西寺梁開平間建晉天福七年賜額華嚴賢首講寺吳越王嘗浴于此改名無礙寺浴池猶存

寧境華嚴講寺 在吳江縣東門外梁建名華嚴院宋元祐間建浮圖七級鄰舊有寧境院紹興五年併華嚴爲一賜今額

法喜教寺 在吳江縣二十六都九里村唐武德間建名崇福寺宋大中祥符元年賜今額

奉先教寺 在吳江縣十一都雙楊涇唐咸亨間僧雲居建

妙智寺 在吳江縣七都半洚村唐開成中建

雙林教寺 在吳江縣十六都倪林里

應天教寺 在吳江縣十七都南麻村宋乾符間建

明慶教寺 在吳江縣十七都南麻村宋乾符間建

崇吳教寺 在吳江縣充浦梁開平二年建

殊勝教寺 在吳江縣平望鸎脰湖之濱宋治平間建蔡京奏賜額

普濟禪

寺在吳江縣震澤鎮宋元豐元年建積慶講寺在吳江縣二十二都宋建炎元年建寶覺講寺在吳江縣宋紹興十年建永福教寺在吳江縣三都八赤宋紹興間建羅漢講寺在吳江縣黎里鎮宋淳熙三年建永定教寺在吳江縣荒浦村宋淳熙五年建泗洲教寺在吳江縣蘆墟村宋開熙間建接待教寺在吳江縣東門外南津口俗稱南寺宋紹熙二年建名承天萬壽禪寺元至元間重建改今名海雲禪寺在吳江縣簡村元至元間建天曆間奏賜額顯忠教寺在吳江縣梅堰宋王樞密祠堂也元大德間改爲寺崑福講寺在嘉定縣治西梁天監中即舊靈順吉祥院改建留光禪寺在嘉定縣澄江門內宋天聖中建菴俄有祥光現鑿土得異木刻觀音像頗著靈異乾道初始建寺圓通講寺在嘉定縣拱星坊內至元年間建大德巳亥賜額圓通武宗加賜大報國圓通寺額積善寺在嘉定縣晏海門內舊在朝京門不知所始歲久巳

廢明洪武十三年重建

南翔講寺　在嘉定縣南二十四里梁天監間掘地得石徑丈常有二鶴飛集其上即其地作精舍每鶴至止必獲檀施後鶴去不返僧方悵然俄時見石上有白鶴南翔去不歸之語因名

菩提教寺　在嘉定縣安亭鎮梁天監二年建後唐清泰間名唐興寺宋開寶間改賜今額

方泰教寺　在嘉定縣沙堽梁天監二年建唐大中三年賜額

護國教寺　在嘉定縣合浦門外梁天監間建宋天禧中賜額

保寧教寺　在嘉定縣江灣鎮石晉天福三年東京大相國寺僧智光所謂龍樹法師者駐錫于此募建後周廣順二年賜額

羅漢講寺　在嘉定縣黃渡鎮宋建炎間建乾道間賜額

興聖教寺　在嘉定縣月浦宋紹興元年建十八年賜額

南廣教寺　在嘉定縣西北二十五里地名陳陸祁宋紹熙三年建元至正間重修賜額南廣壽院尋改寺

法昌教寺　在嘉定縣清浦鎮宋淳熙間建移錢塘廢寺額爲名

褒忠教寺　在嘉定縣蕭涇宋乾道中建慶元六年趙

郡王奏移廢寺勅額爲名明永樂中重建

法界教寺在嘉定縣東南四十五里大場北宋嘉定中建初名法界院元至元中改爲寺

永壽講寺在嘉定縣封付塘宋淳祐中建咸淳中賜額

寶華教寺在嘉定縣大場鎮宋咸淳間建

真如教寺在嘉定縣桃樹浦宋嘉定中建名真如院本在官場元延祐間移置于此改寺

大德萬壽寺在嘉定縣南翔寺東一里元大德初建

萬安教寺在嘉定縣萬壽寺西新華浦與南翔大德爲三大刹成于泰定

西隱教寺在嘉定縣西北清境塘上元泰定元年建

頓悟教寺在嘉定縣瀘涇元貞元年建名頓悟院明洪武間改寺

永壽禪寺在嘉定縣何莊元延祐中建

皇慶教寺在嘉定縣北三里元至大間建

隆福教寺在太倉州城大西門內梁天監四年建宋大中祥符元年改今額

崇恩禪寺在太倉州東二十里梁天監二年建

鷲山法輪講寺在太倉州鷲山南對梁天監間建

陸河聖像

教寺在太倉州陸河市吳建亦因泛海石佛而名

法輪教寺在太倉州雙鳳鄉晉支道林開山宋祥符元年改今額

廣安教寺在太倉州直唐市唐乾元初簡大師建相傳簡領二人來遊立庵于此插竹護籬落後遂成林初名寶林寺宋祥符元年改今額紹興六年建墖鑿地得磚有長安二年瞿像寶墖字乃知唐武后時嘗建墖宇于此

廣孝講寺在太倉州東北五十里唐咸通十四年建初名懷讓寺大中祥符間改賜今額

海寧禪寺在太倉州城武陵橋西宋建炎四年建名廣法教院元大德間奏改今額

普濟教寺在太倉州南一里宋末五臺僧普明遊歷止此遂卓錫建寺

報本禪寺在太倉州城大東門內元建

淮雲教寺太倉州城北二里陳涇橋元大德六年建奏賜今額

奉聖禪寺在崇明縣東沙唐貞元間僧道成建宋紹興初里人陸思問謝之剛拓之

慈濟禪寺在崇明縣城內河泊所東宋淳祐二年建初名白雲庵後請龍江寺額易之

興教禪寺

在崇明縣道安鄉張成港北唐光化間建宋寶慶三年以寺址迫海遷於平等村明永樂九年再徙于此

壽安講寺在崇明縣永興沙舊在三沙東鄉宋淳祐間有二僧曰模曰儔卓錫曠野拾枯枿簪土覘日枿復榮當建道場無何枯枿向榮遂結菴名富安院後拓之元延祐戊午賜額永福壽安寺尋圮于潮泰定甲子遷于東仁鄉之中土

集僊宮在嘉定縣治東南隅宋嘉定十七年建以湖州安吉縣勅額爲名

靈慈宮在太倉州城周涇橋北元至元二十九年建爲天妃祝釐之所

元妙觀在長洲縣東北唐名開元宮宋改天慶觀建炎中燬于兵紹興十六年年重建兩廊畫靈寶度人經變相山林人物樓櫓花鳥各極工緻淳熙六年復燬重建初道士募緣御前亦有所賜既成御書金闕寥陽寶殿六字賜之元元貞元年始改今額殿中舊有吳道子老君像唐元宗御贊顏魯公書今皆不存

福濟觀在吳縣皐橋北宋淳熙中羽士陸道堅建內祠純陽祖師每誕日堅友王大猷設齋濟貧者二

十年弗倦時患瘋疾弗愈一道人以槐覆卓獻啓視得方疾遂愈子孫宝之今羽士姚玉綿精動修煉祠宇一新

靈祐觀在洞庭西山即神景宮也唐乾符中建有宮廊百間繞三大殿謂之百廊三殿林屋洞在焉宋天禧五年詔重建今廢

仙壇觀在洞庭西山漢平帝時建初名洞眞宮至宋改今額即毛公福地也毛公壇在焉

上眞觀亦名上眞宮在洞庭西山梁大同四年建

清眞觀在崑山縣會仙橋東即宋放生池也乾道七年建眞武道院淳熙元年移常熟縣清眞觀廢額改置

致道觀在常熟縣虞山南嶺下梁天監二年嗣漢天師十二代孫張道裕居此感異夢手植七星檜其後道裕仙去瘞劍于山之西麓簡文時改乾元宮宋治平中浚井得藏丹化雙鵠飛入尚湖政和七年改致道觀

衍慶昭靈觀在吳江縣治東北舊在縣治之東即唐蘇刺史李公祠舊爲城隍廟太德間嗣漢天師奏改衍慶昭靈觀明洪武中燬永樂中重建

寶慶觀在崇明縣舊州治北宋寶慶元年建舊在縣治南十五里元至正二十三

年以觀址瀕海恐
爲所浸遷置于此
育嬰堂在元妙觀内布政司使丁
思孔倡率紳士捐貲以給

松江府

金山城在府城南八十五里舊經云周康王南遊鎮大海築此城南接金山因名
闔閭城在府城東六十五里夾江又有二城相對闔閭所築備越處
袁崧城在府城東三十五里舊經云晉左將軍袁崧所築
吳王獵城在府城南華亭谷東吳陸遜生此
白苧城在府南四十里今俗云白苧滙
秦皇馳道郡西北崑山南四里相傳有大堈路西通吳城即馳道也
烽樓在府城東南吳時望海處
來青樓
覽暉樓俱在青浦青龍江上元都水監任仁發建
翡翠樓在青浦杜村宋杜衍九世孫元芳建以其高出林表故名中貯書萬卷下有蒼厓碧灣竹深荷浮晴好雨奇諸軒齋凡七十二所別業在東南雲林地島尤勝
不礙雲山樓婁縣南三十里張溪楊謙之居
雲間洞天在府東南宋錢良臣園名也良臣參大政多採奇花異卉古松怪石以營之今錢家巷其遺址也
小蓬

臺在府城内楊維禎寓樓在百花潭上昇仙臺在上海縣西北七十里王可交昇仙處

唳鶴亭在府城西三里今爲接官廳松澤西亭在婁縣西南船子和尚維舟詠歌處後爲西亭蘭若知樂亭在府城西邵佳子養魚池下醉眠亭在青龍江上宋僧行中建蘇軾名

樂靜堂在青浦貞溪曹澤之故居有園亭曰息影雙松堂在吳縣趙孟僴寓室

南村草堂在婁縣東北泗涇陶宗儀耕讀之所光節堂在府城外西南古麗橋南在勉之宅楊文貞士奇贈以八大字周文襄忱刻石樹之堂下又有四美堂以忍讓守勤四字名之

曲水草堂在華亭黄浦南百曲港上姚彖與其弟臨隱居之所有別室曰海曙丹房

南州草堂在郊西瑶潭高士歸田時築玉恩堂在府城内普照寺西林太僕景暘居後有翼文閣高敞可眺九峯落成時得李鄞侯端居室印遂構左室摹其文以顏之

占星堂在府城北門内艾家橋東唐宗伯文獻之居寶華堂在思鶴巷章憲文居

內有陶白齋萬卷軒青浦莊肅聚書之所筆議軒上海彭汝器手評宋史之所

豫園在上海城內潘方伯允瑞奉父恭定公之所有奇石曰玉玲瓏因顏其堂曰玉華王世貞謂其秀潤透漏天乃宛然爲隋唐時物

顧亭林在華亭南因野王居此得名後有讀書堆墨池即野王修與地志處

白燕菴在府城東門外賀游涇袁御史凱墓側里人以凱有白燕詩築菴祀之

一峰小隱在府城北門內柳家巷黃公望隱所

瓢湖小隱在青浦澱湖東柳塘之上謝士安隱處

一枝安在青浦貞溪錢南金居

山舟在婁縣干山周氏藏修之所

梧溪精舍在青浦青龍江上江陰王逢避地之所

樂琴書處在華亭城東北明學士忱度之室

小山招隱在婁縣小橫山下孫稷之別業

曲村居在華亭下橫涇陝西參政吳行恕其孫河南參政枕皆生於此從竹至亭林不十里舟行凡數十折因名

三女岡在華亭縣東八十里

古岡身在府東有三日沙岡竹岡紫岡

在府東七十里南屬於海北抵松江長百里入土數尺皆螺蚌殼世傳海中湧三潑而成其地高阜宜菽麥吳郡圖經謂瀨海之地岡阜相同謂之岡身此天所以限滄溟而全吳人也

鸚鵡洲 在海中金山下山北古海鹽州後淪於海潮齧山北岸得一碑曰鸚鵡州界

文翬州 在黃滿中元末始丈許後延廣至數十畝王逢攜里叟門生共整

鶴坡 在上海下沙鎮此地出鶴俗又謂鶴巢

柱石塢 在上海陸文裕溪別業

八角井 府城外在張涇橋

五色泉 在府城內西湖道院內相傳葛稚川鍊丹湖上丹投水中常滿五色

龍井 在婁縣西北十八里橫雲山有祭龍壇昔時禱雨處

瑞光井 在府城外超果寺西廡下宋太平興國中僧慶依奉錢王宮中觀音像來雲間舒祥光如虹下貫此井因名其後復覩金鰻之異邦人病者多汲飲焉東一井尤甘洌

羅漢井 在府城內南禪寺宋崇寧中僧普願於此得往世羅漢像故名水甘洌宜茶汲者月朔率投以紙錢一陌明嘉靖十三年浚而甃之

水陸池 在府城內

興聖寺池昔有黿數枚聞講經聲則緣砌而上湧罷則復去後以其地爲棠谿書院今池在院中

湧泉 舊志云在上海靜安寺前晝夜騰沸甃井作亭佳其名曰應天湧泉亭

唳鶴亭 在府城西南

石筍灘 在上海下沙捍海塘外抵海三十餘里每二三丈沙汭中有石如筍者彌望潮汐至此勢本悍激自建石筍其流遂分名分水港

釣灘 在婁縣城西南朱涇鎮唐船子和尚垂綸之地

赤烏碑 在上海縣舊靜安寺今寺遷碑未及徙

黃耳塚 在府城南二里餘旁有普寧尼寺守之俗訛黃泥寺述異記陸機有快犬曰黃耳後仕洛將以自隨機戲語曰家久無書汝能馳往否犬搖尾作聲以應機爲書盛以竹筒繫犬頸到家得書還後死還葬村南聚土爲墳呼爲黃耳塚

石幢 在華亭縣前相傳地有湧泉云是海眼立此鎮之

東莊 在府城東俞塘車墩東孫文簡承恩別業

陳朝檜 在上海靜安寺殿墀左右宋政和間朱勔畫圖以進有旨遣中使取之欲毀三門而出一夕風雨震雷碎其一其右者尚存

呂公檜 在府

城内木一菴中宋有回先生過之手植樟一本於雲堂後數年復來問章公安在無有知者時樟已枯瘁回見之而笑取瓢中藥一丸瘞諸根下人亦不以爲意爾後樟復榮每葉皆有瓢痕人始悟呂仙也

寺觀附 并附育嬰堂

南禪寺在府學東宋崇寧中張頭陀卜築于此鑿地得住世羅漢像人異之遂爲施水菴紹興中賜名演教禪院後改今額寺久廢圯
皇清康熙二十年昭武將軍楊捷捐貲重修積慶禪寺本名坐化菴在府東南元至正辛巳慶禪師建慶坐化肉身在焉菴因以名明正統丁卯僧慧明請今額北禪寺在府城内東北宋紹興間僧法寧建寧先住沂州馬嗜山淨居寺航海至青龍有章氏者迎止于此發地得古碑云普照講大唐禪寺又得金銅天王像因建寺焉普照講寺在華亭縣治西唐乾元中建宋大中祥符元年改今額每歲正旦冬至及聖節郡縣俱習儀于

此寺久失葺理

皇清康熙二十年昭武將軍楊捷重修

興聖教寺府治東南穀市橋西五代漢乾祐二年建初名興國長壽宋祥符中改今額地縱廣踰三十畝東有水陸池南有浮圖四面九級有鐘樓高及浮圖之半鐘聲洪亮聞數十里

延慶講寺在府治守禦千戶所東其地本施家瀼宋隆興中每遇陰晦或金氣亘天間有聞鐘聲者吳僧守祥結茅蘆葺中以衆力成十六觀堂乾道六年間賜額

龍門寺在府治集仙門內橋東宋淳祐元年賜額元至正二十年改于此此

崇福寺在府治蕭塘鎮宋紹聖四年請額

東禪禪寺在府治初名桃花菴宋紹興六年賜額寶勝禪院後爲寺以居府東遂名東禪

化成永壽寺府南二十七里其址古胥顧泖也泖有六和神靈甚宋端平間僧妙智苦節清修並泖架一室奉神神顯靈于人凡禱祈者以所驗重輕發土實泖宋幾泖隆然遂構精舍曰成化菴元泰定中賜額

寶靈寺在府治亭林鎮初名法雲在中西北唐大中十三年建晉天福五年湖水壞寺

始遷于今所其地即梁顧野王故宅寺之初成在
野王顯夢事因祠爲伽藍神宋慶曆六年重修治
平中賜今額方廣教寺在府治栢林鎮唐咸通中建蔡侍郎功德院也宋建隆中賜額
延壽改方廣皆爲院後爲寺明行教寺在府治南橋鎮晉天福五年建吳越錢忠懿王
名曰安和院宋太平興國八年賜額爲明行寺超果講寺府西南泖湖橋之右本名長壽
唐咸通十五年建宋治平元年改今額殿廊廢圮
皇清康熙二十年昭武將軍楊捷重修
妙嚴教寺在府城西東嶽行祠之東宋咸淳間建本三乘菴改妙嚴院元至正間重修勅
賜爲寺西禪興福寺府西白龍潭上宋嘉定間建端平間賜額又名龍潭寺福
田寺在樓縣泖濱法忍教寺在婁縣朱涇鎮唐咸通十年建宋法忍院也其地木
船子和尚覆舟處寺有船子及夾
山會禪師遺像又有東法忍寺太平禪寺在婁縣胥
浦南初名太平興國禪寺宋紹興二年建元毀至正甲申改建于浦北澄鑒禪寺在婁

縣泖橋俗呼泖橋寺唐天寶六年建後燬于兵宋復建　**興塔禪寺**在婁縣泖橋西郎宋興塔院治平初重修紹興四年賜額　**海慧教寺**在婁縣鳳涇白牛市宋建隆初建　**圓智教寺**在婁縣干山舊名禪居唐大中十三年建于邑西南二里晉天福中壞于水始遷于干山其地晉陸士衡草堂遺址宋太平興國中始建堂宇佳僧熹蟾嘗入天台韶國師室賜師號崇慧明教治平中賜今額　**觀音禪寺**在上海縣西宋崇寧初建淳熙三年賜額慈報禪院元燬明洪武十六年重建改今額爲縣之首刹　**寧國寺**在上海縣二十六保宋隆興元年建乾道二年間請額　**法華禪寺**在上海縣觀音寺東宋開寶間建　**積善講寺**在上海縣西北宋紹興間里人李忻夢金人乞坐地遂捨地爲精舍度其孫師立主之元至大間有番賈航海南來拜師立道上自云慕師高德以貨寶一巨艘施之不通姓名而去立遂大拓舊規請額爲積善院明成化間重修後建海雲堂今寺爲本縣祝聖習儀之地　**南積善教寺**

在上海縣十七保宋紹興戊寅建

龍華教寺在上海縣黃浦西龍華村相傳吳越忠懿王常夜泊浦上風雨驟至草莽間祥光燭天鐘梵隱然詢其地古龍華寺基也遂命大盈莊務將張仁泰重建宋治平初賜額曰空相西北隅舊存自蓮教院前有寶塔時時放光至今存焉舊有山門門外有二井俗呼龍井明嘉靖間山門燬于倭僧惠林重建萬曆間詔頒佛藏于諸名山僧達果疏請特遣中涓齎勅諭寺并賜達果金環紫衣護藏慈聖皇太后復賜其徒理圓銀環紫衣護藏如其師又賜範金千葉寶蓮毘盧佛二金彩結旛十丈并日月錦旛二鏤銅器五勅賜大興國慈華禪寺

延恩寺在上海縣二十六保元延祐間建

南淨土講寺在上海縣吳會俗呼南王寺又呼王家寺宋淳祐中創建初名九品觀堂元大德中改今額

資壽寺在上海縣吳會北

南廣福寺在上海縣二十一保宋嘉泰間建俗呼鄒家寺僧宋印請額

明心教寺在上海縣西南六十里梁開平初建初名華嚴院宋治平二年賜今額寺有石函配

音像禱求響答

永寧教寺 在上海縣新塲鎮元至元辛卯建名報恩禪院在鐵佛高尺餘相貌殊特建院時得之土中明洪武中改額

崇慶教寺 在上海縣北蔡寺宋嘉定間建

永定講寺 在上海縣周浦鎮宋淳熙間建十四年請額永定禪院明洪武間改額

大聖教寺 在上海縣東南四十里宋紹興間有異鳥止于郊鄉人疑爲鳳凰曰鳳凰非寶地不止遂發地得泗洲僧伽像因建寺焉隆興二年請額後廢明初即普淨院榜今額

太平教寺 在上海縣二十三保華亭太平禪寺在其西俗呼此爲東太平宋太平興國間僧及操舟雲游夜泊范家濱聞蘆葦間有鐘鼓音疑爲梵宇訪之無存後夜復然又見白光燭天發地得鐵佛一因以建寺

靜安教寺 在上海縣盧浦舊在滬瀆吳赤烏中建號重園寺唐更永泰禪院宋祥符初改今額

昭慶禪寺 在青浦縣本佘山靈峯菴宋慈雲昭慶禪院紹興二年建

宣妙講寺 在青浦縣本佘山西菴宋爲宣妙院治平二年賜額寺在

普照寺 在青

浦縣本佘山東安宋太平興國三年聽道人開山治平二年賜今額

澱山禪寺 在青浦縣薛澱湖中山頂宋建炎初建紹興八年賜額普光王寺內有會靈祠祀降聖夫人今爲伽藍神何松年記云秦始皇時刑氏有三姑長曰雲鶴夫人主沈湖次曰月華夫人主柘湖季曰降聖夫人主澱湖卽此相傳神靈甚赫嘗大旱祈雨隨車而至每歲湖中羣蛟競鬬水爲沸騰獨不入祠

頤浩講寺 在青浦縣金澤鎭宋景定中始創經堂僧道崇主之其徒如信開拓遂成大刹元元貞中賜今額

七寶教寺 在青浦縣七寶鎭初名福壽在陸寶山今陸氏香火祠俗呼陸寶菴既徙吳松之曲請于吳越王賜以金字藏經曰此亦一寶也遂改今名後因松江潮壞三徙于此又有南七寶寺宋建

普門教寺 在青浦縣盤龍塘俗稱盤龍寺唐大中十二年吳人陸素建宋祥符元年賜額

崇壽講寺 在青浦縣吳松北楊林俗稱楊林寺宋元祐間建

布金禪寺 在青浦縣四十七保大盈村俗本法雲院唐太和二年建宋易今額**隆福教**

寺在青浦縣青龍鎮初名報德唐天寶閒建

隆平寺在青浦縣隆福寺北唐長慶元年建

福善寺在青浦縣內勳浦之陽梁貞明六年建宋大中祥符元年改今額

慧日教寺在青浦縣初名普寧惠日院在孔宅里

松隱菴在府城南二十七里元至正中僧德然建

長春道院在府治南元大德閒建

仙鶴觀在華亭縣朝真橋東宋紹興三十一年復建請于朝即東晉廢觀舊額賜今名

水仙宮在上海縣西南祀茅竹水仙

通圓觀在青浦縣青龍鎮宋景祐元年建明洪武六年重建

育嬰堂在府城西門外聚奎里康熙十三年郡紳許纘曾母徐氏捐貲獨建許奉憲示徐氏歿後纘曾歲爲經營所費全活嬰孩甚衆

常州府

古城在府東北二里德澤鄉城有三一方一圓東西對峙遺址畧存又江陰縣東北亦有古城

胥城在府東南二十里舊傳子胥所築

韓城在府德澤鄉舊傳五季亂離有韓王嘗築以捍衛

蘭陵城在府西北八十里萬歲鎮南齊四世祖淮陰令蕭整僑居之地

青城在府西六十里內有圓壇高一丈廣十畝又有方壇高尺許廣七八丈

傳洛城在府西北九十里今通江鄉傳莊即其地

淹城在府西南一十里延政鄉越絕云吳地有淹君城是已或云即古毘陵城

廢晉陵縣治舊在郡治內子城西南化洞橋

泰伯城在無錫縣東南四十里梅里鄉輿地志吳築城梅里平墟是也吳越春秋云泰伯當商之末恐中國使王兵以及其境築城周三里二百步在吳西北隅至王僚二十三君皆都於此

闔閭城在無錫縣西四十五里富安鄉越絕云伍員取利浦黃瀆土築此城

范蠡城在無錫縣西十里吳地記

云在古歷山西斗城猶有鴨城在無錫縣東二十五里輿地志云吳王於此聚梟鴨故名黃城在無錫縣西十二里史記云楚徙封春申君黃歇於江東因城新安城在無錫東南三十里新安鄉中通運河元末僞吳所築爲屯兵之所夏城在江陰縣寰宇記名艦浦城在縣西十八里莫城在江陰縣東四十里寰宇記云漢莫龍所築捍海賊翟馬因名唐暨陽有莫城鄉陶城闔城郭城並在江陰縣東三十里舊傳南唐時屯戍之所今陶城郭城遺址猶存而陶城爲大廢暨陽城存江陰縣秦漢以來爲毗陵縣之暨陽鄉晉始置暨陽及利城縣唐屬暨州後省入江陰廢利城縣在江陰縣西五十里晉元帝卽海虞縣北境立利城縣以居流徙宋元嘉中遷利城於武進之利浦今良信鄉有利城鎮疑卽縣治所在陽羨城在宜興縣治南秦改荆邑爲陽羨唐初析義興置陽羨臨津二縣尋省臨津城在宜興縣西北五十里南臨荆溪故名基趾猶存國山縣在宜興縣西南永豐鄉西

臨漳溪晉初置於離墨山西　義興城在宜興縣東南八十里宋改屬長興　綏安城在宜興縣西南梁陞爲陳留郡宋改屬宣城　避暑宮在府馬跡山之內闔灣世傳吳王闔閭搆宮於此避暑今其井猶存　離宮在府隋大業間勅郡縣開道路集兵匠數萬於郡東南創宮苑周十里有四殿十六宮回廊複閣技極精巧尋以盜起廢爲丘墟相傳夏城尚有遺跡　九斗壇在無錫縣善卷山下高三尺周廣十三步山有九峯如覆斗梁天監中禱雨蔣山未應神見夢於武帝曰陽羨九斗山有神號張水曹能興雲雨帝遣使致祭雨隨至後禱以旱告輒驗　譙樓在郡治外子城金斗門上舊在內子城南宋乾道初郡守葉衡創雨挾樓嘉定間郡守史彌愈制更鼓十有四銘曰晨昏汝司勸政汝儆相與保之期於有永　警樓在宜興縣東濱太湖湖故有百瀆東連蘇州以入海鹽徒水盜出沒其間弘治癸亥知縣王鏌度當要害保申遞守名曰警樓　望湖閣在無錫縣惠山寺西以望芙蓉湖後廢爲半山亭　金牛臺在武進縣西三

十五里連犇牛鎮輿地志云漢時有金牛出山東
石池到曲阿人掤斷其道牛因驟犇故名又四蕃
志云萬策湖中有銅牛人逐之上東山入
土竄走至此掤今掤口及堰皆以此號任公釣
臺在無錫縣北二里臨溪任昉爲守嘗垂釣於此弩臺在江陰縣西八十里讀書臺
在慧山唐李紳遺蹟東山亭在郡治金溪館對河唐大曆中獨孤及守郡建多稼亭
在郡治內子城西北隅宋建炎中燬乾道間郡守晁子健重建屐亭在府西五十里與丹陽分
界望亭舊名御亭在無錫縣南四十五里與蘇州分界射虎亭在無錫縣南觀
鵝亭在無錫開利寺相傳晉右軍王羲之別墅繡嶺亭在無錫縣惠山西宋光祿滕中
允建以花木繁盛故名元末廢今聽松菴即其遺址雲海亭在無錫縣華藏寺前赤石
亭在江陰縣東三十里翠光亭在江陰縣君山泳飛亭舊名弄州在宜興縣迎華
駐防宋放生之所澄翠亭在宜興縣南法藏寺前宋治平間建前面南嶽北睇蛟川初名

浮茶舍在無錫縣罨畫溪上去湖一里李佪爲益州有僧獻佳茗陸羽以爲芬香逈絶可供尚方始貢萬兩置舍洞靈觀韋夏卿徙茲地盧仝詩云天子須嘗陽羨茶百草不敢先開花

嘉堂在府城廢晉陵縣廳事東宋志云大觀間李景得古甓有篆文曰位至公卿功冠天下令名宣揚萬姓嘉昌字畫奇古時堂初建取二字以名

凝露堂在府舊在便廳西北宋紹興間郡守鄭作肅建以唐獨孤及守是邦嘗有甘露之瑞故名

懷古堂在郡圃宋淳熙間郡守陳庸建下臨大池雖旱不涸舊傳郭璞所鑿

尊賢堂在無錫縣惠山二泉亭上即舊三賢祠三賢爲劉宋長史湛唐相李紳桑苧翁陸羽也正德五年益以宋無錫令焦千之國史編修秦觀尚書尤文簡公袤御史裏行錢安道元雲林子倪瓚明義士張翼中書舍人王紱共十人

漪瀾堂在無錫縣惠山二泉上正統間巡撫侍郎周忱重建

君子堂在江陰縣儒學東南隅元大德五年知州張獻建

保義堂在宜興縣城東一里弘治戊午大學士邑人徐溥置

義莊建堂寢門廡倉廩共若干楹凡義田所入貯於其中主守者以時出納扁其堂曰保義

碧山吟社在無錫縣惠山龍縫泉左

祝陵在無錫善卷山巖前有巨石刻云祝英臺讀書處號碧鮮菴考寺記謂齊武帝贖英臺舊產建

龍尾道在無錫縣西越絕云春申君徙封開此道以屬本邑云

茶山路在武進縣西南廣化門外唐湖常二守會陽羨造茶修貢由此往返

東城天子路在武進縣萬歲鎮西舊傳秦皇所遊或云孫氏舊蹟宋明帝時訛言東城天子出齊高帝受禪葢嘗居此言乃驗

臥冰池一在郡治太平橋南一在武進縣滆湖西曰孝感瀆

硯池在武進縣北鄒忠公墓側相傳忠公洗硯於此

杜牧之水榭在無錫縣荊溪北

劒井在府城

郭坡在武進縣北三十里晉郭璞葬母於暨陽去水百步或以瀕流告璞曰卽爲陸矣其後沙漲環墓數十里悉成桑田暨陽今屬江陰

華坡在無錫縣惠山南齊孝子華寶所築

神堆在江陰縣西南二十里柴湖橋西

仙女堆

鸜鵒堆並在江陰縣夏港

庾氷宅在江陰縣今祥符寺是按氷子希爲徐兖二州刺史桓溫諷有司劾之以罪免家於晉陵之暨陽

杜康宅在江陰縣東四里今承天寺西有杜橋

郭璞宅在江陰縣黃山北長庠村按璞本河東聞喜人晉時爲司農太守因家焉

許青暘宅舊志云在江陰縣青暘鄉又云許眞君廟即青暘宅按眞君韓遜洪州人嘗宰旌陽棄官學道因東遊曲阿

陸相山房在無錫縣頭山唐陸希聲解相印自號君陽遁叟著頭山錄窮幽極深凡二十有七皆以絶句紀之

西施莊在無錫縣東四十里

王右軍莊在無錫縣西北三十五里社鎮

熙春園在江陰縣學東今爲社圃

魚門村在江陰縣西二十里

梁武堰在江陰縣東順鄉七里村

六射堠在江陰縣北四里相傳爲秦王射堠

蘇東坡別業在無錫縣北濶湖塘頭嘉祐初與蔣穎叔有卜鄰之約詩云瓊林花草聞前語畫卷溪山指後期

天慶觀畫龍在郡治寥陽殿壁題曰姑蘇道

士李懷仁筆世傳懷仁酒毫嘗呼龍松江上狎而觀之以此畫入神品一日大醉脫殿壁索墨汁數斗曳帚裂袂號呼奮擲雙龍立就觀者辟易懼將攫焉

太平寺畫水在郡治彌陀殿壁郡人徐友畫清濟貫河筆起西北隅縈繞數十丈卻立諦視疑若飛濤之騰涌

靈石在武進縣南店石村古祠前形如柱微露於地舊傳有取之者風霆大震遂止

石虎在江陰縣石橋東有石如虎相傳王氏開酤每夜失酒道人過之曰山際有石如虎爲祟其說果驗

金鵝石在江陰縣沙山山頂列阜三十有三中一石廣五尺許相傳嘗有金鵝立其上足跡隱然猶存

石鼓在江陰縣東四十里

余皮在無錫東十二里舊傳子隱斷蚊曝餘皮於此余當作餘

寺觀附

天寧萬壽禪寺在郡城東門外舊名廣福唐天復間齊雲長老維亢施舍利卜寺址淮南楊行密因名齊雲南唐保大中進浮屠七級龕僧伽所畱國祥寺衲衣號普照王塔宋崇寧二

年詔天下建崇寧寺加萬壽二字四年賜塔名曰慈雲政和元年改崇寧爲天寧

太平講寺在郡東門外齊高祖創名建元中始大之宋改太平興國禪寺

正覺教寺在府治雙桂坊內唐開元中建名開元宋改今額

崇法教寺在府治正覺寺東南唐保大中名大聖院宋大中祥符二年改僧伽院宣和七年賜名崇法禪院明洪武二十四年改教寺

開福教寺在武進縣東北三十五里唐次曆中建舊號豐城鄉得名宋太平興國中改開福禪院明洪武間改教寺

景德教寺在武進縣東南五十里唐咸通中建名寶田宋景德中改景德禪院明洪武間改教寺

圓明教寺在武進縣西南六十里唐貞觀中建名樂善宋改圓明禪寺元末兵燬明洪武五年改教寺

觀音教寺在武進縣西北六十里唐開元中建名善業宋改觀音禪院明洪武中改教寺

修善教寺在武進縣北三十里舊本社稷廨院隋朝建唐會昌廢大中間復淮南順義中以今額名之

永慶寺在府治東南四里夾城後

唐長興初名正勤建炎　寶雲寺在武進縣東二十
四年改賜顯慈永慶　七里隋名攝山宋
改今　祥符寺在府治馬跡山上唐貞觀初嘗徙置
額　津里山隩名靈山居重湖疊嶂間最
爲清絶宋大中祥符間改祥　保寧寺在武進縣東
符禪院宣和四年間陞爲寺　橫林鎮北宋
太平興國間建名接　顯慶寺在武進縣東八里唐
待院慶元間改今額　顯慶中建宋元祐三
年賜額感慈　文明寺在武進南三濁溪唐大中五
顯慶禪院　年建名緣果太平興國中改
日乾明後復改　能仁寺在武進縣西三十里齊建
文明崇孝禪寺　名禪鄉宋政和間改今額
端明禪寺在郡城南門外　寶林寺在武進縣南三
宋治平初建　十里周閔帝捨
宅建名法華　興教寺在武進縣東南三十里吳橋
宋改今額　唐大中初建宋太平興國中
賜額興教禪院明洪　寶相寺在武進縣南六十里
武二十四年改爲寺　宋大中祥符二年改
名瑞像明洪武　智寶寺在武進縣北七十里阜通
重建復舊額　鎮梁武帝舊第天監七年

捨爲院名慧炬僞吴天祚間重建宋太平興國中改智寶禪院

開法寺在武進縣北三十五里隋開皇間建名天光宋太平興國五年賜今名

護國禪寺在府治斜橋南元大德間建

妙勝寺在府治東南雙桂坊晉永和中建唐永初四年名天靜宋元祐間賜今額

華藏禪寺在無錫縣西三十六里青山灣宋紹興中建賜額華藏褒忠顯親禪寺

南禪禪寺在無錫縣南門外梁太清建名護國唐咸亨中名靈山後廢宋天聖間重建改福聖禪院

慧山禪寺在無錫縣西七里慧山梁大同間建名法雲唐會昌中廢咸通重建名惠山宋至道中更名普利紹興初以寺賜信安郡王孟忠厚奉昭慈聖憲皇后歲祀改旌忠薦福寺依慧山麓有泉石之勝

北禪寺在無錫縣城西南隅名鳳光唐武德中與橋同建後廢宋開寶八年始創浴室院治平中重建改壽聖禪院俗號北禪

崇安教寺在無錫縣治東三百步晉興寧初建本王右軍舊宅宋太平興國初改今額

膠山教寺在無錫縣膠山麓梁

太清初建名彌勒宋紹興間改崇覲報德禪寺**開利教寺**在無錫縣西北三十五里洛社

舊傳晉王右軍别墅梁太清元年建名興福宋景祐三年改今額**泗洲教寺**在無錫縣東南七十里宋端平間建**保安教寺**在無錫縣南十里宋紹興元年建乾道初賜額保安禪院明洪武二十八年改教寺**祇陀講寺**在無錫縣東三十里梁大同二年建名祇陀宋淳化二年賜額崇教禪院明洪武二十五年改今額**成性寺**舊名龍祠菴在無錫縣南四十里宋淳熙間建明景泰間賜今額**圓通寺**在無錫縣東七十里唐乾元初建名乾元宋景祐中改今額**嵩山禪寺**舊名觀音菴在無錫縣東松山元至正癸卯建明少師姚廣孝記云昔有異人嵩頭陀居此因名室德八年賜今額**長泰寺**在無錫縣南四十里梁大同元年建名長泰宋改普寧禪院爲僧伽掛笠之所寺後有巨人跡雨後則現明洪武十五年復舊名

靜教禪寺在無錫縣東四十里陳至德元年建名善寂宋太平興國五年改今額**保**

寧寺在無錫縣北二十里梁大同二年建名福慶宋淳化中改今額舊名爲甘羅宅旁有甘蕩

甘露寺在無錫縣東六十里唐乾符三年建名甘露風土記泰伯時其地有甘露故云

翠微寺在無錫縣陽山梁太清元年建名遠山唐咸亨八年改爲禪院宋太平興國間改今額

法藏禪寺在宜興縣城西南隅舊在縣西五十里談村蕭齊時建名重居唐上元二年移建於縣南二里宋大中祥符間賜今額明洪武初移建今地

善卷禪寺劉宋名廣教禪院在宜興縣西南善卷洞側齊建元二年以祝英臺故宅建宋宣和改爲崇道觀建炎元年詔復爲院明改爲寺

大蘆禪寺在宜興縣西南橫山塘咸通二年建名大蘆靈峯

李山禪寺在宜興縣東北三十五里梁普通二年建

南嶽講寺在宜興縣南嶽山齊永明二年建唐天寶中稠錫禪師盧其旁有滌塢池卓錫眞珠二泉天然井又有吳越金書法華經二帙宋改勝果禪院明洪武二十四年改今額

福聖教寺在宜興縣東北二十五里梁大同元

年建**利益教寺**在宜興縣西五十里梁天監十年建**復隆教寺**在宜興縣西南二十里齊永明二年建**金明教寺**在宜興縣北三十里隋開皇十年建名西城宋大中祥符元年改今額**廣福教寺**在宜興縣芙蓉山唐乾元初建紹興間僧了清爲記有麗居士三到斯山之語**金沙禪寺**在宜興縣東南四十里唐陸希聲讀書山房宋熙寧三年賜額**普門禪寺**在宜興縣洑湖大坯山上唐元和中建**慧明禪寺**在宜興縣西北九十里臨洑湖唐上元二年建**保安禪寺**在宜興縣北二十里陳永定二年間建**崇慶禪寺**在宜興縣北二十五里梁普通二年間建**法性寺**在宜興縣北五十里梁普通二年建**開勝寺**在宜興縣西南五十里唐上元二年建**崇報寺**在宜興縣東南四十五里宋嘉泰中賜今額**大潮福源禪寺**在宜興縣東五十里洪武中建**海會寺**在宜興縣南七十里元至正甲申建**衍慶寺**在宜興縣西南三十里宋乾道

二年建　**乾明廣福禪寺**在江陰縣治東初本二寺唐乾貞元年建名崇聖宋太平興國五年賜額乾明院廣福院嘉祐中賜飛白御書治平中改壽聖紹興中避高宗號改廣福乾道九年始併為一寺有泛海觀音像相傳天聖初自海浮至又有草書心經石刻　**迎福講寺**在江陰縣治南大寧坊唐天祐十一年建名報恩宋紹興間有異僧書華嚴經畢擲筆池中化青蓮花　**太平興國教寺**在江陰縣治南太寧坊宋太平興國中建　**悟空教寺**在江陰縣東南五十里梁為紹隱院南唐保大門重建鐘樓宋太平興國五年賜今額　**光孝寺**在江陰縣君山麓唐天祐間建名永壽宋淳化三年改壽寧紹興間賜今額　**觀忠寺**在江陰縣里山宋淳熙間建　**白龍寺**在江陰縣白龍山麓唐乾符四年建　**祥符寺**在江陰縣治東里仁坊本名永安院晉煉水宅宋改今名　**崇聖寺**在靖江縣西南十七里陳公港宋淳熙二年建明成化十年移建於縣城東北隅為習儀祝釐之所

洞虛宮在無錫縣治東數百步梁大同二年建名靑元宋大中祥符間改賜洞虛觀慶曆中燼於火嘉祐二年重建三淸殿後寖復舊元天曆間陞爲宮

希彝道院在無錫縣弓河上邑人丁道固捨基建元元貞間重建相傳陳摶過此因名

天申宮宜興縣舊名洞靈觀在張公洞唐以前爲寺開元初萬慧超天師投龍簡奏復焉明皇爲題扁乾道六年陞爲宮改今額

元妙觀在府治東南四里舊在行春門城濠晉永嘉初建梁大同號寶莊嚴唐景龍改日龍興淮南順義中築外垣宋開寶中創三淸殿天聖五年重修六年上遣內璫賜眞武像一儀衛道器稱是大中祥符元年天書降賜名天慶五年詔郎觀建殿奉安聖祖神御長吏朝謁如式爲吳中道宮之冠

太和觀在武進縣南三十里梁朝始創歲久廢唐貞觀中重建宋大中祥符三年改賜今額

昇僊觀在武進縣西南三十二里唐開元七年張氏子嗜酒飮輒一石鬢髮如銀越三載白晝策驢上昇捨宅建此後廢

明陽觀在無錫縣㷊山宋崇寧四年築菴大觀元

年茅山元符宮籙劉混康嘗薦之是歲九月詔賜今額

洞陽觀舊在無錫縣慧山云觀旁有洞潛通包山梁天監中建

通真觀在宜興縣城東南隅陳大建二年建名洪道唐神龍中改興道宋大中祥符二年賜額元通避聖祖諱改今名

元寂觀在宜興縣西北六十里唐弘道元年周長官遐所居井有白兎昇天捨爲觀舊名凌霞宋大中祥符八年間賜額

元妙觀在江陰縣治南太寧坊宋祥符二年詔建天慶觀有方士進鴉觜金眞宗令尚方鑄金牌數百鎮諸名山觀有其一敕所賜也觀南傍有碧玉堂前植修竹

天壽觀在江陰治南朱咸淳間邑人陳昌言捨宅建

鎮江府

呂城在丹陽縣東五十四里吳將呂蒙所築遺址尚存今爲鎮

縣故城在丹陽縣吳校尉陳勳築

荆城在丹陽縣白鶴溪口

湖口城在金壇縣南湖溪村宋庾業與劉延熙夾岸築城遺址淪於湖

廢延陵縣在丹陽縣南三十里晉置宋熙寧中省爲鎮入丹陽

廢瑯琊縣在金壇縣僑置

秦皇馳道在府金陵志始皇三十六年東遊至金陵斷山疏淮由江東丹徒往會稽

丹徒宮在府南宋武帝微時故宅也後築爲宮

芙蓉樓在府城上與萬歲樓相對晉王恭所創

望海樓在府治後宋蔡襄題曰望海爲城中最高處旁視甘露金山如屏障中畫

千巖樓在府宋米敏求詩注云千巖樓在潤州刺史王播創

萬歲樓在府城上即月觀也在譙樓之西本王恭所創輿地志云此樓飛向江外以鐵鎖縻之方止至唐猶存宋呼爲月臺明天啓乙丑郡守賀仲軾按往蹟於山隈搆樓修復勝槩樓西有純

陽祠

北固樓 在府北固山上晉靜惠王子正義鎮京口起樓嶺上以置軍實梁武帝幸之登降甚狹下輦步進正義乃廣其路設欄循後日再幸遂通小輿帝悅登覽賦詩賜正義帛天包晴明望見廣陵城如青霄中鳥道相去五十里

多景樓 在府北固山上

千疊樓 在府唐天下之名樓五此乃其一

得江樓 在府城內

望江樓 在丹陽縣東

鎮湖樓 在丹陽縣西

讀書臺 在府南招隱山梁昭明太子讀書處

武功臺 在金壇縣西池中唐縣令姚合築今廢

八卦臺 在金壇縣茅洞東宋待制陳公甫於紹興間修道建此臺演畫八卦

鶴臺 在金壇縣金菌山後

迴賓亭 在府建康實錄梁武帝大同末幸京口宴帝鄉故老於迴賓亭

雄跨亭 在府金山寺內取宋高宗雄跨江南二百州之句

寶墨亭 在府西北以貯王負之所集右軍書陀羅尼經幢及華陽真逸瘞鶴銘

送江亭 在府石公山上乾道巳丑郡守陳天麟建取蘇子瞻詩宦游直送江入海之句

光風霽月亭

在府學神亭在丹陽縣延陵西三十里即吳長沙王遇太史慈處鎭湖亭在丹陽縣西伎堂在郡城東南晉謝安立積弩堂在府唐頹山西一百步宋武帝建蕭閑堂在丹陽館北河岸宋置衞公堂在府治後唐李德裕爲觀察使時所建後人因其封爵名之西園在府放鶴門內韓蘄王故園研山園在府靈建寺東即米南宮故居退圃在府宋睦州倅俞康置所居唐陵在金壇縣唐安馬厰內有二處巨石縱橫攢累如山相傳唐時陵寢未詳旁有唐陵村秦潭卽放生池在府月華山下秦始皇開宋紹興癸亥令天下各置放生池郡守鄭滋卽改潭爲池歲久浸堙白蓮池在府古竹院東谷中池上有鬬雞菴宋蘇軾詩云白蓮池上鬬雞菴金鵞池在丹陽縣圃宋夏竦初爲丹陽邑掾一日侍母燕坐見黃鸝雙舞於地發之得金鵞二其母取瘞之因築亭其上後人發地求之不得遂爲池石墨池在金壇縣費長房學道於此書符滌硯石石悉爲墨色至今用池水

合藥有奇驗　葛洪井在金壇縣抱朴峯之左　陶眞人丹井在金壇縣華陽上館前石橋之東其水甚冷旱不竭宋政和初道士莊積質去土三寸許得石井欄已破環大字云丹陽人姓陶仕齊奉朝請壬申歲來山棲身自號隱居梁天監三年八月十五日錢塘陳懋宣書及見瓦甓復穿數丈獲一圓硯徑九寸列十二趾滌之朱色甚爍有一雀尾爐見砂石間有丹一粒大如芡實光彩射人亟欲取之墮井中爐硯並藏華陽後失去　陶村在金壇縣二十七都即弘景煉丹處手植銀杏樹尚存　藏春塢在府范公橋京口耆舊傳曰刁氏家世簪纓故所居頗有園池之勝至景純益葺園曰藏春塢西臨流爲屋三間曰逸老堂又西有山阜植松其上曰萬松岡　慶封宅在府南齊慶封奔吳吳與朱方聚其族而居之　戴顒宅在府城西南七里招隱寺即其址　許渾宅在府城南三里丁卯澗　陳升之宅在府范公橋南後廢爲軍寨及酒庫今爲民居　沈括宅在府朱方門外夢溪橋之東　米芾宅在府

千秋橋西軒曰致爽齋曰寶晉

宋武帝舊宅 在府壽丘山

王珣宅 在丹陽縣市後爲朝陽寺即今晉寧寺

梁武帝宅 在丹陽縣塘頭村東帝嘗幸舊宅井上有棗樹帝兒時所植今井尚存

桓彥範宅 在丹陽縣北岡去縣北八十里今於廢址立廟祀焉名桓將軍廟

權德輿宅 在丹陽縣練湖上

劉宰宅 在丹陽縣

陳東宅 在丹陽縣石城鄉越塘

許長史宅 在金壇縣即今玉宸觀是

戴叔倫宅 在金壇縣即今大虛觀是

張綱宅 在金壇縣希墟村有亭曰喜歸

顧況山房 在金壇縣菖蒲潭石墨池上

秦系山房 在金壇縣石墨池

石羊巷 在府蘇文忠遊甘露寺詩序云寺有石似羊相傳謂之狠石諸葛孔明坐其上與孫仲謀論拒曹操按輿地志石羊巷在城南吳時孫權隧道也劉備讀孫權權與俱出獵因醉各據一羊按曾彥和潤州類集引羅隱石羊詩自註云在妙喜寺又隱寄默師詩云石羊妙喜寺甘露平泉碑妙喜即今因勝寺

心經石

在府焦山宋吴琚書爲江湖及風日剝損僧移置松寥閣高宗所賜名筆寺僧摹勒於石

宣聖小影碑在府吴道子筆

義女碑在府五州山久廢明萬曆中知縣龐時雍重立石撰文

吴季子墓碑在丹陽縣廟中廟在延陵西北九里孔子題其墓曰嗚呼有吴延陵君子之墓人謂之十字碑義久湮沒開元中明皇勅殷仲容摹刻大曆十四年刺史蕭定重刻石廟中

周鼎在府焦山大逾斗古色陸離傳云魏氏物分宜相嚴嵩當國以不得此鼎將罪之嵩敗魏氏懼子孫終不保送焦山鼎內有銘篆最古新城王士祿士禛來遊屬程邃譯出乃勒諸石果周宣王時物

瘞鶴銘在府焦山下江水中有銘并序華陽眞逸撰上皇山樵人逸少書

天下第一江山額在府甘露寺前宋吴琚書

張僧繇四菩薩畫在府米芾畫史云潤州甘露寺張僧繇四菩薩畫長四尺一板長八尺許

陸探微畫獅子在府蘇氏有贊

東坡佛印二銅像在府金山明萬曆間金山僧湥公重築妙

高臺得銅比丘像於土中入城見市中有高冠長鬚銅像與比丘等尺寸對坐知為東坡佛印也又於揚州得二銅像一為童子奉帶一為小沙彌捧禪裾又知為東坡佛印贈答事也建留玉閣奉之

陀羅尼經石幢 在府郡志有陀羅尼經石幢唐雲陽野叟王負之集晉王羲之書自題其端云集宗祖晉右軍書歐公集古錄曰在潤州寶墨亭中咸淳八年郡守趙溍移置焦山其題僧如玉瘞鶴銘辨證後云師示余瘞鶴銘辨證余因以瘞地所得陀羅尼經右軍書遺之郡志有墨寶二卽此帖之在州宅者與華陽眞逸書也 **梁郗** 隱而顯離而合於是古潤二寶俱萃焦山

尊師石臼 在金壇縣茅山入卦臺南纍甓為垣鑿石為臼方丈餘遺蹟尚在久為荊榛所蔽宋紹興間築菴方始見之

柵口 在丹陽縣東南四十里

寺觀附

金山寺 在郡金山東晉時建名澤心梁天監中水陸儀成嘗卽寺修設宋祥符五年改山曰

龍遊天禧五年復名山曰金而以龍遊名寺政和四年改爲神霄玉清萬壽宫

焦山寺 在郡焦山傳燈錄載爲歷代祖庭創自漢興平間名普濟寺唐時重建宋名普濟菴元祐初復名寺明宣德正統間規模漸壯景泰間復拓之與北固金山相抗

甘露寺 在郡北固山三國時吳王晧所建時改元甘露因以爲名

鶴林寺 在郡黃鶴山下舊名竹林晉大興四年創宋高祖微時嘗遊焉及即位改今名唐開元天寶間法照懸素主其地始爲禪寺

招隱寺 在郡南七里招隱山宋景平元年創即戴顒隱居之地梁昭明太子嘗讀書於此

因勝寺 在郡西二十五里五州山梁時山中有寺武帝嘗遊幸焉輦道尚存宋熙寧中陳丞相升之葬親於山半爲建寺曰顯慈宋元祐中蘇右丞頌請爲功德院遂名爲因勝報親院

善禧寺 在郡朝陽門外舊名南山報恩隋開皇間建於通吳門外武烈帝廟側唐乾符中於寺南別創廟改舊廟爲寺請南山報恩額揭之元至元中遷於此額山門曰南山福地

萬壽寺 在郡汝山麓宋趙安撫使

宅元大德中徙此**勝果寺**在郡虎跑門外宋乾道中建高宗成肅皇后謝氏功德寺也后父冀王母慶國夫人劉氏墓在焉寺有古繡七佛像及墨竹石刻今皆不存**登雲寺**在郡西登雲門外舊名福因智果院唐貞觀間建**能仁寺**在郡洪澤寺西舊在城西閘東宋建炎初創建以金壇能仁廢額揭之明洪武二十五年始遷此**洪山寺**在丹徒縣東嶽廟西又名永安寺**法雲寺**在郡平昌鄉唐大中五年建初名流水院宋改今額寺有大中年所鑄鐘**羅漢寺**在郡唐穎山下唐天復中建**玉山報恩寺**在郡津渡口元至大三年建即浮玉亭基也**普照寺**在郡壽丘山巔宋高宗故宅也陳名慈和寺宋號延慶先是泗州有僧伽塔紹興中始建塔院於此山之上方以奉僧伽像名曰普照**昭慶報慈寺**在郡西僞吳順義三年置初名延壽宋改普慈政和間賜今額**乾元萬壽宮**在郡西攤場巷宋安撫葉再遇故宅也元大德五年改創十年敕賜今額**懸妙觀**在郡石[illegible]

橋西北俗呼東觀即唐紫極宮老子祠也元元貞元年改今額舊有宋徽宗所賜永鎮福地金牌及趙孟頫度人經石刻今俱不存

紫府觀在丹徒縣大慈鄉馬跡山宋永初二年建名福業治平元年賜今額有福地鎮福石玉蘭花黃龍青龍二洞抱子丹井白馬老君石跡天下第四十九福地

明真觀在郡長樂鄉舊名修懸唐末兵亂僅存遺址宋太平興國中重建紹興中燬既而復建元皇慶元年增修

崇福觀在郡大市西南元至元三十一年建泰定二年增建明正統中燬復建弘治三年重建彌羅閣前樓

普寧寺在丹陽縣治南一里晉咸康五年建本名顯陽唐改名朝陽開元天寶間重修咸通中建僧伽塔宋祥符中贈今額

昌國寺在丹陽縣南三十里延陵鎮西晉太康間建

崇教寺在丹陽經山下舊名經山院晉咸康間建唐重修宋治平間賜今額

大同寺在丹陽縣東北二十五里舊名同林寺一名大同庵西晉時建元延祐間重建改今額

廣教寺在丹陽縣東北四十里即洸山院唐神龍間建南唐吏部

郎沈彬爲處士時居此

定善寺在丹陽雲陽橋南漕渠東岸宋淳祐間建

妙果寺在丹陽東南七里竹村宋咸淳間創庵後改爲寺元至元大德元統間相繼恢拓遂爲巨刹

嘉山寺在丹陽嘉山龍池東宋紹聖間建

孝感寺在丹陽縣東北耿岡宋邵安簡公之功德院也熙寧間勑賜善慶孝感禪寺

慈雲寺在丹陽陵口鎮漕渠西舊名慈雲院宋淳祐間建明洪熙元年重建正統間增建天順三年奏改今額後燬復建

仙臺觀在丹陽縣西二里舊謂之黃堂道院一名雲陽觀晉諶母於此修煉飛昇宋改今名觀有窖經墩瘞劍函煉丹井

大霄觀在丹陽丁橋鎮西舊名靈應唐垂拱間建宋治平間改今額嘉定間修葺觀有令威祠天寶橋煉丹井

歸真觀在丹陽縣東南七十里舊名東嵺觀漢焦光修煉之所唐開元間名清虛宋祥符中改今名舊有呂洞賓透壁詩兵燹不存

凝真觀在丹陽土地橋東舊名集真道院宋紹興間建法堂嘉定間建後殿元大德間重建明洪武間復建天順元年賜今

額

慈雲寺在金壇縣前東北百步梁大同初建宋改今額

西禪寺在金壇縣西一里三洞鄉宋淳熙間僧法空建寺有禪師岸公塔

靈建寺在金壇縣東十五里金山鄉舊名靈塔院後改今名

東禪寺在金壇縣東三里唐光啓間爲新興禪院宋建炎間專以奉故中書侍郎張忠穆公愨之祀

報恩寺舊在金壇縣西三洞鄉梁大同初建明天啓間乃取舊額揭之在縣治西南南察院左

太虛觀在金壇縣南壩之東唐經略使戴叔倫捨宅爲之舊名延眞觀宋淳熙十五年改今名俗呼東觀卽唐紫極仙宮老子祠

萬壽宮在府治東南

元妙觀在府治南

元陽觀在金壇縣西六十里大茅峰南茅洞之上唐置後廢宋隆興初吳興道人沈善智宂居五十年自稱洞主時有黑虎隨其出入人皆異之後韓蘄王夫人茅氏與侍從者來訪遺跡果皆黑虎從道人周旋起伏因號爲伏虎眞人助貲建立殿宇後改名冲虛慶元間仍請今額爲觀

洞虛觀在金壇縣西五十里陶村卽陶隱居故廬後爲觀初

名仙居石記猶存宋天禧中賜今額至今有隱居丹井下靜一劉宗師廬墓處宋大觀初勅建

藏眞觀在金壇縣西大茅勢下峰

崇壽觀在金壇縣西七十里遊仙鄉大茅峰下華陽洞南便門之前即晉眞人在敦成道之故宅也宋元嘉十一年路太后始建壇宇建元二年齊太祖臨幸乃勅句容人王文清爲館主開置室宇廂廊號爲崇元館唐貞觀初勅改曰崇元觀天寶七年懸靜李含光奏勅重修仍取側近百姓一百戶蠲免租徭長充修護宋大中祥符七年賜今名元至治二年重修

淮安府

淮陰故城府治西北五十里秦置韓信釣此一云即甘羅城　韓信城在府城內與淮陰故城相近信封侯築　新城有二一在府西三十五里宋置爲控扼之所元廢一在睢寧縣去泗河五十里遺趾尚存　劉王城去府城東南十里運河西俗傳劉安王城　西遼城去府城東二里俗傳唐太宗征遼駐兵於此　柘塘城去府城西南四十里共城三座約圍一里許西水環繞俗傳隋煬帝遊江都聚糧於此　韓王城去府東南七十里在射陽湖之陰　巢城去鹽城治北一百二十里黃巢屯兵於此　金城去清河治北六十里　吳城去清河治南三十里在太河之涯宋紹興三年罷楚州吳城縣爲鎮自此經兵城廢　甘羅城在舊淮陰治北一云即淮陰故城今屬清河界相傳秦甘羅所築　靈城去桃源治西北十七里俗傳楚靈王所築　陸城去桃源治西五里相傳吳陸遜所築　學城去桃源縣北二

十里相傳夫子適楚駐轍於此邦人從學

古城有二一在桃源縣西北六十里晉石崇所築一在宿遷四五里相傳項羽所築

金城去安東縣北三十里傳金輪王所築

古月城去安東縣西二十里在支家河西

沙將軍城去安東治東五十里在一帆河東

漣水三城在安東縣有大城東城二座相連止隔一濠又有西城頗遠百步餘各有城濠元初廢爲民居

舊縣城去沭陽治南二里宋元嘉四年築土爲城

古州城在海州城東前接高山後枕積水其山半疊石爲城東南面海卽古海川其山之巔爲孔望山昔孔子東遊嘗登此山望海下有龍洞東有浴龍池

紀障城去贛榆縣西七十五里春秋齊師伐莒傳曰莒人奔紀障山卽此

莒城去贛榆縣西一十五里春秋時莒子建國於此

祝其城去贛榆西五十里春秋定公會齊侯於夾谷卽此漢爲縣宋省

界牆城去贛榆縣北六十里東際海西連山

鹽倉城去贛榆縣北三十里城基近海

新城去贛榆縣東南四十里相傳舊爲縣治

舊贛榆城去贛治北五十里在青山之陰遺趾尚存　艮城去邳州北九十里在偃武鄉洳山社春秋晉侯會吳子於艮卽此　下相城去邳州西南一里一各項城相傳項羽所生之處曹操攻徐州屠男女四十萬泗水爲之不流卽此　取慮城去邳州西南漢志汝南步遊張少孤母徐氏相夫數年後遊張爲取慮令春月按行高年里中遇病嫗問之乃其母也　下邳城去邳州東三里曹操攻呂布引沂泗水灌城卽此地　郯城去邳北五十里沂武二河之側古郯子國　潼城在睢寧縣西南四十里昔潼王封此　九城睢寧縣東北二十五里

利城在贛榆縣西四十里後漢於此交郡唐初置縣後省入懷仁縣　堎城在宿遷縣東南五十里漢置晉省　沂州城在贛榆縣南五十里宋泰始間僑置　泗陽廢縣在宿遷縣東南漢置東漢省　懷仁廢縣在海州城西九十里北魏置　歸義廢縣在贛榆縣北二十里北魏置　東海廢縣在海州州治北北齊分魏廣饒縣置　朐山

廢縣在海州東漢朐縣宋海州元海寧州皆治此新城廢縣在府城西三十里舊爲控扼之所元省陰平廢縣去沭陽治西北六十里漢置後省厚丘廢縣去沭陽治北六十里漢置後入本縣角城廢縣去宿遷治東南百餘里晉置隋省睢陵廢縣即睢寧舊縣漢爲睢陵金改今名細腰宮在桃源靈城西傳楚莊王所建

宴花樓在府治南唐建鎮淮樓在府舊城橋西北宋鎮戶都統司酒樓月波樓在府治舊通判廳和豐樓在府舊州橋西路南爲本州酒樓鐘樓在鹽城縣南街東淮山樓去安東縣西四十步市中酒樓會景樓去安東縣東三十里景疏樓在海州東北望海樓在海州治北劉伶臺去府治東北七里臨淮章華臺去桃源靈城南二里楚靈王遊畋所築馬腰臺去安東治北十五里在中漣河東以其形如馬腰曬書臺去贛榆治三十里在子貢山掛劍臺在贛榆縣

去泗河南二里有大塚相傳季札掛劍徐君墓處

梳粧臺在下邳城中呂布姬梳粧遺趾

戲馬臺在宿遷縣去泗水三里

采芹亭在府學芹池北淳熙間建

千金亭有二一在淮陰舊縣西韓信微時漁釣於此漂母常進食信既貴報以千金後人因築亭其上一在清河跨橋

湖光亭在府望雲門外放生池上

望淮亭在府城西門外舊仁濟橋側

水教亭在府望雲門外宋太守應純之開管家湖以教舟師因建此亭

楚望亭在府大義鄉楊興村

三亭淮安韓亭在淮陰故縣南漕渠枚亭在淮陰故縣北漕渠步亭在淮陰古縣西橋南以韓信枚皋步騭故名

南昌亭去府治西二十里韓信微時常從亭長寄食亭長妻苦之餐食不爲具食竟絕之信後爲楚王召亭長賜百錢曰公小人爲德不竟

采芹亭在安東文廟內

聖化亭在贛榆縣西五十里夾谷山孔子相魯會齊侯處

昇仙亭在邳州南相傳州人劉綱於此昇仙去人因築亭立祠

漁亭在邳州西沂河東岸相傳晉石

祟出鎮下邳遊釣於此今稅課局即其地**籌邊堂**在淮安舊府治東宋葺**枚皐宅**

在淮安淮陰故縣南二百步**杏壇**在府學大城殿後嘉定間郡守應純之植杏爲壇**杜**

康橋在劉伶臺南去府治東十三里**胯下橋**在淮陰舊縣二百步即韓信爲少年所辱

處**圯橋**在邳州東南隅年久水沒元和郡志下邳縣有沂水號爲長利池池上有橋即黃石

公授張良素書之處名地也**胭脂池**在府城東南隅以其水赤故名今塞**墨池**在安

東縣治後宋郡守米芾所鑿滌墨池也**瓜井**在鹽城縣內孫鍾種瓜處**西觀井**在贛

治西門外水獨甘冽**分泉**贛榆縣西北七十里水出石頂上高尺餘東西分流鎮名分水上有

龍王廟**茶陂**去府城西南二十里北枕管家湖**韓王莊**在府故淮陰縣西北與廟

驛鋪八里莊相連舊傳韓信生於此**櫻桃園**在府城觀風門外**杏花村**在府城望

雲門外**西營**去沭陽治西北十里至正十五年王信築**新興營**去沭陽治西北三十

里至正二十五年王信築黑軍營去沭陽治西十五里東營去沭陽治南十里黃軍營去沭陽治西南五里南營去沭陽治南十五里東浮營去沭陽治東二十五里三營俱至元十五年元答真築小營去沭陽治南三里相傳因李桓亂百姓所築大營在海州治西五里元阿魯尚書攻圍海州時築葛嶧山在邳西北六里仙掌山在睢寧縣西六十里山有掌痕大尺餘偶過輒見就視則無老鸛河去府治西七十里按五代史周世宗顯德五年伐唐至此艦大不能過遂開此河轉搬倉在府城運河西岸唐漕運江淮運米於此轉送關陝北有運河堰周世宗始置滿浦閘以通水路紫極宮畫在府城西南隅有李公麟畫猿戲馬馬驚而圍人鞭之時稱爲奇筆鐵柱罔在鹽城縣城門外秦王繫馬柱乃以鎮海龍之患鹽城監在鹽城縣南有鹽亭一百二十三歷代煎鹽之所南唐置石人頭從土中出高四尺五寸在鹽城治北六十里近海岸有一里漂母

岸浣所在清河故城南崔國輔有詩　赤岸二處一在安東治東十里一在安東西三十里
佛陀磯去安東縣北五十里世傳妻道者未出家時嘗於此取魚　金剛嘴去安東治
西南三里當淮水衝激之要因築之突出淮岸以殺水勢為西城之護捍相傳殘碑上有尉遲公字
九陽洞在上眞觀去安東治東一里世傳徐依稀築室修鍊於此　昇仙墩沭陽治東
南二里紫陽眞人昇仙處　龍且故壘在海州治東北有大小二壘故老云韓信不齊頂羽
遺且築壘於此　海口故壘海州黑土灣海口有古營壘　東海大松在海州大
海中三代時物　落星石贛榆北四十里隕星化石高一丈白如玉　艾山去邳州北百里
沂水縣界山產艾　石崇閘在宿遷治東南三十里故址尚存　響場在宿遷順德鄉
原有徐王之庄掘地貯甕以為塲牛馬礙谷入內聲聞數里故名　桃溝崖在宿遷縣內郎
伍員里　梧桐巷在宿遷縣內即項羽里　馬陵在宿遷城外道陋而曲旁多凹阻

柴王車轍在睢寧縣外柴世宗微時推車石街上即此　娑羅樹碑在舊淮陰縣南唐刺史李邕書

寺觀附

報恩光孝禪寺在淮安府治東數十武宋建　開元教寺唐開元五年奉
詔賜額宋末兵燬明宣德成化間重修內有枸杞井　龍興禪寺在府治西北清風門裏數十步晉大興二年創建　觀音教寺在府治東百步宋淳祐間建洪武年重建　臺山寺在府治東北宋崇寧四年建　地藏寺即十王堂在府治西大聖橋唐咸平十五年建　景慧禪寺在府城西北二十餘里鉢池山仙境有古勅賜額　千佛寺舊名崇恩千佛寺在府城西南隅
皇清順治五年重修　開福寺在府治西南市橋內宋延祐四年建　水陸禪寺在府治西北大軍倉西宋嘉定五年建　圓通觀音寺又名接待

寺在淮安城小北門内宣德年重建華嚴寺原在府治東北十里淮河北岸宋元豐年建後復遷淮河南有劉伶臺洪福禪寺在府治西三十里宋淳祐年建明正統三年重建永福寺在府西湖中明洪武年建通源寺在府治西窐溝即横古大悲菴創於宋溝壽安教寺在府城外馬邏鄉去治六十里宋宣和年創建上生寺在府治南七十里白馬湖古跡正統元年重建永寧教寺在鹽城縣治北一百步唐武德三年建興國教寺在清河縣治東南半里許元皇慶間建賜名興國院元統元年改爲寺興國寺有三一在桃源治半里許宋時創建一在海州距平山北唐元和年建一在贛榆縣北三十里明永樂年建能仁教寺舊名承天寺去安東治一里許即婁道人證道之所宋祥符間建洪福寺去沭陽治八十里明洪武二十年重建大悲寺在海州治東宋嘉祐年建三佛陀寺在海州大引山前景定元年建兵燬洪武三年建古佛寺

在海州大引山後宋皇祐二年建

重光寺 去贛榆治南一里許宋元祐五年建

龍興寺 舊在沂河之西洪武十七年遷建於州城東

白玉寺 在邳州石羊埠至正二年建

宗善禪寺 在邳州治南一里即羊山寺景泰初建成化七年勅賜額

崇寧寺 去雎寧治半里許洪武五年建

重光塔院 去贛榆治西南三里明正統九年建

竹城塔院 去宿遷治東南二十里永樂十八年建

祥輝觀 在鹽城縣治西北半里明嘉靖四十年重建於城東

上真觀 清河縣治東半里宋建

紫陽觀 沭陽縣治南半里許宋時創建

元妙觀 在舊城西南唐開化三年建

祥雲觀 在海州距平山嘗有白雲氣生於上故名

昭惠觀 去邳州治東南十里許祀灌口昭惠顯靈真君趙昱元至正間建

玉虛觀 宿遷縣治北二里正德十四年建

元真觀 雎寧縣治北二百三十步明洪武間建

江南通志卷之三十五終

揚州府

邗溝城在江都縣西四里

廣陵故城一名吳濞城魏文帝伐吳登廣陵故城臨江觀兵賦詩而還即此

新城在江都縣晉寧康間太保謝安出鎮廣陵築城邵伯堰名新城今堰存城廢

蕪城即邗溝城宋竟陵王誕亂後城邑荒墟參軍鮑照作蕪城賦故名

左安城在儀真縣西二十里宋治平中建

高黎王城在寶應治西南宋治平間高黎王築

金牛城在寶應縣東十五里孝義鄉宋熙寧間王將軍築

石鼈城在寶應縣西八十里隋石鼈縣

廢廣業郡本高郵縣地梁析置竹塘三歸二縣及廣業郡後改神農隋廢

廢吳陵縣在泰州即漢海陵縣唐改吳陵隋廢

廢揚子縣在儀真縣界唐置後廢

章臺宮漢江都王建游章臺宮令四女子乘小船建以足踏覆其船四人皆溺

隋宮在江都城西七里

宋行宮建炎元年高宗幸淮甸戊午隆祐太后至揚州入城駐於

州治名州之正衙曰車駕巡幸駐蹕之門**永寧宫**在泰州城内**成象殿**煬帝御成象殿朝羣臣**凝暉殿**殿在楊子津臨江宫内**水精殿**煬帝於江都置水精殿令宫人皆垂珠翠披紫羅謂之飛仙**章武殿**殿在江都建武寺内**崇政殿**宋建炎二年八月高宗在揚州策諸郡奏名進士於崇政殿**甲仗樓**晉謝安建在新城**文選樓**在江都揚帝嘗幸焉**迷樓**在府城西北七里故隋宫址**鳳凰樓**隋煬帝建今府城内有鳳凰橋**迎仙樓**唐淮南節度使高駢建後燼**卷書樓**宋高宗駐蹕揚州以提點刑獄公廨爲尚書省禮部在西北隅卷書樓下**騎鶴樓**在府東北太街内太平廣記云昔有四人各言所願甲願多財乙願爲揚州守丙願爲仙丁曰腰纒十萬貫騎鶴上揚州蓋兼三人之願也後人因名今廢**摘星樓**在揚城西北角即迷樓舊址北後有摘星亭摘星臺賈似道築寶祐城建樓於城上**皆春樓**在揚州府東北開明橋西舊名大安樓宋寶祐間賈似道

重建鎭淮樓在揚州府城上佳麗樓在壺春園內即東酒庫江南諸山拱揖在口瞻雲樓在府城大東門外元鎭南王父阿只建明月樓元揚州富民趙氏好客有明月樓趙子昂卽席題云春風浪苑三千客明月揚州第一樓主人大悅徹酒斝爲壽揚子江樓在儀眞唐時建宋慶元間郡守吳洪因樓圮再建于鑑遠亭北更名瀕江樓開禧丙寅火于兵嘉定中郡守豐有俊再建題曰江淮偉觀煌雨奇觀樓在儀眞知州吳機有詩序敕書樓在泰興縣宋元豐四年建以藏詔令今廢碑記存淮春樓在高郵州西北宋郡守趙不慙建多寶樓在高郵州北門外太平街西賈商雲集競售珍奇今止存橋名寶樓橋景范樓在泰州迎恩閣內范文正舊行衙也望江樓在通州明正德中通州知州夏邦謨建阻河作城城上戍樓名曰望江萃景樓在通州狼山嘉靖戊戌同知舒纓建彭城閣在府治內舊爲彭城村隋煬帝因地名閣延和閣在府治內高駢建

雲山閣在府治內宋守呂公著建觀音閣即府之樓傳爲宮嬪吳絳仙梳粧臺今改爲閣東閣揚州有東閣爲梁何遜咏梅之所芙蓉閣在泰州舊治內藕花洲上棲雲閣在通州狼山宋熙寧初建王觀爲記吳王釣臺漢吳王濞所築在揚州城北十二里孔融臺府城東南有高士坊即孔融故宅臺在宋手詔亭旁亦名寶鏡巷南宋弩臺一名吳公臺在府西北四里宋沈慶之攻竟陵王築弩臺以射城中故名煬帝釣臺在府城外隋煬帝造鬬雞臺杜牧之揚州詩春草鬬雞臺又趙嘏詩云鬬雞臺邊花照塵戲馬臺揚州廣陵有戲馬臺其下有路曰玉鉤斜賦詩臺即城子山距儀眞縣北六里一名東巡臺魏文帝嘗立馬賦詩於此文游臺在高郵城東宋蘇軾孫覺秦觀李公麟同遊載酒論文於此郡守因築臺名文游以紀其盛拱極臺在興化城北上下臨海元縣令詹士龍讀書處明嘉靖間里人遷之北門外知縣傅珮重建今更名讀書臺在寶縣西

齊興寺內梁武帝讀書處

風亭在府治內宋徐諶之爲南兗州刺史以廣陵城北多陂津水物豐盛乃建風亭汎舟望月宴集賦詩

水亭在府治內唐獨孤及有水亭汎舟望月宴集賦詩

賞心亭唐咸通中李蔚鎮淮海於戲馬亭西連玉鉤斜茸亭曰賞心

延賓亭在揚城北唐李升建以待四方之士後徙於城南

竹西亭在府城東大儀鄉上方禪智寺前取唐杜牧之詩誰知竹西路歌吹古揚州之句

波光亭在府城外舊名九曲亭陳造有賦

無雙亭在府後土祠前舊植瓊花歐陽修守揚州作亭賞之有會向無雙亭下醉之句

斗野亭在府邵伯鎮宋熙寧二年建

四栢亭宋淳熙中重建學宮揚州教授彭方植四栢於廳事後李迪扁其堂曰景鄒

借山亭在府九曲池北宋馬仲甫於九曲池買地築亭名曰借山

春貢亭在揚州蜀岡宋歐陽修有和劉原父春貢亭詩

美全亭在府治內宋歐陽修建鄭興裔重建

勸耕亭在郡圃淮海堂後每歲仲春出郊勸農寓於上方寺宋建亭於寺之前

南

麗亭在府南門外宋元豐七年詔京東淮南築高麗館以待朝貢之使建炎間亭廢紹興三十一年向子固重建扁其門曰南浦亭曰瞻雲爲迎餞之所

江山風月亭在府瓜州鎮熊氏建鎮南王嘗避暑於此

白沙亭舊在儀眞白沙洲唐韋應物有白沙亭逢吳叟歌宋嘉定間方信孺移於注目亭故址

青鸞亭

白鶴亭在儀眞西由宋祥符間詔郎其地鑄聖像有青鸞白鶴飛繞爐冶之上因立青鸞白鶴二亭

壯觀亭在儀眞城二里北山之巔宋建米芾書扁有賦及詩今廢

局岫亭在壯觀亭東運使張汝賢立

涵虛亭宋歐陽修過眞州會泊此亭

鑑遠亭舊在儀眞潮閘西宋米芾書扁今俱不存

天開圖畫亭舊在儀眞郡圃西城之上宋郡守姚珞建後廢嘉定間運判吳機別建樓於朝宗門外仍因前名又於樓後創水竹喜涼漣漪聞凱轉幽五亭

鏡瀲亭在眞州內

天壁亭在高郵新城多寶樓橋西秦少游有詩

翫珠亭在高郵北一十里樊良鎮宋嘉祐間天長

澤陂中有一大珠天晦多見後轉入甓社湖或在新開湖樊良當珠往還之處因以名亭擊楫亭在高郵新城市河西郡守王岡建濯纓亭滄浪亭在興化縣舊稅務前俱宋天聖間范仲淹建吳莘記浮香亭在泰州舊治藕花洲後六詠亭在泰州舊曰齊雲又曰平遠前有三致堂須友亭在泰州與浮香亭對宋守陳垓種竹爲屋曰須友以竹必友梅亦茂陵御書也歸鶴亭在泰州東七里嚮林昇真觀內徐神翁瘞劍所也宋守陳垓建歲二月勸耕延父老坐亭中勞以酒果或與客觴詠竟日亭前有軒今廢溪光亭與迎賓亭避湖亭奉先亭俱在泰州西溪鎮宋范仲淹建迎止亭在泰州西溪鎮北中洲山上范仲淹遺跡在焉南風亭在泰州西溪鎮西南宋晏殊建思賢亭在泰州西溪鎮東寺墖院呂彝簡手植牡丹於此後人思之因名流珠堂在府隋故宮西院時會堂舊在府城外蜀岡乃宋時造貢茶之所歐陽修有詩平山堂在府城西北五里大明寺側宋慶曆

八年郡守歐陽修建今圮皇清康熙年間知府金鎭重建於蜀岡之西

四并堂　韓琦於揚州治後建

讀書堂　在儀眞橫山西梁天監中建昭明太子嘗讀書於此即禪諸寺也僧神堅改爲太子院

瞻袞堂　在高郵州北城上宋紹興四年韓世忠移軍楚州命提舉董畋築城聚糧於此都督張浚嘗憩於此董畋因築堂名瞻袞

景范堂　在興化廳後范仲淹嘗宰是邑後人作堂志之

文會堂　在泰州舊治內宋天聖間滕宗諒爲郡從事建與范仲淹富弼胡瑗唱和其中

三會堂　在通州狼山東顧巨海南瞰長江宋提刑薛球太守臧師顏通判吳天常皆故人會此因名

隋堤　隋大業初開邗溝入江渠廣四十步旁築御道樹以揚柳今謂之隋堤

壺春園　在府治西宋寶祐置東酒席在太市之東一名壺春園內有佳麗樓

萬花園　在府治東宋端平三年制使趙葵即堡城統制衙爲之

東園　在儀眞東歐陽永叔有記今廢

梅園　在儀眞縣西十五里內有古意亭宋嘉定間守吳機建

衆樂園

在高郵州郡圃宋守楊蟠所作堂曰時燕豐瑞閣曰摇輝玉水臺曰華胥亭曰明珠四香序賢菴曰塵外迷春蟠自爲記繫之詩

萬花園 在如皋縣治東三里元鎮南王世子遊玩之所堂植萬花今爲塋

唐郡圃 唐開元間太守園中有杏數十株每花時如錦張宴其下

宋縣圃 宋寳祐志在縣治董公堂之西有堂曰清晝

芍藥圃 揚州芍藥擅名天下圃在禪智寺前花有名金帶圍者本無此種相傳爲宰相之瑞

隋苑 在江都縣西北九里一名上林苑又名西苑煬帝築

螢苑 在隋苑東南三里煬帝至江都於景華宮徵求螢火數斛夜出遊山放之山遍巖谷

第五泉 在江都北大明寺前唐張又新煎茶水記載劉伯芻謂水之宜茶者七揚大明寺井第五泉也

鬭鴨池 漢江都易王非故姬李陽華其姑嫁馮氏陽華老與馮氏同居常畜鬭鴨於此池上

九曲池 在江都城北七里宋寳祐志隋煬帝欲幸江都遂命樂府撰水調新聲

磨劒池 宋寳祐志隋鑄錢監在磨劍池之西

連珠池 在如皋縣西北二十

里數池相接如連珠輿圖江都東漢時爲輿縣故名胥浦在儀眞縣西十里甘露鄉其源
自銅山西南流入於江舊志相傳爲伍員解劍渡江故處舊有子胥祠董井在董仲舒宅內
今在兩淮運司廳後蜀井在江都城東北蜀岡上禪智寺側其泉脈通蜀江相傳有僧洗鉢蜀
江失之從井浮出僧遊揚識之水味甘冽蘇軾嘗取大明泉較之以爲不如也題爲第一泉玉
勾井在府蕃釐觀後繰絲井在泰州東臺場西溪鎮相傳曹長者遺宅仙女借董永往
傭時繰絲處也其跡今尚未泯度軍井在如皋縣西十里許泉淺而不竭董仲舒
宅在府城大東門外宋爲江都縣基今爲兩淮運司內董仲舒井太學士揚士奇等有詩記謝
安宅在府治內晉寧康間鎮廣陵所居在府運司前今法雲寺即其基也王播宅唐王
播宅在瓜州故居因賦詩以感歎之朱壽昌宅在高郵城西彰孝坊壽昌事母至孝淮
東道院在泰州舊治大廳之東以海陵地僻事簡故名道院月觀在府治內隋煬至江

都選殿脚女吳絳仙等使給事月觀帝常月夜幸之

蓮花埰 在興化縣安仁鄉舊傳有姑嫂共刈稻姑忽墜溝中嫂急救之俱溺死二屍葬於溝傍忽生蓮花數朶里人驚異啓棺視蓮皆從口出人人稱爲蓮荷埰迄今雙塚尚存

狀元坡 在如臯縣西十里宋狀元王俊乂讀書處

雉臯 在如臯縣馬塘河水中有一高岸名雉臯

料角嘴 在海門東際宋置兵船防守之即海運故道

呂仙遊蹟 在呂四場相傳呂洞賓今沒四歷此地在海門縣

寺觀附

大寧寺 有三一在府城大東門外東晉時褚叔度請謝安捨别墅建一在儀眞縣東南澄江橋西名天寧萬壽寺唐景龍三年建一在通州治西北唐咸通間建舊名光孝明天順間改今名

法雲寺 有二一在府城大東門外運司前本晉謝安宅手植雙檜唐時尚存溫庭筠劉禹錫有詩一在儀眞縣胥浦西唐景雲間建名慶雲寺宋治平中改今額明洪武中遷於三堰中衢石

墖寺在府城本慧照寺唐乾元中名本蘭苑宋蘇軾有石墖寺詩

西方寺在府西北四望亭北唐永貞年間建明洪武五年僧普德重修

旌忠寺在府治東南郎梁昭明太子文選樓遺址

興教寺在府城大東門外瓊花觀南宋淳化間僧智恢建明永樂間僧深信建千佛閣

太平寺在府城南楊子橋唐貞觀年建

建隆寺舊在府城二十里西華臺宋太祖親征李重進以御營建寺嘉熙三年更創於壽寧街今天寧寺後明洪武間重建

鐵佛寺在江都縣東北大儀鄉相傳即二十四橋故址宋建隆間掘地得鐵佛因名

上方禪智寺在江都縣東大儀鄉一名竹西寺寺側有蜀井明太祖曾幸此寺有三絕碑及蘇軾送客詩石刻

山光寺在江都縣灣頭鎮前臨漕河隋大業間建

壽安寺有二一在揚州府東南舊馬監巷宋景定間建一在江都縣西北大儀鄉宋紹興間建

法海寺在江都縣西北三里善應鄉元至元間建

清涼寺在江都縣城南三里善應鄉唐大曆間建

惠照寺

在江都縣北三里大儀鄉唐景隆間建　南來觀音寺在府城小東門外舊城東南隅宋景德間建　圓通寺在江都縣東北二里官河西岸即北來寺宋乾道間建　觀音寺有五一在府治西元大德十年建一在江都縣東六十里歸仁鄉元大德間建一在江都縣西北七里大儀鄉元至元間建一在功德山即隋迷樓及古摘星亭故址俗名觀音閣一在興化縣東北八十里宋建一在寶應縣西二十里　文峰寺在府城二里官河南岸明萬曆間建浮圖於此僧眞玉因建寺以文峰名王世貞為之記　北大同寺在江都縣大橋鎮南宋熙寧二年間　法華寺即來鶴寺在江都縣東北邵伯鎮東北永康間建　梵行寺在邵伯鎮晉寧康三年建明洪武初僧妙用遷於本鎮惠政橋西嘉靖八年賜額　天王寺在江都縣南十五里楊子橋　北興教寺在江都縣西北廢堡西唐貞觀間建城內宋寶祐間建　棘林寺在江都縣南瓜州鎮新壩宋咸淳間建　嵩山寺在江都縣南瓜州鎮宋端

平間建投子禪寺在江都縣北邵陵鎮宋開寶間建明洪武八年重建甘泉山寺在江都縣西甘泉山一名慧照寺唐開成二年建開元寺在府城東五十里皇清順治十八年遷建于傳李橋乾明寺有二一在興化縣北宋乾道間建一在儀真縣本唐大雲請雨寺宋改今名舊有星居院一所及石浮圖宣和中更爲神霄宫後移寺于城北隅乾道間守張郯奏請賜額崇因永慶寺在儀真縣北五里宋靖康初丞相吳敏請爲功德院明洪武間重建名北山寺後廢皇清順治間知縣劉宗孟重修水月寺在儀真縣峩眉山地藏寺有二一在儀真縣新城汊河北宋建炎間建後圮明天啓間重修一在興化縣南門外山光寺在儀真縣東南十五里宋淳祐間建隆覺寺在儀真東三十里宋淳祐間建廣福寺在泰興縣東南唐光化三年建慶雲寺在泰興縣東南慶延鋪宋咸和年建壽聖寺在泰興縣口岸鎮宋淳熙十年建天王寺在高郵州治北新城遐觀

橋東宋淳熙間建

承天大梵寺在高郵州治北新城寶橋西元至元間建多

華嚴寺在高郵州南三里焦里村宋淳熙間建

羅漢寺有四一在高郵州北九十里一在州南八里焦里村名五百羅漢院宋建一名華龍寺一在興化縣南門外一在泰州治北七十里宋景德間建

河院寺在高郵州西南武安湖濱舊傳湖旁常有光夜燭天居民掘之得石上鐫河院寺三字自後不復有光因醸金建寺

悟空寺在高郵州治西六十里新安村神居山上宋初建

醴泉寺在高郵州城西南因醴泉故名宋秦觀有醴泉寺開堂疏

定慈寺在興化縣治西唐開元間建

東廣福寺在興化縣治東北唐元和間建

西寶嚴寺在興化縣治西唐六順間建

時思寺在興化縣治東門外宋慶曆間建

木埨寺在興化縣東有古黄梅一林以花之東西盛衰兆上下河田豐歉

崇福寺在興化縣東七十里唐太和間建

乾明寺在興化縣北宋乾道間建

齊興寺在寶

應縣治西八十里南唐保大四年建宋乾德四年賜額內有梁武讀書臺寧國寺在寶應縣治東唐貞觀十一年建唐興寺在寧國寺西唐元和五年建靈芝寺在寶應縣孝義鄉宋紹定間建萬壽報恩光孝寺在泰州治西晉義熙年建南山寺在泰州治南唐乾符三年建宋治平元年改資福禪院政和七年改神霄玉清萬壽宮建炎元年復名資福禪寺開化寺在泰州城北二里卽今北山寺唐大曆元年建西山報國寺在泰州西南舊名報國菴誌師從天竺飛錫至此改建爲寺廣福寺在如皋縣西北唐貞觀中建今爲祝釐道場中禪寺在如皋縣治東北唐大中年間建定惠寺在如皋縣治東南宋天禧間建廣教寺在通州治南十八里唐總章二年建興化寺在通州治南登江門外宋乾道間建廣惠寺有二一在通州利河鎮一在西城鄉俱唐咸通間建法寶寺在通州白蒲鎮宋至和中建豐利寺在通州西北四十里宋隆興中

建

蕃釐觀在府城大東門外即古后土祠漢元延二年建宋政和間賜今額

浮山觀在府城內石塔寺東即禹王廟宋嘉泰年間建

皇清康熙十年邑人閔世璋重修

佑聖觀有二一在府城外運司巷內明洪武八年建一在邵伯鎮元至元間建

明眞觀在府城東南隅壽安寺東元建

延佑觀在泰興縣東南唐永徽五年建

萬壽觀在泰興縣東南開元四年建

元妙觀有二一在高郵州南市橋東一在通州東南宋寶慶二年間建

白鶴觀在高郵州即后土夫人廟

開元觀在興化縣大街唐開元間建

大隱觀在泰州治樵樓西南宋建炎間建

佑聖觀在通州餘東鎮明正統間建

江南通志卷之第三十六

古蹟

安慶府

呂蒙城 在府樅陽門外東二里 **皖陽廢城** 在府境內東 **蓬萊城** 在府治東自海門望皖龍山與城郭俱在水中明王世貞歎曰此海上小蓬萊也 **巢城** 在桐城縣南六十里今廢 **魯鎮城** 在桐城縣南五里魯肅屯兵此處 **樅陽城** 在桐城縣北百里外今廢 **同安城** 在桐城縣東隋大業間置 **山焦城** 在桐城縣東南唐開元間移縣治於其處今廢 **陰安廢縣** 在桐城東八十里劉宋置縣今廢 **呂亭左縣** 在桐城東今改爲驛 **青城故縣** 在太湖縣魏武帝築 **東陽故縣** 在太湖縣東南四十里唐武德間置 **白雲舊里** 在府正觀門外宋白雲守端禪師於此悟道 **正氣樓**

在府宣公廟左山阜中江樓在府東城外天柱閣在府正觀門外太子閣
在潛山天柱寺梁昭明太子讀書處灊峯閣王安石治潛邑時退食所居皖伯臺
在府舊太平寺前山谷讀書臺在桐樅陽鎮射蛟臺在桐城陽鎮漢武帝
南狩登天柱山自潯陽浮江親射蛟江中獲之故名舒王臺潛邑治南宋王安石封舒王
祭臺在潛山縣漢武帝祀嶽處在皖山麓浩翁書臺在潛治黃山黃庭堅讀書處
天樂臺在府山縣明鴻臚丞劉若寶善七絃偕弟若宰渡石梁踞天池援琴鼓之曲未終聞
空中天樂繚繞有奇禽千百從天柱飛來音同笙磬仙人臺有二一在潛白鹿岸東北上有
仙人足跡一在金潭上有石座煉丹臺在太湖縣香茗山梅福煉丹於此焚身臺
在太湖縣內燈明山僧法寶禱雨不應焚身即得雨嘗有燈光見其處分經臺在宿松縣
北五十里有石高百餘丈梁昭明太子分金剛經於此讀書臺在宿松縣南三里唐李白

避祿山亂至宿松依邑宰閭丘築臺讀書

釣魚臺 在宿松陳漢山溪傍張果老垂釣於此有足跡

泣竹臺 在望江縣城內孟宗母嗜竹筍時值嚴冬攀竹而泣筍即破土出後爲電池漁官望人德之神其孝感爲立臺

天開圖畫亭 在府學北面江扼山久廢嘉靖間重建

雨蒼亭 在府治眞乙觀知府姚琅重建

時公亭 在桐城縣北二里邑令有時姓者以禮化民人感之故名

惜陰亭 在桐樅陽鎭

看劍亭 在桐城練潭縣令陳勉建

傳衣亭 在潛山縣三佛祖傳衣與四祖處

立化亭 在潛山山谷寺三祖合掌立化處

達摩亭 在潛山山谷寺後郡守吳麟建

三高亭 在潛山山谷寺明郡守吳纘宗爲晉何求何點何應建

喜雨亭 潛山知縣劉芳暐建

對酌亭 在宿松南臺李自舉杯邀月處

薌茅館 在桐邑內李公麟莊宋蘇子由有詩

西溪館 唐呂渭喜舒州山奇秀於潛山城西建館

三至堂 在府治東宋元豐間楊希元建元之祖淳化中爲太守父天聖中爲

通判至希元凡三至其郡太節堂即安慶府堂元郡守韓建拒謚完城余闕嘉之名其堂曰太節九帶堂在桐城遠錄公垂帶示衆夢蓄青鷹後果得義青禪師授法堂在勝會巖上

墨禪堂　華嚴堂俱在桐城內李公麟莊宋蘇子由有詩靜山堂在潛山縣西舊郡堂也王荊公詩皖城終歲靜於山因名太白書堂在太湖縣司空山李白避地於此有卜築司空原之句二祖禪堂在太湖縣與太白堂近太白書堂在望江唐李白避祿山之亂於此讀書遺址尚存青山石屋在桐城內晉裴仙人修煉於此處龍舒精舍在府城南龍山王日休結舍修煉處石牛精舍在潛邑山谷寺中亦黃庭堅讀書處二艮書院在府治東祀文翁朱邑慈湖書院在望江縣王紉學讀書講道著綱目集覽於此蓮花書院在望江小茗山漢梅福避世於此唐羅隱後居之有洞有丹竈英輔齋在潛山太平寺東宋王珪讀書處柴巷在桐城內

何仙姑修煉於此　讓泉在府西門外汲者爭則竭讓則湧　呂泉在桐城外呂洞賓拔劍劚泉渡孝婦處　天泉在桐城內明季寇圍城城中渴甚有小兒戲掘一井泉忽大湧因連掘十餘穴皆湧泉全城賴以存活　錫泉在潛山縣寶誌公卓錫得泉　鶴泉在潛山縣白鶴道人止處鶴起泉流　摩圍泉在潛邑山谷寺黃魯直最愛飲號摩圍老子　雙蜍泉在潛皖山頂明慈庵禪師住處　山谷流泉在潛山縣山谷寺佛殿後　盡忠池府西門外元末僞漢破城余闕率其官屬死於此池　九曲池在府東門外石橋港　雲池潛山縣眞源宮東池中嘗起五色雲　洗馬春池在太湖縣南司空山宋張安撫列營處　臥冰池在望江縣埠南岸晉王祥避地於此少時母病思魚祥臥冰求之即時雙鯉躍出　披雪洞在桐城縣北七里　玄秘洞在桐北城外　桃花洞在桐城內　石牛古洞在潛山縣山谷寺西石如牛牛旁平石有二蹄跡山谷嘗讀書石上　異香洞

在太湖縣白山絕巘高真人修煉處石牀丹竈尚存

鑿山洞 在宿松縣東十五里洞可容千人爲古仙棲隱處有石牀存

風節井 府治衛前西郎余忠宣公夫人盡節處

喬家故井 在潛山彰法山漢喬公居此二女皆國色孫策克皖娶太喬周瑜娶小喬二女以殘脂粉投井中井水有脂粉色

夢井 在潛山真源宮前唐元宗嘗夢遊於此因賜名

西源九井 在宿松縣自麓至巔九井如貫七井在山半峭壁栗烈如冬盛暑亦思挾纊

拜石溪 在府城外瀼河釋迦坂

鱸溪 在潛山吳塘魏武帝行軍至潛忽思鱸鱠左慈取銅盆釣之得數十尾武帝釋其半於溪時正暮春惟柳絮飛時有之土人謂之楊花鱖

令公潭 在潛山東門漢末鄗令公與妻陸氏同死難於此

木鶩洲 去桐城縣百二十里南唐與周世宗割江爲界以木鶩浮江中隨所之以定南北鶩乃循州人小峽而下

蓮箬浮洲 在宿松縣城外洲形如箬隨水浮沉

桐渠 桐城令胡儼鑿引桐溪水從縣治中東入南出漑田百餘頃民甚利

之宜城渡在府康濟門外郭璞謂此處宜城吳塘曉渡在灊山山谷寺前兩岸山光椰色會勝巖在桐城浮山宋歐陽修請禪師遠錄公拈碁說法處山有巖三十六皆絕奇勝而此巖居首雲浪巖有桐城浮山呂㠀題有詩藤墩在府東城內舊有人樹覆墩垂藤如繖黃華墩在府北城內舊有亭太子墩在府治欽化鄉孝義墩白華軒在望江縣北八里以唐徐仲源刲股愈母孝聞長風沙去府東六十里李白泊此作長干行浮沙在宿松湖中昔有仙煉丹於沙渚至今與水爲浮沉雖泛漲不沒靜夜嘗有笛聲漁人聞之者獲魚必倍雷港元沙在望江城外有沙塞雷港口狀元從此有之諺天啓間沙塞後劉若宰果作第一人龍眠莊在桐城東宋李公麟休致處嘗自繪山莊圖張安撫寨在太湖司空山有洗馬池及舊壘晉陵坂在懷寧縣大豐鄉十餘里有疑塚里人嘗開由見石門乃止皖口在府城西一十五里一名山日鎭唐李涉過此

遇盜盜詢其名知爲涉乃散去

子貢嶺府治外西五十里子貢遊楚停驂於此

鐵牛在府城外江濱多水怪初建城時冶鐵鎮之時有聞喘聲者驚其神異人稱爲鐵牛大將軍

滁岑在桐城內西北隅舍人陳焯著書處

方公堤在望江南門外達急水鎮

望湖石在桐城西門外黃庭堅讀書坐此望團亭等湖

試劍石在桐城魯砆山魯肅試劍處

碁盤石在太湖艮埠灣梅福嘗與仙奕於其上

傳衣石在太湖縣司空山二祖慧可傳衣與三祖處

葫蘆石在太湖縣司空山二祖秘記存焉

憩錫石在宿松佛坐嶺去縣西南五里其石如椅五祖弘忍偶跏趺於間龍湖水腥有生平不愛魚池水風動波聲也帶腥之旬

且記石在宿松縣嚴恭山五祖欲卓錫其地日此處有千年山無千年水乃抱一巨石置之曰且記於此

飛來鐘在府雙蓮寺明初有大鐘浮江而下寺僧迎之遂止

投子曉鐘在桐城縣北二里舊有寺歷代高僧道場

六鐘宋文帝元嘉庚午潛山有鐘十

二聲發地中帝將征關洛山崩有六鐘自出制合古式聲中律呂上有古文一百六十字

四鑊 在潛山縣漢武帝移南嶽之祭於潛霍山上無水廟有四鑊可受四十斛祭時水輒自滿事畢即空歷代歲四祭後但三祭一鑊遂敗

鶴駕 在潛山縣城外宋元豐間每歲仲春有鶴數千羣蔽天而來回翔飛舞於空張春遊潛山見之作鶴駕詞

鈎磯 在太湖縣龍潭上

沙塘坡 在宿松城外唐閭丘處士別業李太白有詩

海眼 在宿松縣小孤山麓稱海門第一關

寺觀附

雙蓮寺 在府城阜民坊內產雙青蓮因以名寺有大墖又名大墖寺宋范文虎捨宅爲之元至元間建墖明正德間墖廢皇清康熙十一年知縣段鼎臣建大悲殿於大雄寶殿右

天寧寺 有二一在府城內宋創今縣學舊基明正德間移建忠節坊皇清康熙六年巡撫張朝珍增修一在潛山縣舒臺宋建

三祖寺 在府城內明嘉靖間重建

皇清康熙七年知府趙世禎等捐俸重建

太平興國禪寺在府正觀門外萬松山麓元創明洪武間重修皇清康熙年重建

迎江寺在府樅陽門外明隆慶間建萬佛塔有光宗御書護國永昌禪寺特建宸翰樓貯之皇清順治七年部院李日芃重建康熙二年復修

三城寺宋創

禪龕寺宋創

宣團寺宋創

石山寺梁創俱在府

古塘寺在府城外淥水鄉元剏明永樂三年重修皇清康熙壬子知縣段鼎臣重建大士閣

延壽寺宋創

雙城寺宋創

四武寺宋創

法雨寺梁時創以上俱在懷寧縣大豐鄉

文殊寺宋創

木榴寺唐創

普澤寺宋創今名煖水因寺傍有温泉

西畬寺宋創以上俱在懷寧縣堯年鄉

寶福寺

三聖寺

洪山寺

梅城寺

車軸寺

三鴉寺以上供宋創俱在懷寧縣欽化鄉

紹聖寺元創

乾元寺元創

白

龍寺宋創　顯能寺元創　靈泉寺宋創　淨明寺宋創以上俱在懷寧縣潛岳鄉　大寧寺在桐城縣東城內宋建　五印寺在桐城縣南城外明萬曆年間建　勝因寺在桐城縣投子山唐建　清泉寺在桐城縣北曾硔山明永樂年建　龍門寺在桐城縣麻山北四十里宋時建　法蕭寺在桐城縣東三十里梁昭明太讀書處有祠存額爲唐宣宗筆　桐溪寺在桐城縣東雙河坂明建

皇清順治五年重修　赤城寺在桐城縣東南楊樹灣明永樂間建　雲際寺在桐城縣西掛車山宋建

皇清順治五年重修　崇福寺在桐城縣西王屋山宋慈明禪師建

皇清順治十三年重修　香鑪寺在桐城縣西新安渡宋建

皇清順治二年重修　覺林寺在桐城縣西南五十里野狐墩唐建　查林寺在桐城縣西查嶺宋建　梅溪寺在桐城縣南海街宋建　茂林寺在桐城縣南一百二十里

黃陂坂宋建有古鐘相傳飛來者　椰子寺在桐城縣東九十里椰峯山明隆慶間建　白雲寺在桐城縣東九十里宋建　靈山寺在桐城縣東一百二十里宋建　禪智寺在桐城縣東一百二十里黃櫱嶺明洪武間建　四望寺在桐城縣東一百四十里周家潭宋建　石屋寺在桐城縣東一百里青山晉建元至正間裴仙修煉處明正統初重修寺有十奇稱仙蹟　永利寺在桐城縣東南一百二十里樅陽鎮明洪武間建　青山寺在桐城縣東南百里小龍山

皇清順治四年重修　浮山寺在桐城縣宋遠錄道場明朗目禪僧重募修建萬曆勑賜藏經　興化寺有二一在潛山縣西同安橋宋建一在宿松縣南五十里　太平寺在潛山縣北三里清朝鄉有大墖爲五祖演禪師道場晉建　彰法寺在潛山縣北七里玉照鄉宋創　山谷寺舊名乾元寺在潛山縣北十五里梁僧寶誌卓錫之地宋

太宗時有民柯蕚遇老僧往萬歲山指古松下掘之得石篆乃誌公記聖祚綿遠之文進之朝名瑞

石遺使致謝謚曰寶公賜號道林眞覺禪師兼爲二祖燦大師道場古今題詠甚富寺有覺寂塔唐時爲三祖燦大師建至今莓苔不苗鳥雀不棲歲有龍來洗塔雷電晦冥則龍爪悉見

天柱寺在潛山縣北三十里清朝鄉唐開元間崇慧禪師開山乾元間勅賜天柱寺明末賊毀

皇清康熙辛亥巡撫張朝珍爲元和尚建塔其上仍重興道場

佛光寺在潛山縣北四十里大明萬曆間建賜藏經明末兵毀

皇清順治十年總鎭梁大用重建

古佛寺在潛山縣北一百二十里宋建

百丈寺在潛山縣西三十里晉建

清涼寺在潛山縣南五里宋建

永明寺在潛山縣南十五里宋建

延壽寺在潛山縣東三十里宋建

時思寺在潛山縣東四十里元建有四顧墩祈雨古臺

大通寺在潛山縣東八十里宋建

眞乘寺在太湖縣治西南唐建

回龍寺在太湖縣南三里有塔

海會寺在太湖縣白雲山之麓宋建

四面寺在太湖縣四面山法智禪師建唐宣宗嘗遊此其下有洞通龍山嵓

龍門寺在太湖縣龍門山宋建
覺巖寺在太湖縣東三十里宋建
石笋寺在太湖縣南三十五里宋建
南山寺在太湖縣西南十五里宋建
彌陀寺在大湖縣西百九十里唐建
東禪寺在宿松縣城內唐天寶間建今重修
資福寺有二一在宿松縣東十五里唐建一在桐城縣南宋建
寶相寺在宿松縣東二十里白馬河三祖燦大師建
月山寺在宿松縣東三十里宋建
栢林寺在宿松縣東八十里唐建
報恩寺在宿松縣東南十五里宋建
南臺寺在宿松縣南三里唐建
忠節寺在宿松縣南五十里晉建
祖堂寺在宿松縣西三十里宋建
燃燈寺在宿松西三十里皇清順治辛卯邑令孫繼文重建
大梵寺在宿松縣西四十里唐建
龍山寺在宿松縣西五十里梁建
妙勝寺在宿松縣北二十里宋建
青林寺在望江縣治北宋建
土岡寺在望江縣北三十里宋建
武洲寺在望江縣北三

十五里宋建　龍山寺在望江縣北七十里宋建　妙光寺在望江縣北八十里唐建　張山寺在望江縣北六十里宋建　十里寺在望江縣西北十里宋建　永思寺在望江縣西北四十里宋建　法華寺在望江縣西北七十里宋建　南臺寺在望江縣西五十里宋建　菩提寺在望江縣東三十里宋建　大慈寺在望江縣東北十五里唐建　寶善庵在懷寧縣輯睦坊宋崇寧間建明海瓚禪師習靜刺血書經之處　太霞宮在桐城縣西城外晉裴阮郭三仙同遊邑中見彩霞燭天因祀之呼爲太霞福地元至正五年建後兵毀

皇清順治庚寅重建　佑聖觀在懷寧縣同安坊元創

皇清康熙六年部院張

朝珍等捐俸重建　眞源觀有二一在懷寧縣景定坊明創名萬壽宮一在潛山縣北十五里山谷寺左宋徽宗御書萬

壽宮後加眞源二字明末寇焚僅存東嶽府三間　靈源觀在懷寧縣受泉鄉至正二年建

皇清壬子年重建　元妙觀在太湖縣治北魏左慈建明末寇焚　靈泉觀在宿松儒學四

梁建　靈祐觀在宿松縣東三十里梁建　元眞觀在宿松縣東九十里梁建　紫雲

觀在宿松縣北三十里明洪武間建　崇惠觀在望江縣北郭外明永樂間建

徽州府

梅鋗城在祁門縣西十五里鋗吳芮之將項羽立諸將爲王侯封鋗十萬戶卽此舊新安郡在休寧卽海陽舊治隋末汪華據此保障六郡廢北野縣在府北三十五里唐永徽間置大曆廢廢歸德縣在府西南五十里唐置大曆五年廢廢休陽縣吳治在休寧靈烏山廢海陽縣休寧治在萬歲山廢黎陽縣晉治在休寧黎陽鄉舊休寧縣隋治在休寧南當山水口上梅花初月樓在府石門學士朱允升建明太祖訪允升御書梅花初月四字顏之太平樓在休寧萬歲驛南勅書樓在休寧御書樓在婺源樓有二俱廢溪山第一樓在婺源縣中羣山環拱元馬肅建今圮吳山里在婺源東六十里因其地有吳夫差太子墓故名候賢亭在府問政山房之前山唐刺史于德晦建風雩亭在府東山麓宋紹熙間建高士

亭在府天寧寺後山上宋司李賈啓建眞意亭在休寧縣右時雨亭在婺源二都龜潭上元達魯花赤訥懷於潭禱雨有驗因爲記斷碑猶存環綠亭在婺源儒學山右宋汪子英建夢果堂在府城南自水寺元總管蕭循正宗孫敏道建釣臺在府城南富登渡鄭師山釣處石榴古寺在休寧芳干有藤蘿十餘丈附羅漢松二株大十圍又有香泉出陽源四時不絶其香如蕭芷婺女廟在婺源縣西故城門在休寧有六東迎春在淳化巷首西忠孝在惠政橋南班政在古樓巷首北松蘿在鶴山巷北東南敉寧西南美俗故城竝存烏門在祁門唐郎中廖嵩自鬭避黃巢亂常携二烏卜居至祁西二都烏棲不去因家焉漢洞在府仁愛鄉外險隘內平廣傳云郡人避兵處階坑在府東一百二十里孫吳廢太子和之地任公村在府北四十里梁太守任助行春至此累日不返程忠壯宅址在府西三十里仁愛鄉篁墩湖濱東二里黃敦湖在府境亦曰㞒湖相傳爲陳靈洗射

蛟處

放生池在府宋置放生池漁梁壩上

聖母池在黟縣東嶽廟後

篁墩朱家巷在府富嶺山前為朱文公先世故居

浣沙阜在府南二里相傳李白來訪許宣平阜上待渡

麻坑在府鎮安門外呼為蝦蟆坑

慈孝松在府龍山宋鮑壽孫父子遇賊爭死處松至今不枯

黃孝子宅在府西黃屯園其地歷唐宋元明

石羊干在休寧縣東鄉吳王楊行密疑冢

斷石在休寧縣西南三里即今落石臺

兌卦石在休寧古城山麓摩崖大字隸書兌卦於上

雲巖神像在休寧慶曆中雷雨巖領廟毀神像巍然獨存後兩經火一髮不損

聖泉在休寧藻田葉巖下相傳明高皇訪汪院判馬蹄所觸出也

天井山泉在休寧西村山石奇峭有數井蚪泉從地湧清深不測為蛟龍窟

蛇港在婺源縣靈順廟西偏大溪

僊巖在婺源壁月門外相傳宋時有人掛竹連環於杖頭至巖倏不見始悟竹環為呂字且其貌類洞賓遂塑像建觀祀之巖像猶存

張村在祁

門縣西十里唐左金吾太將軍張志和隱此

胡僕射營 在義城都之福州及歸仁都軍營山皆胡瞳唐末屯軍處

唐均勝井 在黟縣東二十五里天井山麓歲旱鄉人禱雨俄而水復滿井霖雨隨注

白玉大士 在黟縣石門山洞石具觀音相

產龍石 在黟縣東山石燕洞其石劃然兩開各有首尾鱗爪蓋龍孕石中石破而龍出

寺觀附

天寧萬壽禪寺 在歙縣府城北隅舊名護國大土院一名報恩光孝院

天寧萬壽開化禪寺 在歙縣唐天祐元年號十方院

寶相寺 在歙縣東問政山鐘樓峯下宋大中祥符間賜額昭應禪院後遷城內西南隅明正德間造今處

太平興國寺 在歙縣西南舊名興國寺宋太平興國中勅改今額別院二十有四今存其十中阜日應夢羅漢院唐僧貫休爲寺僧清瀾畫十六梵像後取傷入禁中帝夢歙僧十五六輩求歸因復賜之

溪寺舊在歙縣長樂下鄉銅山里紹興中徙烏聊山　大中祥符禪寺在歙縣黃山天都峯下號湯院南唐保大間改靈泉院宋太中祥符間勅改今名　慈光寺在歙縣黃山硃砂峯下舊名硃砂庵明萬曆間勅建賜今額　翠微寺在歙縣黃山翠微峯麓　南源古寺在歙縣長陔祀梁武帝暨寶誌有古碑存朱文公讀書寺中手書新安大好山水六字鐫石壁　寶華寺在休寧縣十一都　嘉祥寺在休寧縣雪峯山　月溪寺在休寧縣甘七都　雲溪寺在休寧縣三十都　萬壽寺在婺源西舊名知林禪院　普濟寺在婺源縣東元兵燬洪武初重建　高峯寺在婺源縣廿一都　黃連寺在婺源縣五都宋禪師卬雲遊憩此寫照留題　香嚴寺在婺源縣十一都闃山　福山寺在婺源縣三十六都湛若水與邑令吳蘓及方純仁等講學其間　重興寺在祁門縣西偏山阿有卓錫泉陟彼亭　十王寺在祁門縣即古悟法寺　靑蘿寺在祁

門縣祁東五都**西峯寺**在祁門縣西一百廿里上元山**珠溪寺**在祁門縣五都**靈泉寺**在祁門縣八都寺前有泉從椒石中出病者飲之輒愈**普照寺**舊名普院在績溪縣仁慈鄉**藥師寺**舊名藥師院在績溪縣新安鄉**覺乘寺**在績溪縣舊名釋迦寺**盧山寺**在績溪縣六都雞雄嶺下**廣福寺**舊名清堂院在績溪縣遵化鄉**靈鷲寺**舊名幽山寺在績溪縣新塋鄉**大佛寺**在績溪縣文峯右

許仙宮在歙縣南山許宣平修眞處山上有南山道院宋建炎中改今名**紫極宮**舊在歙縣城南紹興間移額於巖鎮**太素宮**在休寧縣白嶽**天慶觀**在歙縣西元元貞乙未創改為元妙觀明洪武間立為叢林**乾明觀**在郡城内東北隅唐乾封元年置櫺星觀後改龍興觀天寶元年改開元天寶觀宋太平興國六年勑建今名理宗書玉樞之府四字於觀後明嘉靖間建玉皇樓**萬山觀**在郡城東門内壁有呂洞賓遺像**興道觀**在間

政山道士於方外聶師道相繼居此五代間以其政居爲歸眞觀宋天禧四年勅改今名

紫陽觀在歙縣紫陽山本許眞君祠宋大聖二年勅賜觀額

浮丘觀在歙縣黃山浮丘峯下禱雨立應

僊都觀在歙縣黃山僊都峯

崇壽觀在休寧縣蓧眞山

天僊觀在婺源縣四都即古東嶽廟地

紫虛觀在婺源縣北嘉靖間分建西門壇

朝宗觀在婺源縣十二都天井山

洞元觀在祁門縣祁山之陽相傳爲漢梅鋗宅

龍興觀在祁門縣六都不老山

靈虛觀在黟縣西南舊名洞靈常有雲氣覆其上得天尊像於石巖之側

雲臺觀在績溪縣北寶蓋山

白鶴觀在績溪縣北門內

寧國府

楚王城 在郡城北一百里黄池南相傳吳楚相距於此 **逡道城** 在郡城北四十里晉置隋省入宣城廬州逡遒在江北 **温城** 在郡城東二十里唐刺史温嶂遺趾 **甘公城** 在南陵縣北七里 **猷州城** 在涇縣西三十里大寧山前初以縣置南徐州更名猷州今廢亦見池州未知孰是 **桓公城** 在涇縣東四十里烏溪晉內史禦蘇峻之亂屯涇遣俞縱守蘭石卽此 **懷安故城** 在寧國縣南四十里吳孫權分宛陵之南置懷安縣晉廢 **宋城** 在太平縣北世傳有通津寧遠承流宣化四門 **安吳縣舊址** 在涇縣西南五十里俗稱沙城晉縣屬宣城郡 **符裏鎮** 在郡城北六十里東門渡有許眞君祠甚靈 **疊嶂樓** 在郡署後卽古高齋地一名北樓李白詩誰念北樓上臨風懷謝公亦稱謝公樓唐咸通間刺史獨孤霖改建易今名 **忠勤樓** 在郡南門宕吳氏村口宋景定間吳淵置樓於丞相第中御書

忠勤樓三字額賜之今以祀吳柔勝吳淵吳潛父子於上

額珠樓在郡城北敬亭山最高亭之上邑令陳泰來建四壁丹樓冠山爛若霞舉

露香閣在郡臨東池舊名凌虛宋紹興中郡守朱翌更今名

雙溪閣在郡治後與疊嶂並宋治平中刁約建卽唐初北望迎春閣故址取宛句二水爲名

雲齊閣在敬亭山翠雲庵前取謝詩合沓與雲齊之句遊人每讌集於此把酒憑欄江城在掌

皇清順治間宋知府龔鯤重建

秋霜閣在涇縣崇慶寺後下有澗水清冷逼人遇雨則瀑布飛流唐李白詩有五月思貂裘謂言秋霜落之句故名

春歸臺在郡西門城高阜爲郡人春遊之所

劉遺民釣臺在涇縣水西寺左白雲潭上遺民嘗爲柴桑令後棄官釣魚於此有石巋然下臨潭水

琴高臺在涇縣琴溪高山之巔或云卽蘇躭也以其好鼓琴故以琴高目之

歃血臺在旌德縣石柱山梁時程忠壯靈洗將兵討侯景築臺誓衆於具上因以爲名

景梅亭在郡城南栢山寺都官梅堯臣墓祠之左知府范吉

建

謝公亭在府治北即謝脁送范雲之零陵處李白詩謝公離別處風景每生愁

響山亭在郡城東南二里唐刺史路應建跨潭爲梁建兩亭於東西巖

蒸霞亭在涇縣舊圃宋魏杞建亭畔植桃取韓昌黎詩種桃處處惟開花川原遠近蒸紅霞之句以爲名

宛陵堂在府治內便廳西

曲水堂在府郡守趙師垂建初名叙情堂嘗引東池水挹注堂下流觴飲客故改今名

陵峯堂在郡宋皇祐初守邵飭建即重梅亭故址

萬卷堂在寧國縣南屏琴兩山間宋乾道中楊秉讀書處秉故人湯鵬舉入參大政爲印國子監書籍藏其中又有玉書案石硯閣今廢

瞿硎石室在寧國縣文脊山有天成石門一名山門洞瞿硎先生隱居處昔桓溫嘗造訪見先生披鹿裘坐石室中神色自若溫異焉乃命伏滔作頌而圖之

黃顏石室在涇縣黃顏山頂世傳晉永嘉中黃顏修煉於此石室寛厰可容數百人

龍堂精舍在南陵縣五松山李白與南陵常贊府遊五松山詩有龍堂若可想吾欲歸精修之句

僊人巖在郡圖經云城東南稽亭山右仙人曾顯
嘗居此又有扶風禪師智琰石龕
水在郡城東南九十里出華陽過魯山晉宋間兵
亂宣城人魯顯領部曲戍守其境里人遂號魯
顯　九曲池在郡城北三里唐刺史裴休　金牛洞在郡
種蓮爲遊觀所今池僅存
即雲山洞有巨人蹟仰印石上　金雞井在郡城北
四壁石乳下懸擊之有鐘鼓聲　廣教寺右
唐黃蘗禪師建寺時有二金雞　銅井在郡城內出
相鬬入井輒泉湧莫測其源　陽波山下井
深數丈汲之　澀灘在涇縣西　梅溪在郡城南雙羊
聲響如鐘　九十五里　山下梅都官詩
風雪雙羊路　張路斯田在郡城北五里俗傳其田
梅花溪上村　不利畊者多水災乃張公
爲令時墾之張右史詩云張公乃人龍爲令嘗在
茲至今城北田相傳爲路斯按張令事許見蘇子
瞻昭靈侯廟碑未言　德政坡在城東南三十五里
墾田事今仍舊志　即今笪嶽壩唐觀察
使陳少游築引水灌民田　大農坡在南陵縣積水溉
田民食其利故以爲稱　田千頃後廢而不

治唐攝縣事范傳眞修復之**栢梘飛橋**在郡東五十里一名引虹橋飛泉界道跨岫爲梁高數百尺不知搆自何代郡守羅汝芳題巖石上曰引虹**鐵牛門**在郡城內雙牛鐵鑄用壓水星也五代林仁肇吏築羅城改置舊門惟存鐵牛一在大東門內晏公廟中今土人稱鐵牛廟一在小東門羅城內今移鎭鳳凰橋下**南水門**在郡城南後廢存斗門以洩水**薛公堰**在郡城北百二十里唐觀察薛邕置**雙鯉墖**在太平縣西紋歌鄉高可丈許搖之輒動終不仆下臨大溪溪有二石狀如鯉與水浮沉雖漲不沒**紫陽題石**在太平縣長壽鄉獅山有平石丈餘朱文公過訪孫觀題秀陰二字勒其上**磨崖碑**在涇縣西石巃洪頭山唐天寶中刻石多磨滅**陰墖井**在郡城泰和門內羊市巷口其形爲墖故名

寺觀附

景德寺在府治北陵陽三峯上今爲祝釐習儀之所寺始晉時名永安唐初名大雲開元中

改額開元有水閣東向刺史裴休延黃檗禪師開堂演法宋景德中更今名殿後有鐵佛一座北面有多寶塔永慶禪寺在府城東北里許舊名保壽郡邑每歲迎春於此唐建宋太平興國賜額興國教寺在府城北門外里許舊名延慶唐咸通乙酉建有木浮屠因號木塔寺廣教講寺在府北五里敬亭山南唐大中己巳刺史裴休建相傳其材皆蘿松黃檗禪師募之安南寺後有金雞井材從井出顯其神異宋太宗賜御書百二十卷建閣貯藏元末盡燬惟兩浮屠存亦名雙塔赤惠照教寺在府城東十里上山隋膠禪師道場宋治平甲辰建栢山寺在府南一里宋時建城山教寺在府城南七十里舊名嘉福院崇寧甲申改今額栢梘教寺在府城南七十里栢梘山宋嘉熙丁酉建明嘉靖中重建三天教寺在府城東七十里稽亭山舊名妙顯隋扶風禪師智琰棲息處開皇乙巳詔建勅近寺居民五十戶充灑掃宋治平中賜額壽昌紹興末改今額能仁教寺在府城西四十里唐時建

舊名天皇院宋祥符中改承天政和中更今額

法雲禪寺在府城西六十里行廓山梁杯渡禪師建舊名興雲宋治平中改今額山有杯渡巖有梁武帝及師像

治平教寺在府城東三十里宋紹興勅建

寶覺教寺有二俱在府城北六十里東寶覺隋仁壽中建宋祥符賜額西寶覺宋時建明正德中修

空相禪寺在府城北八十里木陽鎮舊名白龍院唐開成元年建相傳白龍見十幡竿故名

大覺教寺有二一在府城北九十里舊名崇善南唐保大中建宋紹興中改今額明洪武重建土人名爲東寺一在府城北八十里宋紹興中建明洪武重修正統建毘盧閣

勝果教寺在府城北百里黃池鎮唐咸通中建明洪武辛未立爲叢林正統間建石橋

延壽教寺在府城北黃池鎮宋嘉泰中建

天寧禪寺在府城西一里明洪武中燬天啟元年建造時掘得石小獅子二枚小石碑一面上書古天寧寺四字因復其名

峽石教寺在府城北十五里峽石橋側去鎮約半里

皇清順治三年建按古峽石寺入廢邑人梅超中等尋求古蹟因復其額　崇教禪寺在南陵縣東百步唐正源禪師建今爲習儀所　靈山寺在南陵縣西三十里朗陵峯下諸峯攢簇泉溪縈繞梁天監元年杯渡禪師建　隱靜寺在南陵縣西三十里　開化禪寺在南陵縣北二里唐爲安賢寺　大安禪寺在涇縣治北創始晉時明洪武重建崇禎辛未修　寶勝禪寺在涇縣西五里舊名水西寺宋太平興國中建名五松院賜御篆元豐五年改名寶勝禪院有御書閣洪武初僧宗泐重建法堂廊廡在焉　水西首寺在涇縣與寶勝崇慶竝在水西唐上元中建寺後白雲泉在半山間有澗水出焉又有東峯亭即淳于氏送客亭前瞰賞溪登覽最勝唐乾寧二年爲白雲院明正統間西方院後改今額　崇慶禪寺在涇縣西五里南齊永平元年建相國淳于棼捨宅始名凌巖唐上元初改天宮水西寺大中中重建宋太平興國賜今名凡十四院其最勝者曰華嚴院橫跨兩山廊廡皆閣道泉流其下　大寧禪

寺在涇縣西南四十里古猷州廢址舊名伏虎禪師道場宋改今名陵巖教寺在涇縣西七十五里隋時建報恩教寺在涇縣東六十里城山嶺有十八景唐至德間建宋政和中修造浮屠七級教忠教寺在寧國縣西北舊在廣福山宋廣祐間勅陽叅知政事饒虎臣爲功德寺故名明洪武辛未立爲叢林景泰中重建崇因教寺在寧國縣南四十里梁開平初建宋治平中賜額延慶教寺在寧國縣北三十里宋治平中賜額崇果教寺在寧國縣西一百一十里唐貞觀中建寺前有石鏡又有羅漢竹一十八竿每一筍生則一竿枯竹下龍潭湧泉正統間重建宣梵教寺在寧國縣南九十里舊名谷林宋元祐賜今額信相教寺在寧國縣南八十里南唐保大中建宋祥符時賜額興教教寺在寧國縣東七十里舊名寧化院宋治平中賜額寶雲教寺在寧國縣西四十里唐會昌中書宋治平賜額寶勝教寺在寧國縣西八十里宋開寶間賜額彌勒教

寺在寧國縣西四十里宋治平中賜額行香教寺在寧國縣東八十里宋端平間賜額

護國禪寺在旌德縣東門外陳貞明元年建明洪武辛未立爲叢林瑞蓮寺在旌德縣北二十五里唐乾符中建時產碧蓮故名多寶寺在旌德縣西六十里唐光化初建宋治平賜額靈台瑜珈教寺在旌德縣東三十里宋紹琪中建明嘉靖改作靈臺寺

湀塢寺在旌德縣北四十里唐咸通中建延壽寺在旌德縣北四十里唐咸通建

明萬曆重修翠微寺在大平縣西南六十里唐中和二年置麻衣禪師道塲明洪武立爲叢林杕松山教寺在太平縣城南二十里宋紹興中賜額興國寺在太平縣北三里初爲泗州堂又名圓覺庵宋紹興十三年賜額眞如寺在太平縣西六十里長壽鄉舊名陵陽院宋太平興國五年勅改今名廣福寺在太平縣西南四十五里西鄉舊名羅漢寺太平興國額四

聖壽乾道中改今額

元妙觀在府治西南鰲峰上唐爲紫極宮宋大中祥符改名天慶元大德中更定今名道士賀汝迪有道術被召入朝賜劍履圭環詳見傳明洪武初建昊天閣丁卯奉旨頒道藏經貯三清閣

冲妙觀在府城東三十里麻姑山之西相傳麻姑修煉處初爲洞仙觀宋重和戊戌改今額慶元中別建洞仙觀於此

靈應觀在宣城縣北十里敬亭山敏應廟西宋重和戊戌賜額

承天觀在南陵縣東南四百步宋淳熙四年建

宣陽觀在涇縣東隅宋隆興間建明洪武中重建

青華觀在寧國縣西二里雞山鄉相傳剏自宋紹興明洪武重建

崇真觀在旌德縣治西南明嘉靖間建

九隆觀在太平縣西六十里涇陽鄉舊傳漢永平九年地湧九泉因穿九井唐開平嘗爲僧舍宋政和勅改今觀

池州府

石城在府城西七十里漢置縣以東西兩石山夾河如城今鐵店倉埠潭是其故地虎林城在池城西六十里相傳孫權封子休爲瑯琊王鎮虎林城即此湖城銅陵東六十里相傳有神號湖王一夕壘土而成其址尚存猷州城石埭縣東二里裒數百丈相傳猷州總管左難當嘗守其地亦見寧國未知孰是陵陽廢縣在青陽縣南六十里今廢爲鎮臨城廢縣青陽南五里吳赤烏中置隋廢義安廢縣在銅陵縣東三十里今順安鎮其故址也石埭廢縣在七里街去石埭縣西一百四十里蕭相樓府城東南隅唐大曆間刺史蕭復建舊秋浦樓府城東宋紹定戊子郡守趙范增築石刻東坡詞山谷字于壁宋末廢景蕭樓在府城內萬曆間椰林巷居人李春達於其屋後掘得斷碑有景蕭樓上梁文係宋狀元陳舜俞撰舊九峰樓在府治東唐刺史李方元建賣花樓

在建德南半里餘唐及五代時傳有花樓二十四間土人善剪繡作花以市今悉爲草萊有檀少京兆墓　**昭明釣臺**有二一在府池口鎮山一在秋浦郎山　**白鶴臺**青陽縣東南保寧觀相傳白鶴仙煉丹處　**釣魚臺**在青陽縣九華山嘉魚池上相傳竇子明李化文垂釣處　**丹臺**在石埭縣外陵陽山中峯之半高二百餘丈竇子明煉丹於此　**文選閣**在府西廟貯梁昭明文選今遺址存　**秋浦亭**在府城西秀山門外　**弄水亭**在府治通遠門外舊橋之西杜牧取李白欲弄水中月之句　**翠光亭**在府池口瀕江有岳飛石刻詩　**清溪亭**在府清溪曹緯有詩蘇軾有詞王安國有記　**陳公園**銅陵縣南北隅內有二池宋蘇子瞻黃魯直會遊於此　**葉公園**在銅陵縣外葉山下王荊公遊其園戲葉云週迴莫有千株葉葉隨苔日裨補能堪百篚甕邑人相傳爲故事　**九華精舍**在府學明倫堂東隅宋郡守王伯大端平乙未建　**沙洲**在府清溪口廖愈行程記云池州港口沙洲塞窄相神童狀元

得

曹韓洲銅陵縣西大江之中相傳水涸之際覩其沙嘴團圓湧出則次年必有登第者羅隱云曹韓沙嘴團銅陵出狀元

涎溪在石埭縣外陵陽山下漢竇子明坐踞磻石漁釣於此策竹爲馬浮游水中獲白魚鱗鬣異常剖之得丹書教其服食之法至今有石出於水中其立馬坐釣之跡

黃鶴池俱在石埭縣外陵陽山麓平田中竇子明升仙所也

桃源去建德南四十里水源深邃人跡罕到五季時人多避亂於此

杏花村貴池西里許唐杜牧詩云牧童遥指杏花村即此

利國監銅陵南唐冶監收銅後廢

永豐監在建德縣永豐鎮宋置鑄錢

倉埠在府內舊秋浦本縣置倉之地

楊梅坦貴池西九十里石嶺多楊梅唐有楊梅館宋改爲楊梅驛今廢

石墨驛貴池城東五十里今廢爲鋪

木瓜山在青陽木瓜鋪今尚有廟杜牧求雨處

鐵船頭在銅陵縣東相傳晉靈祐王乘鐵舟至五松山左見人遂溺於水止露船頭浮于上面若生鐵然有修銅官山廟者鑿鐵爲釘人爐果鎔

丹壙

在銅陵治杏山葛仙翁種杏煉丹處也山有土硃世以爲丹礦

六百丈 銅陵南二十里相傳郡人樊若水於此量江濶六百丈遂名

白鶴墩 石埭山中

仙壇 在石埭縣陵陽山中峯之半竇子明昇仙所也

三墩九曲 在石埭縣後墩凡三高大而圓以應三台其水九曲每曲各有石橋以應九曜相傳郭璞遷縣以午火炎盛於是開九曲水以制之今跡見存

壽字崖 在建德縣玉峯半旁書大漢元封元年奉詔書于崇嵩石壁今摹刻于此

藏春洞 卽建德縣迎春洞石刻三大字相傳葛稱川手書

雲峯寺額 在建德縣係宋紹興五年御書

普門嶺三字 在建德縣外梅山朱晦菴訪志南至此手書勒石

狄梁公行館 在東流縣保坂有五墩十二井或云爲彭澤令時所置

菊所 在東流縣後晉彭澤令陶淵明嘗種菊于此故縣曰菊邑江日菊江東流舊屬彭澤

葛稚川煉丹井 在青陽縣九華山北

定城石 在石埭前街中方二尺長一丈二尺相傳郭璞遷縣立此石以主之也

轆轤石在石埭舊儒學碧瀾亭上激水旋轉有聲則爲賢士科名之兆後以流沙壅没明嘉靖間廢　鹿跡石在東流縣東六十里相傳葛洪跨白鹿飛昇處　黃花驛在東流縣北亦以淵明種菊之地故名宋楊發有宿黃花館詩　獅山石在貴池縣峽川石有古篆八分刻字

寺觀附

景德寺在府治北今名祇聖唐貞觀二年建宋景德二年賜額明隆慶間移置毓秀門內以寺基爲今學基　乾明寺在府城西里許宋紹興五年間建　齊山寺在城南齊山之陽舊名觀奇寺即宋之延慶院紹興十八年建　雲光寺在府城南三十里宋嘉祐間建　棲眞寺在府城西南檀村唐建　湖心禪寺在府東門外相公墩萬曆三十四年建乾明寺羅漢堂移此　上雲寺在府城南即宋理宗時西峯殿院　悟眞寺在府大樓

山宋嘉祐閒建白雲寺在府城南四十里宋大觀閒建南泉寺在府南泉山唐貞元十一年建太和元年賜額南泉承恩寺萬壽寺在府城西南魯祖山宋乾道三年建常安寺在府城東二十里宋淳熙閒建清泉寺在府受三保唐貞觀閒建興福寺在府城南八十里宋乾道閒建慈蔭寺在府仁四保楓林山唐永泰閒建化城寺在青陽縣九華山晉隆安五年建唐開元閒賜額造千佛閣方丈廊廡規制大備爲九華諸寺之冠妙音寺在青陽縣東北宋太平興國五年賜額無相寺在九華山頭陀嶺下唐開元初建宋治平元年賜額妙峯寺在青陽縣東南唐乾符三年建宋治平初賜額淨信寺在九華山黃匏城下唐開　閒賜額圓寂寺在九華山拾寶巖唐開元年閒建戒香寺在青陽縣十八都唐元和二年建延壽寺在青陽縣西四十里曹山唐貞觀閒建福海寺在青陽縣四都唐景定年建宋治平初賜額普光寺在青陽縣三都

南唐保大中建賜額聖泉寺在青陽縣八都宋治平中建寶慶三年賜額壽安寺在青陽縣二十三都唐咸通五年建宋治平中賜額明因寺在青陽縣二十三都唐開元中建宋祥符賜額龜山寺在青陽縣八都唐開元間建因現白龜故名白龜山宋祥符中賜額崇福寺即祀聖寺在銅陵縣治西宋淳熙七年建賜額梵天寺在銅陵縣石洞者天福二年建嘉祐間賜額現存嘗樂寺在銅陵縣朱村者乾元二年建嘉祐八年賜額東臺寺在朱村者天福間建嘉祐八年賜額禪定寺在銅陵縣順安鎮里許唐寶明元年建宋嘉祐八年賜額勝國寺在銅陵縣鐘鳴耆咸平十三年建賜額眞如寺在鐘鳴耆般若山開寶元年建嘉祐八年賜額護國寺在銅陵縣陶村宋淳熙十四年建賜額開福寺在石埭縣西二里唐光化二年建宋太平興國五年賜額明覺寺在石康縣西一百二十里宋治平元年賜額一鎭國寺在石埭縣十一都杉山唐開元間建饒益

寺在石埭縣西一百五十里舊名靈泉宋治平初賜額

鷲臺寺在建德縣南二里

皇清康熙九年重修

梅山寺在建德縣城內郎古崇明院明崇禎間重建

石佛禪寺在建德縣北二十五里宋紹興二年建

畱山寺在建德縣東三十里宋建

皇清順治八年建地藏閣

寶林寺在東流縣南五十里宋淳熙四年建

安仁寺在東流縣南二十里宋淳熙元年建

東溪寺在東流縣北唐大曆間建

梵安寺在東流縣東嘉熙間建

仙壇宮在石埭縣一都陵陽山中峯之半唐開寶間建竇子明煉丹所

天慶觀在府城中唐建

元妙觀在府治北南唐紫極觀地宋祥符元年建

延華觀在青陽縣鳳凰嶺東唐乾道間建

集貞觀在銅陵縣東街仙明山元季共爕明永樂間重建

太平府

南豫州城在蕪湖東北一里晉成帝咸和四年立　上黨郡城蕪湖縣南五里晉寧康間上黨百姓南渡即蕪湖地僑立上黨郡即襄垣縣以處之　王敦城在蕪湖縣東敦鎮姑孰築城於此　赭圻城在繁昌縣西南三十里延載鄉晉哀帝名桓溫入朝至赭圻詔止之溫遂築城居此　淮南郡在蕪湖東晉咸和間百姓南渡至於湖地僑立淮南郡　于湖廢縣在蕪湖縣東四十里咸保圩中晉太康中分丹陽縣之南境置邑　春穀廢縣在蕪湖陶辛圩晉改春穀爲陽穀後又併陽穀入蕪湖縣遂廢今爲普照院　望江樓在當塗縣慈湖姥山江滸梁昭明太子讀書處　謫仙樓即采石山太白祠始基於唐明正統間巡撫周忱建清風亭於江滸祀之清順治間焚知府胡季瀛命僧募建　御書閣在蕪湖縣西能仁院宋盛時路當上下衝要頒太宗御製勅諭淳祐三年建閣爲記　凌歊臺當塗縣黃

山有石如案高可五尺頂平而圓孝武帝建宮避暑處

縹緲臺 繁昌舊縣後山巔下瞰大江前對濡須茂林修竹映帶左右宋建元廢

思瑾亭 在當塗縣外郎令采石舘驛昔人思周公瑾而作

燃犀亭 在采石牛渚磯上溫嶠平蘇峻還鎭至此燃犀燭怪見水族覆火奇形異狀曰與君幽明道别何章相照

賞詠亭 在當塗縣采石鎭晉謝尚鎭采石月夜泛舟聞别艇咏詩邀與談論及旦知爲袁宏薦於朝後人作亭志之今廢

十詠亭 在府城東李白有姑孰十咏因以名亭今廢

暮雲亭 在采石鎭藏李白宮錦處

捉月亭 在當塗采石山相傳太白泛舟醉狂從水中捉月故名

夢日亭 蕪湖縣東北一里故王敦城上

玩鞭亭 蕪湖北三十里晉大寧二年王敦將舉兵内向明帝察敦營壘敦正晝寢夢日繞其城驚起使五騎追帝帝馳去見逆旅賣食嫗以七寶鞭與之曰後有騎來可以相示追者至問嫗嫗曰去已遠矣因以鞭示之五騎傳玩稽留遂久帝獲免故名

淸風亭 一在郡圃宋吳淵建元廢

一在化城寺西湖上明巡撫周忱移建采石翠螺山謫仙樓

百花頭上亭 府城外尼山巔元廢基址存

蛾眉山 在當塗采石山據牛渚陡絕之壁熙寧間張懷建遠眺二梁山嫣嫵如畫

雄觀亭 蕪湖吉祥寺右山巔

吳波亭 蕪湖西門外瀕大江隆興年建以上俱有張孝祥書扁

識舟亭 在蕪湖鶴兒山俯瞰大江具遊覽之勝

志喜亭 在蕪湖神山巔宋乾道中縣令沈端節禱雨李公祠有應建亭以名今廢

昭明讀書堂 府東南多福鄉今爲淨名院

陶弘景書堂 府東橫山今爲澄心寺

北園 繁昌縣寶山宋如縣蔡確載酒過徐遺徐廸處

謝公池 府東南青山之巔謝朓故宅今爲保和庵一名謝公井

禁蛙池 蕪湖昇仙橋西張孝祥築堂成鄰以池內蛙噪爲讓孝祥取硯投之應手而絕

王冲霄洗硯池 繁昌縣馬仁山冲霄臨池洗硯至今池水猶黑

桓公井 府東北紵山晉桓溫鑿

齊謝朓宅 在當塗青山即今保和庵

李白宅 當塗青山

藂白至姑孰依當塗令族人李陽冰見山幽邃營宅以居宋潘閬宅今爲府學基郭祥正宅在府東街陳規宅在府東街規官少師與劉錡協力死戰因其所居之坊曰成賢羅彥輔宅在府西街韋許宅蕪湖河南築堂扁以獨樂張孝祥宅蕪湖西南昇仙橋有歸去來堂焦蹈宅繁昌獅子山麓有焦家井掛袍石府東北紵山晉桓溫率賓僚燕飲醉後掛抱於此丹竈府東橫山陶弘景煉丹處七磯官窑蕪湖北十六里六朝建都石頭城常在此燒城甎有窑基

寺觀附

萬壽寺在府城東門內宋景德中勅分化城爲萬壽寺歲時於此祝釐習儀古化城寺府城內向化橋西禮賢坊巷內宋孝武南巡駐蹕於此院二十八院有額後遷於東以西北地屬城守存其餘爲西庵報恩光孝禪寺府城西南隅唐名瑞竹寺宋紹興中改報

恩光孝俗稱南寺

無相寺一名靈山在郡城外尚書塘元建明洪武乙未重修

廣福禪寺府北黃山麓宋嘉祐年建賜額聖壽院隆年賜改廣福院元廢明洪武年重建改今名

廣濟寺府北采石山吳赤烏年建宋天聖年改廣濟院明洪武年歸併

廣教禪寺府城東黃池鎮唐建宋紹興年定今名後歸併

澄心教寺在府橫山原陶弘景宅建澄心院紹定重建明改今額

欐心寺府城北采石鎮一名寶積禪林宋紹興年移建今所

藏雲寺府城東歸善鄉武神山舊名延壽院又名雲際院宋景定間建嘉祐年勑改今額皇清順治年重建

吉祥寺蕪湖縣西五里晉元和年建宋景祐中賜名吉祥院元燬明重建改今額

東能仁寺蕪湖縣東南唐古城院也宋政和中遷於城東寺後爲夢日紅亭址元廢明正統間重建

善利寺繁昌縣治南宋太平興國年間建元至正中燬於兵明天順年遷今所

隱靜禪寺繁昌縣東南二十里隱靜山卅名五峰寺宋祥符間改普慧禪寺嘉祐三

年建閣藏三朝玉書百一十軸明洪武初改今名

太平興國院府城東白苧山椒宋紹興年勅建後燬

皇順康熙十二年重建

廣濟院蕪湖縣北赭山南麓有塔唐乾寧中建內有黃庭堅滴翠軒遺址

資聖院繁昌縣東南十五里隱玉山舊名浮丘寺宋嘉祐年改今額

神霄宮在郡北采石鎮唐賢坊內有太白祠嘉泰年建

元妙觀府城西大街右宋大中祥符年建元勅易今名

皇淸康熙十一年重修

希彝府城崇教坊宋紹興年建祀陳希彝

巡撫周忱置道經一藏於觀內

寧淵上觀在蟂磯山本唐水心禪院有唐廣明間石幢記今爲靈澤夫人祠

寧淵下觀在蕪湖縣西四里舊在蟂磯邑人因風雨之險不便祈即佑聖祠增創宋隆興年賜今額

元帝觀繁昌縣西十五里紅花山頂唐乾符年建山腰有半山宮

廬州府

新城 去廬郡三十里雞鳴山南昔魏滿寵與吳屯兵犄角處今遺址尚存

愼城 府城東北七十里即梁縣洪武初華其縣今爲梁鄉

逡遒城 在府東鄉去梁縣西三十里地名清水橋漢書九江有逡遒縣曹操伐吳伏兵於此重修築名曰曹城

滁陽城 在府東梁縣東北四十里吳孫權遣兵斷滁作堰以浸北道築城守備遺址尚有

六城 六皐陶之後所封春秋楚人波六即此後淮南王英布居之在舒城縣東南六十里

周瑜城 在舒城縣西十八里吳周瑜從孫權舉義兵討董卓徙家於舒因築此城

亞夫城 舒城縣東南十五里周亞夫所築

羊古城 舒城縣北十五里

茆城 舒城縣東南十五里世傳曹操屯兵於此築之

霍湖城 舒城縣十里土人築以防兵

龍舒城 在廬江縣西相傳金牛城遺址也

金牛城 在廬江縣西北四十里金牛山下魏武與吳兵相拒駐軍所築今爲會龍馬廠是也

大

城廬江縣西南三十里曹操兵與吳拒於此潛城在廬江城南三里左傳公子燭庸帥師圍潛今廬江邑名潛川以此桀王城在巢縣臥牛山之背湯放桀於此會吳城在巢縣橐皋鎮東春秋公會吳於橐皋宋劉錡敗敵於橐皋即此地古城周遶六安城外埂跨淠河之上白沙城去六安州北十里世傳劉季項羽追戰於此各築相拒西古城去六安州西十五里古城一在霍山縣西門外一在下浮橋北九江郡在無爲州襄安鎮漢時江逼城下爲舟車要衝故九江郡始於此邊城郡在六安州西一百九十里宋季六界北邊故有此稱無爲縣在無爲州花家疃臨湖縣在無爲州北鄉臨湖圩凌壁山下六安縣在六安州治東今即其地拓州治開化縣去六安州西四十里梁置隋廢唐復置今廢塔市去英山縣一里今廢吳王宮在廬江縣紫芝坊世傳吳主楊行密故宅今爲金剛寺五鳳樓府東城上唐天祐中張崇築城有鳳集故名思惠

樓在府城隍廟後明正德初知府徐珏建登斯樓也環望烟火萬家因思惠及於名故命名崇禎間燬於寇遺址尚存

九華樓在無為州南城上望池州九華山故名宋米芾建

明遠樓在無為州楚澤門上下臨湖米芾建

稻孫樓在無為州大安門上米芾秋日登樓見田中既刈復青間諸老農日稻孫也芾喜而名

講書樓在無為州城隍廟前謝枋得寓於州州人作此樓居之

看花樓在無為州花林園宋王丞相建

聚山閣在無為州治北隅米芾建

教弩臺在府東關九獅橋北曹操教弩處

明遠臺在府東梁縣鄉周圍皆水中有一洲故老相傳鮑明遠讀書於此

義門臺府城西十八里唐萬敬儒三世同居親亡廬墓大中年間旌表其門因以名堂

避暑臺在廬江縣東北隅舊傳曹操行軍時嘗於此避暑今為城隍廟

石釣魚臺在廬江縣南八里石磯枕河流可釣一統志云左眞人釣魚處

漕臺在無為州城內宋時設漕運司以轉江襄漕事

孔子臺在巢縣西北五十里

公路鋪之北有石橋相傳孔子臺橋也

拜郊臺在霍山縣南門裡漢武帝南巡至此祭告今廢

歇馬臺在霍山縣西一百里

偃隱亭在廬江水簾洞上宋興隆二年知縣劉銑構用表左慈之蹟久廢

西巖書堂在府東巢湖西岸宋安雅有記今廢

萬卷堂在無為城內宋李景先藏書於此

仰高堂在無為州治東米芾建并撰記

萬卷堂在霍山下世傳焦狀元讀書處址存

東興隄在無為州黃洛河吳諸葛恪以全端等守之梁合州刺史王範嘗屯兵於此處

花園府城南二十里元至正間宣讓王遊賞之所其址尚存

飛騎橋在府明教臺東一名逍遙橋孫權為張遼所襲橋徹丈餘權策馬超躍而過焉

濡須塢去無為州五十里一名偃月城世傳夏禹所鑿東西二關其地峻險可守吳魏相持於此孫權用呂蒙策乃築此塢

煉丹池在廬州府城東四頂山上漢人魏伯陽煉丹之所故址尚存

洗耳池在巢縣教場西相傳為許山洗耳處

藏舟浦在府城內古金斗門外長

八十丈濶十丈許相傳昔魏將張遼與孫權戰艦於此故名

箏笛浦 在府城後土廟側漁人嘗夜聞箏笛聲及香氣氤氳相傳曹操溺妓舟於此

金沙灘 在府城西北藏舟浦內唐刺史杜公引淝水於浦內

香花墩 府城南水之中央蒲葦數里鳧魚上下長橋徑渡竹樹陰翳孝肅公讀書處古今題咏不一

舒王墩 在舒城縣北四十五里漢舒明王頡羹侯所築

磨旗墩 在舒城縣南十五里關公駐兵之所

洄瀾軒 在府南門外香花墩有包孝肅祠知府卜汝梁詩當年一笑比河清此日祠前秋水明千古人心總如印高風誰不仰先生

宿雲軒 在巢縣金城寺

包孝肅公故宅 在府鳳凰橋巷

余忠宣公故宅 即今合肥縣治洪武中恩桂坊尚存今廢

歸來宅 在舒城縣治東宋李伯時歸隱處

叚秀實故宅 即英山西響山寺太尉舊居其山四時皆響有一老僧趺坐其門山忽無聲僧去山響如故太尉追與語因舍宅爲寺

金斗門 在府治東北乃合肥城遺址尚存

龍眠書院在舒賊縣內李公麟舊蹟金雞書院在舒城縣內秦莊簡公建林泉書院在無爲州相山宋太師王之道讀書處繡溪書院見無爲州賈侍郎墓碑其遺址無考同食館在府南城上唐刺史路應求陳鴻韓愈俱有記璇源館在舒城縣內宋元符中李伯時建崇明館在盧江舊縣治南數十步宋知縣謝惟士併省以擴縣治見碑記後爲儒學青陽山房在府城東六十里巢湖北元余忠宣公讀書處環翠山房在府城湖右永樂巷元葛聞孫隱居講學之所今沒文翁莊舒城縣南九十里漢文翁嘗讀書於此劉郎寨在廬江縣牛欄馬槽山絕高頂上自麓至嶺凡十數里寬平險要可守相傳每天陰晦遥聞兵馬金鼓之聲金華寨在廬江縣黃屯寨之基山上勢最險要南臺觀在盧江水簾洞南左慈修道處寶晉齋在無爲州治東北宋守米芾建有法書碑刻立壁間因者陰陵道在無爲州黃落河東北浮卽昔日田父紿項羽處

丘釣石在巢縣東南三十里一名濡須口相傳李浮丘公釣魚處**小赤壁**在六安城西五里下臨大河斷岸千尺上鐫小赤壁三字**龍爪石**在六安城西巨石臨水上鐫龍爪二字點畫大如斗諺云龍爪見狀元出**尉遲敬德墖二座**一在六安州觀音寺一有北門外墖上有唐尉遲敬德建字**詹解元讀書處**在六安州嵩寮巖**焦狀元讀書處**在六安州蘇家埠南有硯瓦池讀書臺山止有一石池其水嘗黑云爲洗硯處**寶誌公道場**離六安州西九十里在齊頭山麓爲誌公說法處**人洞**在六安州麻埠東去州百里洞口不甚濶寇亂時居人俯入可容二千餘人中有一泉**英布故址**在英山尖下舊傳石壁有葬布記**輂道**在霍山南十家街漢武輂經行處曹平章建**螺螄店墖**在霍山縣西北五十里高九丈宋元祐建**道士冲**在霍山縣西九十里道士徐隱元修真於此**回車衖**在巢縣西北十五里俗傳孔子於此回車**落淚衖**在霍

山縣西四十里有孝子昇棺至批泣盡繼之以血

寺觀附

天王寺在府西平門內唐時建　羅漢寺有二一在府內明教臺後一在無爲州治東俱唐建　五星寺在府惠政橋之西宋咸淳間建　萬壽寺有二一在府時雍門內唐建一在六安州城內西北元建　地藏寺在府內教弩臺後唐建宋淳熙中明洪武初重建皇清順治八年知府吳允昇重修　明教寺在府大東門內教弩臺上唐建　開福寺在府西大蜀山上唐慧滿禪師道場　寶福寺在府西小蜀山元建　四頂寺在府東四頂山上宋建　邑棠寺在府東三十里宋建　浮槎寺在府東浮山上梁建　游塘寺在府東七十里宋建　包城寺在府東埠鎮明洪武初建　壽龍寺在府城南五十里晉建　清平寺在府城南八十里宋建　石佛寺有二一在府南三河鎮宋建一

在六安州城內西北元建

觀音寺有二一在六安州治南唐武德初建一在舒城縣內唐永貞初建

眞如寺在舒城內宋建

千佛寺在舒城內宋建

靜梵寺在舒城縣內周瑜城元建

南伏虎寺

西伏虎寺俱在舒邑內元建

旌忠寺在舒城治南元建

治父寺在廬江南慕善鄉唐建

妙光寺在廬江縣南元建

甘泉寺在廬江縣東元建

大隆寺在廬江縣西明永樂初建

雙泉寺在無爲州北鄉三十里唐建

巖臺寺在無爲州開城鄉宋建

報國寺在無爲州開城鄉宋建

慈雲寺在無爲州太平鄉元建

寶林寺在無爲州南唐建

林慈氏寺在巢縣治北宋乾道中建

大甘泉寺在巢縣南鄉唐建

觀心寺在巢縣銅錫橋宋建

西隱寺在巢縣西臥牛山下宋建

隆興寺在六安州九公山前元建

文殊寺在六安州武定門外宋建

白雲寺在六安州城西龍泉鄉元建

西安

寺在六安州通濟門外河西宋建長石寺在英山縣西北宋建萬峰寺在英山添樓鄉元建神峰寺在英山縣外神峰山上潛臺寺在霍山縣潛臺山上元建勝會寺在霍山縣挹秀門外元建巢湖聖妃神宮在廬郡東湖內姥山上晉時勅建梓潼觀在城內子胥臺東宋建永真觀在府城內縣學西南白鶴觀在府大東門內

皇清康熙二年知府王業與重修冲元觀在府城南三河鎮元建玉虛觀在府內縣橋東又名中聖宮舊係伍子胥臺前殿內塑有子胥像洞元觀在舒城北門外宋建紫微觀在巢縣北宋寶祐年建佑聖觀有二一在六安州內東北元祐間建　在霍山縣西門外元建太乙觀在英山縣北元建

鳳陽府

西古城在府東十八里　廢紫金城在府城外今廢　古城有六一在臨淮縣東四里一在懷遠縣北三十里一在天長縣西三十里一在靈璧縣西一百里一在穎州東南椒陂鎮一在亳州南七十里　公路城有二一在臨淮舊城東一在盱眙縣北相傳袁術所築　香城有二一在臨淮東南六十里一在泗州城北里許　三牛城即臨淮城濠有三石牛在縣前　古當塗城在懷遠縣東南三里塗山北麓　馬頭城在懷遠縣南二十里晉義熙中立馬頭郡因山形為名　龍元城在懷遠縣西七十里俗名柴王城　考城在懷遠縣南五十里即漢考城縣　新城有二一在懷遠南四十里一在宿州北境齊睢南郡　邊軍城在懷遠縣北八里宋江淮安撫使夏貴所築基址存　團城在懷遠縣北二十五里遺址存　舊城有二一在懷遠縣北一在五河縣澮河南　葹城有二一即渦口城一在泗州西

北三十里曲陽城在定遠縣西北九十五里古曲陽縣今廢古陰陵城在定遠縣
西北六十里即漢兵追項羽失道之所東城在定遠縣東南五十里項羽敗走東城即此漢
置縣馬丘城在定遠縣西南二十五里一名藍棚城柴王城在定遠縣東北七十
里大橫山上故軍城在五河縣北二里澮河北岸小屯城在五河縣西南六里
大屯城在五河縣南七里俱宋軍所屯地曹公城在五河縣南六十里明曹國公
李禎築霸王城在虹縣南二十里今廢潼城在虹縣東北七十里本漢潼縣以水
得名安豐城在壽州南六十里古縣今爲安豐鄉劉闕二城在壽州西正陽與潁
州接界張飛城在壽州正陽鎮東南四里址存西曲陽城在壽州東北八十里
漢縣今廢壽昌城在壽州八公山東南魏刺史李崇築下蔡城在壽州北三十里楚
封邑漢縣屬沛隋屬汝陰今廢爲鎮魚林城在壽州安豐塘側下鴛鴦門水至此六十里

雋蒙城在蒙城縣北三十里 漆園城在蒙城縣河北三里莊子爲吏於此 檀城在蒙城縣西北三十里中有檀王墓 蓼城在霍丘縣東三十里 紂王城在霍丘縣東三十里 箕子城在霍丘縣開順鎮 徐城在泗州北五十里相傳爲徐偃王都 曾家城在泗州臨淮鎮旁三國時魯肅舊居 甬城在泗州東南晉義熙中置泗水上 巉石城在泗州北一百二十里梁天監時築 吳城在泗州徐城北三十里陳將吳明徹建 漢王城 小兒城二城相連俱在盱眙縣東北三十里相傳劉項立楚懷王於此 三城在舊盱眙縣西七十里今爲湖 淮陵城在盱眙西南八十里漢縣屬臨淮 睢陵城在盱眙縣唐武德初置 龜山城在盱眙縣東北三十里宋文帝担魏築今址存 銅城在天長縣西北四十里吳王濞鑄錢處久廢 相城有二一在虹縣西北商相土所居漢沛郡治相一在宿州西北九十里今爲相城鄉 荷離城在宿州北二十里 陽城在宿

州南秦縣陳勝生此**蘄縣城**在宿州南四十里即大澤鄉**臨渙城**在宿州南九十
里本漢銍縣**鄼丘城**在潁州東五里**相讓城**在潁州東二里即管鮑分金處**細**
陽城在潁州西北四十里**任城**在潁州城北陳將任忠築**清丘城**在潁州東五十
六里潁河北岸**阜陽城**在潁州西一百五十里廢**唐屯城**在潁州西南一百七十里
武陰城今土城在潁上縣東南八十里**段家城**在潁上縣西北六十里**潁陽**
城在太和縣東北三里隋縣治**宋王城**在太和縣北七十里俗傳爲宋王塚址存**錙**
城在亳州**武平城**在亳州西南漢縣**梅城**在亳州西南四十里梅城集**漢**
下相縣故城在臨淮縣西北**霍國**周武王封霍叔於此**胡城**在潁州城西北
二里春秋胡子國**鍾離城**在舊府城東六里晉縣屬臨淮隋置鍾離郡上人呼爲魯城又
古廢魯城在盱眙縣南三十里**東陽城**在盱眙縣東七十五里秦縣陳嬰爲東陽令即此晉

屬臨淮沛濟陰城在盱眙縣西五十八里劉宋置淮陰郡唐置濟陰縣山桑城在蒙城縣北三十七里漢縣屬沛郡晉隋屬譙郡慎縣城在潁山縣西北漢縣屬汝南晉屬汝陰荊山城在鍾離廢縣西八十三里梁魏戰爭時築青岡城在壽州西二十五里晉謝玄等禦秦軍時所築閭城在定遠縣西北一百五十里梁於此置西沛郡渦口城在懷遠縣東北十五里今名葹城唐貞元後渦口對岸置兩城刺史嘗帶兩城使廢臨濠郡在定遠縣梁置齊改廣安廢陳留郡在廢安豐東北五里梁置隋改潁陽縣唐省入汝陰廢九江郡隋志于定遠縣下載云北齊廢爲曲陽縣縣亦尋廢廢雩婁縣在霍丘縣西南八十里春秋楚人侵吳及雩婁即此漢縣屬廬江廢安豐縣在壽州南六十里今爲安豐鄉廢譙縣在亳州城漢屬沛晉爲譙郡治臨淮郡即今泗州故城漢置廢壽春縣在壽州西四十里廢義城縣在霍丘縣北四十里廢松

滋縣在霍丘縣西南三十里徐城縣在泗州北五十里唐置宋廢今稱徐城廟唐臨淮縣在泗州城内泗橋西宋臨淮縣即泗州臨淮鎮廢招信縣在盱眙縣西六十里唐置今舊縣即其基址竹邑縣或曰即宿州苻離廢沈丘縣在潁州西一百二十里廢平輿縣在潁州南一百里廢鮦陽縣在潁州西二百一十里城父縣在亳州東南七十里大吉鄉今爲城父鄉苦縣在亳州東一百一十里天靜宮内老子家於此撒金街在臨淮縣内藍采和於此曳錢而行錢散不收劉貞簡故里在宿州相城澤門内六朝劉子珪推當世大儒謚貞簡甘羅鄉在潁上縣有甘羅宅舊址闞洲里在潁上縣張龍夫人石氏家此舊學宮在定遠縣治西一里許即今西禪寺都梁宮在盱眙縣東南五十里有都梁山隋煬帝南巡置離宫四十餘所此其一也隋離宫在泗州青陽鎮西二十里桐宫在亳州湯陵東潛龍殿

在臨淮開元寺內南唐王李昪微時嘗寓寺中

南華樓 在臨淮縣逍遥臺前萬曆三十二年重建有莊子像

望仙樓 在臨淮縣內藍采和仙去人於此望之今廢

摘星樓 在霍丘縣東三十里紂王城南遺址存

梳粧樓 一在泗州故城外一在舊州治東

朝眞迴蹕樓 宋祥符七年上發京師詣太清宮朝眞勅亳州城西建樓駐蹕觀樂

譙望樓 魏武帝建亳州城內

太清樓 在亳州宋眞宗建以奉老子

含桃閣 在臨淮縣廳西今廢

焚書閣 在臨淮縣城南二里今廢

觀星臺 在府獨山頂上明洪武初立基址尚存

將臺 在府西古城之南

逍遥臺 臨淮開元寺後唐築

判虎臺 定遠治後宋包拯斷虎處

漢王臺 有二一在王河縣西一在虹縣東北

觀魚臺 在府西七里莊子惠子觀魚處

耿公臺 在五河縣治東北三百二十七步

春申君臺 在壽州東北隅

鳳凰臺 在壽州南門外

鬬雞臺 在壽州西角三十里

米家臺 在壽州正

陽鎮西子牙釣臺在蒙城縣西南三十里呂望集莊子臺一在蒙城縣一在靈
壁縣曹操演武臺在蒙城縣東半里俗呼為曹操塚張龍公釣臺在霍
丘縣西南十二里義城臺在霍丘縣東北三十五里水門臺在霍丘大業陂東南
臯陶墓上乳香臺在霍丘縣南二百里產乳香八僊臺在盱眙縣東三里上有八
僊坐石望夫臺在天長縣西南三里相傳有女子望夫不歸立化為石曬書臺
在宿州閔孝鄉閔子墓側望荊臺在靈壁縣荊人思親築吹簫臺在靈壁縣西北
七十里釣魚臺在潁州東七十里潁水北岸漢末袁容遊釣此處賀勝臺在潁
州北十里潁水南岸夬臺在潁州西四十五里章華臺故址在亳州乾谿側楚靈王戰
死處讀書臺在亳州察院曹操築冬夏讀書址存東西二臺在亳東一里曹操觀
稼於北八角臺在亳州東南三里舊傳曹操大饗軍士於此義臺在定遠縣東二

十里五代時有梅氏宗族聚居岡下鳴鼓會食南唐後主築臺表之**秋風臺**在亳州城內西街之北看花臺南元時築址存**御書亭**在府龍興寺內明洪武十六年建有碑御書第一山三大字**翛然亭**在臨淮倅廳子城上舊名觀瀾元祐中王雍易此名**四望亭**在舊府城唐刺史劉嗣之建李紳為之記云雲山左右長淮縈帶下繞清淮旁闤城邑紳形相短少後人因名曰短李亭**藏春亭**在臨淮舊治城東北隅上宋郡守樊仁遠建今廢**聖水亭**在懷遠縣大禹廟前歲旱禱雨輒應元人搆亭其上有碑記**晝凉亭**在壽州北五里下有石屋**環漪亭**在壽州安豐塘內知州栗永祿建**豐慶亭**在壽州芍陂上今廢**奎埜亭**即今泗州老君堂**消愁亭**在泗州舊倉基上今廢**禹思亭**在泗州北門外堤上今廢**起秀亭**在盱眙縣治西玻璃泉上**玻璃泉亭**在盱眙縣有米芾書**都梁亭**在盱眙縣南三里隋築今廢**牛博虎碑亭**在天長縣西郊外嶽廟今

廢碑移於廟

扶疎亭 在宿州治後北城上東坡守徐嘗遺墨竹一本於宿宿人鐫石搆亭貯之元季燬於兵

清潁亭 晏公守潁州作亭城陰俯瞰潁水

竹間亭 蘇文忠公守潁州時作

擇勝亭 蘇東坡守潁州日以帷幙蔽後園池上暇日出游挈以自隨會意處輒張亭布席觴咏終日

雙柳亭 在潁州宋晏殊守郡日手植雙柳至歐陽修爲守柳已成陰遂建此亭

翠屏堂 在盱眙縣起秀亭前宋陸游記云方國家承平時邊郡遊觀有雅歌之堂萬柳之亭而翠屏之盛又非雅歌萬柳之所可及

三賢堂 在臨淮縣城東北隅宋建祠彭祖莊子惠子明正統二年淮水滐没

威信堂 在臨淮縣內宋淳熙濠帥王回陛辭上諭守邊之道無出威信二字因以名堂今廢

清淮堂 在盱眙縣治西取蔣潁叔清淮無點塵之句今廢

會老堂 在潁州西湖書院之傍歐陽文忠公修與趙康靖公槩同在政府相得甚歡後相繼告老槩单騎過修于汝汝陰時年幾八十留連踰月日遊汝水之陰因名其堂

六一

堂在潁州城內歐陽公建聚星堂在潁州舊治內歐陽公守潁州一時遊從者皆名流去思堂宋晏元獻公守潁州作初名清漣閣去後民不能忘更名去思大饗堂在亳州城內魏文帝南征大饗六軍及譙父老處有碑澄碧堂在亳州城南宋知州宇文虛因歲旱禱雨有應宴此堂花樓門在臨淮北門內即城隍廟神路正德十一年知縣盛杲重建魏武帝故宅在亳州城內今存遺址汝南王故宅在亳州城內西街北西湖書院在潁州城內宋皇祐元年歐陽公知潁建焦館在潁州治西南隅水池上奕壇在臨淮縣西南二里會仙觀前刻石為棋局鑿二窊以置子傍刻爛柯二字并唐人詩韓信壇在泗州東七里夢蝶坊在臨淮縣開元寺西莊周常寓此古鐵橋在五河縣東南二里淮河中流水涸方見兩傍有鐵柱隋堤有三一在虹縣城外汴河一在宿州城外一在靈璧縣西俱隋煬帝所築樂樂堤在天長縣北十里隋築今名雁落墩

杏花園在盱眙縣瑞巖下久廢今儒學基

流星園在亳州東大靜宮南有星突流於園老子因而誕生見碑記

飲馬池在壽州東南一百里相傳英布飲馬處

留犢池在壽州西南漢時苗爲壽春令所攜犉牛生一犢及去留之故以爲名

畢卓池在潁州西銅陽城內

龍池在潁上縣西南四十里淮潤鄉張公九子蛻骨化龍處與霍丘接壤故縣志各載

淬劍泉在府遺碑村相傳莫邪劍成以此水淬之

楚泉在定遠縣西六十里

漢泉在定遠縣西五十里源出楚泉二泉並行自南而西合流入洛達於淮

珍珠泉在壽州城北三里

咄泉在壽春北十里人至其傍大叫則大湧小叫則小湧咄之則泉彌甚

玻璃泉在盱眙縣第一山秀巖下

椒陂塘在潁州南六十里

聖水有二一在盱眙縣東六十里一在亳州城內唐敬宗時汴梁觀察使令狐楚言亳州聖水飲者病輒愈宰相裴度令禁之以杜妖妄

郪丘去潁州治八里戰國魏安釐王時秦拔郪丘漢置新郪縣今呼爲潁

楊城

垓下在虹縣西五十里漢兵圍項羽處

分金店在泗州西三十里管鮑分金處

黃連渡在潁州東宋劉錡募死士毒上流以困敵兵在此

了溝在天長縣城東舊有橋郎韓世忠遺將敗敵處

垂韁井在五河縣東北二十里

聖母井在盱眙縣龜山寺

水簾真洞在臨淮縣清流門外宋皇甫斌書刻石

卞和洞在懷遠縣外郎抱璞巖巨石橫架其中可容十數人

秘霞洞在宿州相山東巘翠庵

小仙洞在宿州相山東嶺外小仙郎王子晉

雁門關在泗州城東徐王建今廢

石寨在府萬歲山頂築有石垣

鮑家寨在天長縣南五十里

顏家寨在天長縣西四十里舊志謂二寨皆宋高宗南渡所築

垂花塢在逍遙臺南今廢

芍陂在壽州安豐東北逕芍亭下東集而為湖故名芍陂見水經

鄭陂漢沛太守鄭渾建今宿州梧桐山下陂是

荊山堰在懷遠縣南荊塗二山對峙淮水經中

淝水堰在壽州城西北齊刺史桓崇祖築

浮

山堰在盱眙縣城外梁武帝天監中築旋決淹數萬人

水晶營在盱眙縣東南十里外延亘數十里相傳隋煬帝陸地行舟故道

曹老營在靈璧縣西南一百三十里相傳曹操屯營於此

揷花墖在宿州西南至正間建

第一山碑在盱眙縣堂東壁米芾書

漢三百有五碑

宋宣和勅封崇惠侯碑二詔俱在宿州相祠內漢作八分體宋作中書體

解帶石在臨淮縣清流門外

啓母石在懷遠縣禹廟西石如老嫗

秦橋山石在虹縣城東陡門

宣和石在靈璧縣西二十里外沿途多奇石

盩厔盤在府治南山中

惠子窰在臨淮縣西南三里相傳惠子游濠上居此今廢

睡仙崖在臨淮縣曲陽門外

雲窟在虹縣峯山上雲氣出則雨

竹堌在虹縣東北七十里淒河岸昔有竹生於上

永樂渠在壽州安豐東北十里

行色詩石刻在壽州故安豐縣宋待制司馬池嘗監安豐酒稅作行色詩孫宏刻於石

駝澗在蒙城縣西四十里牛口埠集在霍丘縣城東唐太宗追竇建德處九仙
臼在霍丘九仙山上有石臼淮南王八公搗藥臼杏花巖在盱眙縣崇福寺後秦蘭
鎮在天長縣東南四十五里朱壽昌家此袲在宿州境外春秋桓公十五年冬十一月公會
宋公衞侯陳侯於袲伐鄭注宋地在沛國相縣南二里亳社在宿州相山翠微國府
園黃堂基在宿州相城北薛長卿傳魯詩處在宿州相城內中元寺漢
長卿初以魯詩授龔勝勝舍處桓君山藏書處漢桓譚郎今宿州藕花墅樓子
莊在靈壁縣西三十里戚家灣在靈壁縣北七十里小河南相傳爲漢高祖戚夫人之故
里潁尾在潁上縣東下蔡西管谷在潁上縣北二十五里管仲家此文地在潁
上縣北二十五里俗傳孔子過楚接輿歌處蘭亭序黃庭經石刻先年民間
於潁上縣舊學基內掘井得石洗視乃晉正羲之蘭亭序黃庭經二刻久藏縣庫明末碎毀今州民

劉氏重鐫回心塚在太和縣北三里谷陽在亳州西四十五里桑林在亳州湯陵西二里成湯禱雨之所昇天檜在亳州西譙令谷在亳州北三十里

寺觀附

洪戒寺在府東古刹龍興寺在府東三里盛家山南舊名皇覺寺明太祖初潛此寺後登極勑修之有御書亭有御製僧律法共道場最爲宏麗崇禎間連遭兵火東西方丈僅存其二
皇清康熙癸丑盧鳳道范時秀重修棲巖寺在府西二十里白石山寺有石室宋高宗曾賜御書於此靈泉寺在府東南七十里中有銀杏根盤數丈元建大聖寺有四一名白墖寺在府西南四十里元時建一在府東北七十里一在懷遠縣南一里一在定遠縣東十五里俱宋建法華寺在府西六十里內有墖竹林寺在府南門外明建開元寺在府闓賢門內一名莊臺寺唐開元二十六年詔天下州郡各

建一大寺以紀年爲額

戒香寺 在府南三十里明正統十年重建敕賜舊額

眞如寺 在府東二十五里元大德間建兵燹洪武十五年復建

淨泉寺 在府東北六十里宋咸淳間建明弘治元年復建

華嚴寺 有二一在懷遠縣西元時建一在霍丘縣北十里郎高唐墓舊址

崇寧寺 在懷遠縣龍亢集

靈岩寺 在懷遠縣塗山東頂

山香寺 在懷遠縣東北二十五里

羅漢寺 有二一在懷遠縣東二里一在天長縣東唐貞觀年間建

西禪寺 在定遠縣治西宋咸淳間建明洪武十年修

大山頂寺 在定遠縣東八十里

永興寺 一名九子寺在定遠縣南六十里

包公寺 在定遠縣南二十里

南萬善寺 在定遠縣南四十里

南觀音寺 在定遠縣南俱宋建

禪窟寺 舊名虎窟寺在定遠縣西北三十里唐元和間建後圮明洪武八年重建皇清康熙十九年知府耿繼志重修

槎枒寺 在定遠縣西北七十里明洪武十六年創建二

十二年勑賜圓通禪寺前有石搶三石碁枰一　能仁寺在定遠縣東北三十里宋咸淳間建

釋迦寺在虹縣東南隅明洪武初創建

清涼寺在虹縣東北三十里朱山下

潼城寺虹縣東北潼河上宋建

報恩寺有三一在壽州治東北有搶存宋天聖間建明洪武中重修一在三岡鎮一在雙溝鎮

興福寺在壽州西北茅仙洞

栖賢寺魏宣武帝命蕭寶夤南侵據東城以待秋冬大舉正始元年東城已陷遂停壽州之栖賢寺梁將姜慶真圖逼壽春與寶夤戰走之

駐駕寺在壽州南七十里明成祖曾駐駕於此

慈氏寺在蒙城縣治東南有古浮圖一座舊名慈氏院元至正丙子因故址修建改爲慈氏寺

興化寺在蒙城縣東一里宋崇寧元年建

福聖寺在蒙城縣西十五里元延祐年建

福昌寺在霍丘縣治西宋治平間建即霍叔故宮遺址

聖壽寺有二一在霍丘縣南一百六十里宋建一在靈璧縣東三里明洪武年間修建

圓覺寺在霍丘縣西北九十里明洪武

年勑建賜額**硃砂寺**在霍丘縣南五十里內建浮屠**大聖禪寺**在泗州治西唐普光王寺龍朔中有僧伽者自西域來長安至泗上景龍二年中宗遣使召至京師伽講以佛號名寺書額曰普光王寺後焚於火宋時重建有碑今以水侵寺漸廢**福慶寺**在泗州治西卽今觀音寺宋咸淳中建明萬曆間搆藏經樓於內今亦為水圯**恭覺寺**在泗州西北六十里龍窩鎮北元延祐三年建**臥佛寺**有二一在甓山上明永樂八年建一在宿州北二十五里閔子鄉**鐵佛寺**有四一在泗州西四十里唐時建一在亳州南三十里一在州南七十五里一在州西北四十里**上龜山寺**在盱眙縣治西南宋天禧二年建元末兵燬明洪武初重建有鐵羅漢一百五十軀**五墖寺**在盱眙縣西南瑞巖菴下面臨淮水寺後舊有五墖下有石室三聯一卽今之歸雲洞**大墖寶雲寺**在盱眙縣南一百二十里唐開成四年建**靜明寺**在盱眙縣東一百里紫陽山南麓創於宋季元末兵燬明景泰中重建山有古墖

靈岩寺在盱眙縣西一百二十里浮山頂上白居易趙嘏羅鄴俱有詩　地藏寺在天長縣東北四十五里唐貞觀時建　天宮寺天長縣東五十里明洪武二十二年建　禪林寺在天長縣東北五十里城門鎮東元至正五年建　寶定寺在天長縣西南三十五里明洪武年建　宣梵寺在天長縣西四十五里元建明正統間浚古井獲石佛三十六尊　勝因禪寺天長縣東南四十五里宋熙寧中建　聖果寺在宿州治東北宋治平間建　大覺寺在宿州西關　中元寺在宿州泉山陽方汀郎元之福勝院有碑　陽城寺在靈璧縣西南齊眉山東明永樂初建　魏橋寺一名普濟寺　資福寺在潁州治土城西南隅宋時建明洪武十六年重修　善現寺在潁州東五十五里今名北照寺明太祖曾駐蹕於此勅建寺今正殿災　宿緣寺在潁上縣西南五十里古南趙寺也明洪武二十五年重建賜額　興國寺在太和縣東門內明景泰年建掘地得斷碣有興國

二字故名**運垢寺**在太和縣運垢上有古檀樹幹可十圍葉蔭二畝**咸平寺**在亳州城北門內洪武二十八年修建**留鹿寺**在亳州東南四十三里元至正元年建**北李村寺**在亳州東南五十五里明弘治三年建**楊村寺**在亳州東南五十里明弘治三年建**普菴寺**在亳州西一里西臺上明成化七年建**天保宮**在五河縣治東南明嘉靖二十五年建**廖陽萬壽宮**在亳州城內南街之西元建昔呂僊翁棲遊之所其地今為軍儲倉今又為儒學碑記猶存**天靜宮**老子所姓之地在亳州東一百二十里福寧鎮基址猶存有元碑**觀音院**在泗州東門山宋嘉祐間建洪武間重建**開化院**在盱眙縣西七十里宋皇祐二年建元末兵燹明洪武十三年重建**玉虛閣**即今老君堂在泗州北門城上明弘治元年建**靈瑞塔**在泗州西城唐景龍四年建塔頂水晶映日出火殿塔遂焚宋太平興國勑重建寺塔高十三級後又燬於兵

皇清康熙九年重建

通眞觀在臨淮縣昇仙坊元至治間建燬於兵火明洪武六年重建

丹陽觀在蒙城縣治西南金興定二年建後廢爲預備倉明崇禎壬午年改建於崇元觀側

慶眞觀在蒙城縣治東北元至順元年建明正統三年重修

清源觀在蒙城縣西街明嘉靖間重建

九仙觀在霍丘縣開順鎮元建

三清觀有三一在霍丘縣西門外一在泗州治西宋咸淳九年建一在宿州南關

元妙觀有二一在盱眙上龜山寺東元末丘廢一在北城外郎眞武祠

至道觀在天長縣宋至道間建今遺址存

天慶觀在今上眞觀在宿州北關唐雍熙中建

南華觀在靈璧縣治北七十里潼山舊傳莊子常居此

迎祥觀在潁州西北隅元大定二年建明洪武年間修

靈壇觀在潁州內有再生僧樹蘇東坡有詩

東華觀在潁上縣十字街西北元末兵廢明洪武年間重修

徐州

迷劉城有州西南二里世傳漢高帝與項羽戰兵大潰不知帝所在故云

舞陽城在州西北五十里漢封功臣樊噲舞陽侯

武原城在徐州彭城界內東漢置武原縣屬彭城國

呂布城在徐城東南八十五里布與曹操相距築城於此

垞城在徐州北三十里面臨泗水兗中人謂實中城曰垞城

蕭子國城在蕭縣治北城臨古汴

龍城在蕭縣東三十里即歷龍城

扶陽城在蕭縣西南六十五里漢丞相韋賢之後封侯於此

杼秋城在豐縣西七十里光武封劉殷為杼秋侯

曹馬城在豐縣西北七十里相傳漢曹操駐馬於此

郭城在豐縣西南二十五里方二千三百步相傳周太祖所築

梁城在碭縣城內秦爲碭郡漢改梁國

邀城在豐縣西南二十里漢高祖還鄉父老邀駕於此

泗水郡城在沛縣治東秦以沛爲泗水郡

留城在沛縣東南二十里張良遇漢高祖處後高祖欲封良三萬戶良曰願封留足矣

香城在沛縣泗水中

楚故都在徐州治

秦末楚懷王都此後項羽遷懷王於郴自立爲西楚霸王都之**英州廨治**在豐縣西北五十里俗呼爲鷹門泊**沛宮**在沛縣東南即漢高祖置酒宴沛父老處**彭城三里**漢高祖封其弟楚元王交於彭城其後宋武帝劉裕受禪彭城劉氏分爲三里一曰叢亭一曰安上一曰綏輿以別宋氏帝族左將軍劉懷肅居安上里豫州刺史劉懷武居叢亭里宋氏帝族居綏輿里**衣錦鄉沛王里**在徐州碭山縣五代梁朱氏族居此**龔勝故里**勝居彭城廉里**彭祖樓**在徐州城東北隅有石刻彭祖樓三大字**黃樓**在徐州城東門上宋熙寧十年蘇軾爲守時河決城不浸者三版軾廬於城上使民分堵以守卒全其城**燕子樓**在徐州城中唐貞元中尚書張建封鎭彭城有妓妾曰盼盼居燕子樓尚書既歿盼盼念舊不嫁獨居十餘年不食而卒**思亭**宋人甄氏築於州之龔陳后山爲記**快哉亭**在徐城東南隅宋李邦直持憲節構亭郡守蘇軾名曰快哉本唐人薛能陽春亭故址也**放鶴亭**在雲龍山之西

麓宋山人張天驥所築山人有二鶴旦放暮歸蘇軾爲記　**蘇墨亭**在徐州百步外明主事尹珍於洪東崖亂石中得石刻一郡守蘇軾摸　**戲馬臺**在徐城南一里許項羽因山築臺以觀戲馬　**戰臺**在徐城南八十五里漢呂布與曹操相持築城於此城上有戰臺　**宴喜臺**在碭城東五十步臺上有石刻三大字相傳唐李白筆　**宴氣臺**在豐城內秦始皇東遊以厭王氣因築此臺今呼秦臺即此　**歌風臺**在沛縣治東南泗水西岸漢高祖征英布還宴父老作大風歌因名　**射戟臺**在沛縣南門西後漢袁術攻劉備於沛呂布救之一發果中遂退師　**紅亭**在蕭縣左傳昭公八年蒐于紅相傳即其地也　**心遠亭**在碭縣境內元入城簡卿所築　**豐西亭**在豐縣西澤中漢高祖爲亭長時送徒驪山過此亭縱飲　**皂鷺亭**在豐縣治後東隅池上舊名四望宋治平縣令關景仁重建易今名　**枌榆社**在豐縣漢高祖時鄉社名縣西二十里有枌榆亭　**朱陳村**在豐縣東南一百里宋蘇軾詩何年顧陸

丹青手畫作朱陳嫁娶圖聞道一村惟兩姓石將門戶買崔盧

寺觀附

興化寺州城南石佛山上宋建　大雲寺州城北四十里唐建　開元寺在徐州城南一里唐時建禪堂皇清康熙二年知州江燕鄉修　洞山寺在徐州城北桓山上　華嚴寺在蕭縣西南唐建明正德復建　天門寺在蕭縣東南二十五里山谷中　壽聖寺在蕭縣南二十五里宋建　龍泉寺在蕭縣東南六十里　瑞雲寺在蕭縣東南七十里黃桑谷唐建　永慶寺在碭山縣西街北明永樂七年建琉璃塔九層於寺內嘉靖十一年建千佛閣　興教寺在豐縣東北隅舊有古剎明洪武年重修　永寧寺在豐縣東北二百五十里北齊改白塔寺隋改道成寺宋復改永寧寺　興國寺在沛縣北四十里金大定年重建　功德院在徐州城北九十里　崇壽院在碭山縣東一里金大定間建

潭久廢　見山亭即州接官亭　寶豐堂在州豐樂亭左　妙相堂在州瑯琊山

振宗堂在州瑯琊山明太僕卿吳達可刱前有銀杏二株大可十數圍

七賢堂在州學宮內祀唐李德裕韓思復韋應物李幼卿宋王元之歐陽修曾肇在本郡名守堂久廢

二賢堂在州醉翁亭左山麓祀王元之歐陽修久廢

四賢堂在州瑯琊山祀王元之歐陽修曾肇曾鞏久廢

東園在州東隅南至瑯琊北通西澗茂樹修木交映左右固一佳處也

黑龍泉今廢

三城湖今廢

葵湖在全椒縣城外上有葵姥廟

金甲池在州皇甫山下俗傳皇甫暉屯兵其上

飲馬池在滁州表豐廟側巖上俗傳漢高帝飲馬其中

軍池在州治後淳化間孟元喆以龍武統軍事遂開此池

放生池在全椒縣南三百步漢將灌嬰追項羽處

王母池在來安縣東嶽廟西

安期洞在椒陵山中

元公井全椒邑令元時忱鑿又名八角井

神山石井在全椒縣城內元至正時鑿浚

七丈又傳爲柴王井

菱溪在州城東歐陽公記

清流關在州西二十五里山勢峭峻南唐時嘗築關以禦北師

張果老橋在全椒縣土人謂果老嘗過此

謊糧墩在全椒縣西南五十里舊傳吳伐楚糧盡伍子胥以土爲墩覆米於上故名

陰陵在全椒縣即迷溝項羽迷道處

阜陵全椒縣東十五里地名長陵坂內有阜陵王墓

霸王廟羽敗至全椒一日九戰三汊河有霸王廟

瑯琊山寨在州西南十里瑯琊山中宋建炎三年寇亂郡守向子伋相視險阻乃因山巖築城聚民守之巨寇李成逼城下子伋堅守踰旬糧竭城陷今基尚存

焦山寨在全椒縣外宋焦光贊結寨於此

宋朱夫子題名碑在州梅瑞堂後牆

白菓樹明太祖初駐滁州舟臨河岸手揷銀杏一枝以祝休咎今存

花林即全椒寶林寺今廢

高塘在來安縣東六十里

寺觀附

福勝院在沛縣西北二十里灌城村創於唐

眞武觀在徐州城東南隅唐建

聚仙觀在碭山縣北三十五里安陽市元延祐中洞眞子建

洞眞觀在豐縣東北隅元至正六年建

眞元觀在沛縣西北

長春觀在沛縣西二里元建

滁州

建陽城在州東四十里漢縣東漢省入全椒

涂塘城三國時孫權遣軍於堂邑作涂塘在全椒縣西北

南譙城在全椒縣北二里

北譙城在全椒縣西北二十五里

梁王城在全椒縣南門外今廢

阜陵城在全椒縣東十五里漢縣屬九江郡

顏丘城在來安縣治東劉宋置新昌郡

臨滁城在州城東五十五里北齊臨滁郡治俗名羅城

僊檜里在來安城東二十里

贊皇樓在州治後唐刺史李德裕建久廢

御

書閣在州城西南瑯琊山前宋乾德二年建藏四朝御書久廢東齋水閣州治內唐
李德裕建悟經臺在州瑯琊山即張方平寫二生經處醉翁亭即醉翁樓舊蹟僧智
僊建歐陽修爲之記明嘉靖門太僕卿趙釴建樓豐樂亭在州城西南幽谷紫微泉上宋
歐陽永叔建自爲記眉山蘇軾書刻石醒心亭在州豐樂山椒上歐陽修建今廢來
遠亭在州豐樂北山今廢大觀亭州豐樂亭南山麓今廢翼然亭州醉翁亭
右梅亭在醉翁亭西釀泉亭在醉翁亭東北清風亭在州瑯琊山寺後今
廢三友亭在州瑯琊山庶子泉東南今廢攬秀亭在州瑯琊山今廢繹思
亭在州柏子潭山麓今廢甘霖亭在州柏子潭今廢飛泉勝槩亭在州
石瀨澗今廢便民亭在州南十三里店金聲亭在州豐樂亭右今廢德雲
亭在州龍蟠元珠山上久廢茶仙亭在州瑯琊寺宋紹聖中建時若亭在州柏子

開化禪寺在州南十里瑯琊山塘建時列圖將進天子夜夢遊一山寺形脉制度隱然在心忽覽封章冥合符契因賜號寶應後太平興國二年賜今額藏累朝御書元季兵燹明洪武重修今屬龍興寺

龍興寺在州城中李興壽院周顯德中改爲龍興

光孝禪寺在州西南二里宋建後燬於兵紹興間始賜今額元季火焚今爲保豐堂

龍蟠廣福禪寺在州城南十七里昔有僧慧江開拓山界請賜寺額後爲兵燹明天順成化間稍爲修葺有遺址在

葛城廣福寺在州東南五十五里即新珠廣福寺莊嚴寺天順間改今額

新珠廣福寺在州西四十里弘治間重修

幽棲寺在州西南七里舊名黃草窪明萬曆年建有五百羅漢像

龍華寺在州西十里豐山後

法華寺在州南一十里蓼湖西南嘉定間建

寶林寺在全椒縣西二里唐貞觀七年建明正統間重修

神山寺在全椒縣西北三十里唐大曆間建明初重修

新興寺在來安縣西三十里宋紹興間建有碑

石溪寺

在全椒縣西九十里元至正間建明洪武年間重修

福山寺在全椒縣西北六十里宋嘉祐間建上有古井七

永安寺在全椒縣東十五里宋崇寧年間建

康豐寺在全椒縣南二十五里宋康王葬於此因建寺

吉祥菴在來安縣治北宋紹興年間建明洪武天順間重修

延塘寺在來安縣東五十七里宋天聖三年建

太平興國寺在來安縣西北八十里

三城寺在來安縣西南四十里

寶積寺在來安縣北四十里

金容宮在滁州文廟東萬曆三年建

玉皇殿在滁州西南十里瑯琊山梁柱皆以石爲之明萬曆間設天門三層後僅存遺址

皇清康熙二年重建臺殿高矗雲霄大江南北稱巨觀云

梓潼觀在滁州城內鐘樓前即舊文昌宮元大定三年建

眞武觀在滁州東門內街北即舊眞武壇址宋咸淳中建

白鶴觀在全椒縣西百餘步唐垂拱初侍郎邢文偉建

開元觀在來安縣北二十里岑湖村唐開元中建

和州

雍家城即今裕溪河泊所地舊志漢封雍齒此地　龍亢城在含山縣南四十里　晉王城在含山縣北晉築以禦苻堅　歷陽廢縣在州城內永泰置　烏江廢縣在州北秦爲烏江亭　昭關在含山縣小峴西伍子胥自楚奔吳過此　鎮淮樓樓在郡治前高臺層構於製最古登之四望足納江山之勝初明太祖駐蹕和陽嘗與諸將飲酒賦詩其上　清風樓在州治西南城隈峨嵋墩下　三老堂在州城爲宋元祐中孫賁所建以祀宋太守傅獻簡公堯俞范忠宣公純仁劉忠肅公摯也三老皆和守德政在人至今頌之堂西有古梅舊有楹日梅堂　水心亭在三老堂前張文昌詩看花多上水心亭　犀照亭在州東南十里當利口北岸晉溫嶠燃犀處　老子丹臺在州大西門外五顯廟後　許由宅在州西二十里宅旁有洗耳池　袁天綱宅在州南二十里　張籍宅在州

通淮門內舊光孝寺

項亭在郡城東四十里烏江鎮東南乃羽藏衣冠之所昔唐有羽像碣圓袍短帽戟髯重瞳宋紹興辛巳金主亮渝盟來乞環珓神不從欲焚廟俄樑間有大蛇出聞林中若兵甲聲亮懼散去宋歷陽杜默下第夜歸就廟宿以其文質於神前痛哭大呼曰英雄如大王而不能得天下有才如杜默而見放於有司豈非命哉神塑像淚出泥界於面

陋室在州治後遺址尚存劉禹錫有銘

舫齋在州廳後今廢

彭祖石室列仙傳歷陽有彭祖仙室相傳彭祖自此白日飛昇履跡猶存下有洞淺深莫測在含山縣南八十里長真觀

石跋河在州城東三十三里古爲石跋城見忠烈廟碑旁有塔山父老傳聞張果老曾騎驢過此

飛錫泉在含山縣南六十里有太湖寺昔無用禪師當山腹鑿一孔出水日取于瓢不竭一瓢不溢禪師在眞身塔

馬跑泉在含山縣北十五里昭關外伍子胥奔吳過此有馬跑泉遺跡

卓刀泉在含山縣西七十五里在東關嶺有卓刀泉飲馬池謂關公卓刀飲馬於此

八卦池

去州城二十五里界河鋪西北 **沸井**在州小西門外土街頭闗壽寧宮內乃葛仙翁煉丹處

廟內舊志古圖經曰晉元帝渡江命郭景純筮之曰西南郡縣以陽名者井當沸其振興之應未幾歷陽井沸者三故曰沸井

落驢橋在州小西門外土街頭世傳張果老騎驢至此故名

漁丘渡在州城伍子胥奔過昭闗至江漁父乘舟渡之遂得至吳見吳越春秋今百福寺之東南舊名漁丘渡

桃花塢去州城西五里郎唐張籍讀書處在桃花橋

無糧墩在州烏江南半里昔項王乏糧以蓆蓋土堆作爲糧以紿敵其堆見存

斗米逕在含山縣南八十里杜伏威將李子建穿渠入歷湖通運率部下帶斗米就役米盡成功

寺觀附

百福寺在州城中唐貞觀二年藍禪僧建初有五寺因名以五華寺一曰文殊二曰泗洲三曰淨土四曰彌勒五曰百福元末俱燬於兵吳元年僧法珪重建爲百福寺

延慶寺在州

城西九里長壽鄉十一都宋熙寧三年建近彭中丞墳側

梵行寺 州南五十里唐貞觀五年鐵腳僧恩建有古塔

清福寺 州南二十里晉開運四年建

極樂寺 州南四十里唐元和年建

開化寺 州南六十里宋元祐三年建

香嚴寺 州南七十里白望市東唐貞觀三年建

妙嚴寺 州南九十里嵇溪北唐元和年建

普明寺 州東南六十里天門山後元至正二年建

泉水寺 州西北七十里寺有泉甚奇唐貞觀五年建

莊嚴寺 州西二十五里有海棠洞單春亭

甘露寺 州東北二十里元至正三年建

華嚴寺 州東北三十里宋咸淳二年建

廣勝寺 州東北四十里烏江鎮旁貞觀三年建

赭樂寺 州北五十里以土沙赤故名宋嘉定十年建

香社寺 州北四十里旁香泉故名宋建隆三年 有塔有昭明書院寺後有二松極奇

六墳寺 州北六十里如方山下相傳有僧六世修道此山有六墳在焉故名

孔夫寺 州北六十里在孔夫山下

普明寺 州北

五十里在馬鞍山中元至正五年無用禪師建**安國寺**舊在含山縣城外西南隅唐貞觀中澄禪師建元末燬於兵明洪武十五年僧會興進重建遷南門內**褒山寺**在含山縣山以唐貞觀惠褒禪師得名宋元豐後黃魯直王介甫王深甫皆有記塔上寶塔二字猶傳張安國書明初永樂中鄭和使西域還建殿堂制度甚工無蛛絲鼠竄云有辟塵珠所致然不知所在藏經楮小面古蠹不敢蝕云有異香所塗住持世守更有王杵鐵杖金磬錦帨玻璃盤旃檀座等物或侵或毀無復遺者**雲閣寺**在含山縣北三十里唐貞觀三年鐵船禪師建**正覺寺**在含山縣運漕鎮唐貞觀二年金禪師建**普明寺**在含山縣宋元豐二年僧無用建**淨戒寺**在含山縣南七十里唐貞觀二年窑禪師建有彭祖煉丹井併仙室在焉**大善寺**在含山縣南唐貞觀三年鐵船祖師建**佛慧寺**在含山縣西三十五里元至正二年僧德遜建**興教寺**在含山縣東關嶺唐貞觀三年鐵船祖師建有關公飲馬池卓刀泉**永興寺**在含

山縣十四都有陳村湯泉按元祐八年耿天隲記陳村湯泉云其旁有院名永興自宋巳建城山寺在含山縣昭關明山寺在含山縣六都明山

元妙觀在和州西南宋熙寧六年建舊名天慶觀元改今名淳熙觀在和州南四十里葛仙翁嘗棲舟於此有八卦池迨宋太祖駕幸此誕生太子又名爲壽寧宮棲雲觀在和州西南三十里卽今東林觀寶臺觀在含山縣東街宋張知觀建長眞觀在含山縣白石山卽彭祖仙屋一名白石觀今廢

廣德州

故郭縣城在州治東北漢高帝時建廢廣德縣在州城內浮城在建平縣西一十里廣數畝其上有木莫能名斧之則淋漓如血地至窪下每夏潦暴漲諸圩盡沒此獨巍然諸葛城在建平縣西一十里其中可容數千人城上里在建平縣西一里許宋末

居民避亂掘土築城以守遺阜尚存今草本蔚然深秀映帶竹谿可以登眺

鼓角樓在州治前

借景樓在州治西

三峰樓在州治南跨街而成宋叅知政事李光有三峰樓詩

集仙臺在橫山巔漢張眞君禮斗處

釣魚臺在州治北二十五里舊傳爲張志和釣魚處

鳳凰臺在州治北門外知州鍾振募工築鳳凰墩結屋其上名鳳凰臺爲州治壯元武之勢

秀遠亭在州治西

景范亭在州治西社稷壇右舊有范文正公獄亭在州治半里許明判官鄒守益建亭以紀其績

攀蘿亭在橫山宋學士梅詢建

清容堂在州西宋知軍錢公輔築

高封周宅在建平縣治北廢爲壽昌院封周爲江南陳氏外戚宅有八角井九曲池

劉文靖宅在州治北三十里今爲唐興寺

誓節廟在州治西五十里唐時黃巢之亂土民張姓者帥鄉兵禦之兵敗誓死不退後人嘉其志節立廟祀之

金牛跡在建平縣東北一十五里相傳昔有神人驅金牛至此爲人所見人牛俱沒今大石上牛

蹄跡尚存　龍潭　在横山後有小魚似龍人取畜之盆中一夕仍歸其潭禱雨多應

放生池　在故郡郡圃後慶元二年知州魯粟得亘溪延袤百步泓渟澄澈因加治焉名曰溪堂

神仙塘　在建平縣南六十里淨覺寺前相傳許眞君嘗浴其中遂以是名塘岸有楓樹遇年歉則枝枯有年則茂豐歉半則六七月始葉

金井　在州治北符門外一里許丙申六月明太祖曾於此汲水賜兵故名

范公井　在州治舊司理廳北宋祥符中參軍范仲淹所鑿又名義井今州前雙井是也

横山聖井　在州治横山巓即今龍池

丹井　在州治南十里丹山之上有徐仙煉丹於此

紮寨圩　在州治西北五里宋岳飛屯兵於此

暗橋　在建平縣東北六十里護形山之麓舊傳伍員奔吳避於山中追者至此雲氣護之負及橋而天暗遂名爲暗橋

祠山三寶　一白玉磬篆書宣和至寶一火珠名軒轅鏡一趙文敏手疏

泉春園　在州治西北玉溪之上宋紹興間參軍趙子濇建

石皷墩　在建平縣東北六十里石崚嶒

其上狀如魚鱗人行有聲如鼓故名

寺觀附

大壽寺在州治東唐天祐間法苑禪師建宋太平興國五年賜額

聖感寺在州治東者隅亦法苑師建宋太平興國五年賜額

天寧寺在州治唐元和中歸宗禪師建

石溪寺在州治延祐中建

海會寺在州治晉義熙中建

東泉寺在州治唐天祐中建

牧馬寺在州治唐天祐中建

明教禪寺在州治宋崇寧二年建

上柳寺在州治宋淳熙中建

資福寺在州治宋祥符中建

上辛豐寺在州治唐天祐中建

右辛豐寺在州治宋元祐中建

東山寺在州治宋元祐中建

靈山寺有州治唐天祐中建

定慧禪寺在州治舊名竹山寺唐咸通八年建明高祖駐師廣德更賜今額并龍牌立碣以識

崇法寺在州治唐天祐中建

鎖山寺在州治宋至道二年建

唐興寺在州治唐武德二年建 資聖寺在州治宋祥符中建 保安寺在州治南唐保大七年建 雲門寺在州治唐天祐中建

江南通志卷之第三十七

帝王 后妃附

三代以前膺圖受籙首出萬國必在西北自漢高起於豐沛明祖肇自濠梁皆在今江南境內若典午東渡迄爲六朝偏霸相仍壤地褊狹而洙水紫陽皆不絕其爲君者蓋以攷曆御宇專制一時犧牲玉帛神不廢祀民不失馭是亦靈命之所集固無容更沒其實也今自漢抵明胥列於篇凡后妃之屬配體坤極者咸附見焉志帝王

〔漢〕高祖 姓劉名邦字季沛邑豐人秦亂起兵爲沛公滅秦爲漢王五載成帝業卒滅項羽盡

有天下乃卽位汜水之陽都長安在位十
二年按漢書沛縣豐其鄉也今皆爲縣

魏文帝姓曹名丕沛郡譙人曹操之子操因亂乘
時而興位丞相封魏公及卒丕始篡位追
謚操爲武皇
帝在位七年

吳大帝姓孫名權字仲謀孫堅次子兄策據江東
早卒權繼之後漢建興七年稱帝在位三
十一
年

會稽王名亮權少子赤烏十三年廢太子和立亮
在位六年以孫綝專恣欲誅綝反爲所廢

景帝名休權第六子初封爲琅琊
王孫綝廢亮立之在位六年

歸命侯名晧在位十七年晉師
入晧降賜爵歸命侯

東晉中宗元帝名睿字景文宣帝曾孫永嘉初鎮
建業懷帝蒙塵司空荀藩推爲盟
主愍帝遇害始卽位
於建業在位六年

肅宗明帝名紹字道畿元帝長子在位三年

顯宗成帝名衍字世根明帝長子在位十七年

康帝名岳字世同成帝母弟在位二年

孝宗穆帝名聃字彭子康帝子年二歲褚太后抱之臨軒在位十七年

哀帝名丕字千齡成帝長子在位四年

海西公名奕字延齡哀帝母弟太和六年桓溫廢爲公在位五年

太宗簡文帝名昱字道萬元帝少子桓溫迎立於會稽邸在位二年

孝武帝名曜字昌明簡文帝第三子帝幼弱謝安王坦之輔政卒安晉室在位二十四年爲張貴人所弒

安帝名德宗孝武帝長子元興二年桓元篡立遷帝於潯陽廢爲平固王劉裕等討元乘輿反

正於江陵在位二十
二年爲劉裕所弑

恭帝名德文安帝母弟在位二年
禪於宋廢爲零陵王尋弑之

宋

高祖武帝姓劉名裕字德輿小字寄奴彭城人
初爲劉牢之參軍桓元篡位帝討元
復晉室封宋公尋
受晉禪在位三年

少帝名義符武帝長子在位一年徐
羨之等廢爲營陽王尋被弑

太祖文帝名義隆武帝第三子封宜都郡王少帝爲
廢徐羨之等迎入嗣統在位三十年爲
太子劭
所弑

世祖孝武帝名駿字休龍文帝第三子封武陵王
元凶悖逆帝率衆入討至新亭即帝
位在位
十一年

廢帝名子業武帝長子在位一年
爲阮佃夫壽寂之等共弑之

太宗明帝　名彧字休炳文帝第十一子封湘東王子業被弑即位在位八年

廢帝　名昱字德融明帝長子在位五年爲蕭道成所弑追廢爲蒼梧王

順帝　名準字仲謨明帝第三子蕭道成迎立之在位三年禪於蕭道成廢爲汝陰王尋弑之

齊

太祖高帝　姓蕭名道成字紹伯蘭陵人父承之仕宋至右軍將軍初爲建康令明帝加輔國將軍封西陽侯泰始七年徵還都部下勸勿就帝曰骨肉相殘自非靈長之運方與卿等勠力耳昇明元年封齊公又詔爲王尋禪位在位四年按蘭陵即今常州府

世祖武帝　名賾字宣遠高帝長子在位十一年

廢帝　名昭業字元尚文惠太子長子在位一年蕭鸞廢爲鬱林王尋弑之

廢帝　名昭文字季尚文惠第二子在位三月禪位蕭鸞廢爲海陵王尋弑之

明帝　名鸞字景棲始安貞王道生之子高帝從子後封西昌侯廢海陵王自立在位五年

東昏侯名寶卷字智藏明帝第二子在位二年爲張稷等所弒

和帝名寶融字智昭明帝第八子爲蕭衍所立在位二年禪位於梁梁廢爲巴陵王尋弒之

梁高祖武帝姓蕭名衍字叔達蘭陵人父順之爲齊高祖族弟以參預佐命封臨湘縣侯明帝時爲雍州刺史東昏失政帝約蕭穎胄舉兵共立和帝於江陵既平建業封梁公尋禪位在位四十八年晚爲侯景所迫國祚遂移

太宗簡文帝名綱字世纘武帝第三子昭明太子統薨以帝爲太子武帝崩帝擁虛位二年爲侯景所弒

世祖孝元帝名繹字世誠武帝第二子封湘東王王僧辯平侯景勸進即位江陵在位三年爲西魏所執害之

敬帝名方智字慧相元帝第九子封晉安王魏克江陵陳霸先迎至建業立之在位三年禪位

於陳廢爲江
陰王尋弑之

陳

高祖武帝 姓陳名霸先字興國吳興長城人侯景之亂帝與王僧辯平之進長城縣公及魏平江陵帝與僧辯啓請晉安王承制僧辯又納貞陽侯帝乃討僧辯奉晉安王復位封帝陳公尋進爵爲王受梁禪在位三年

世祖文帝 名蒨字子華武帝兄始興王長子封臨川王武帝崩遺詔徵帝入纂皇統在位七年

海陵王 名伯宗字奉業文帝長子在位二年宣帝廢爲海陵王

高宗宣帝 名頊字治世始興王第二子廢海陵王自立在位十四年

後主 名叔寶字元秀宣帝長子在位七年隋師下江南執送長安封長城縣公仁壽四年終於洛陽

後梁太祖姓朱名溫碭山人初從黃巢旣降於唐拜宣武節度使賜名全忠進封梁王攺名晃簒唐在位六年爲子友珪所弒

明太祖高帝姓朱名元璋字國瑞泗州人少孤托身皇覺寺年二十五四方兵起定遠人郭子興攻陷濠城據之見帝與語大悅以所育馬公女妻之凡有征伐命往輒勝豪傑徐達湯和李善長等率先歸附委心翊戴壽子興卒帝統其兵定金陵削平陳友諒張士誠等盡取中原戊申正月羣臣勸進卽位金陵在位三十一年

建文帝名允炆太祖孫懿文太子次子太祖崩卽位在位四年燕王兵入帝變服遁去

成祖文帝名棣太祖第四子初封燕王建文二年起兵四年六月卽位永樂十八年遷都北京

僭竊附

西楚 **項籍**字羽下相人乘秦亂起兵自稱西楚霸王五年爲漢高祖所敗自殺

吳 **楊行密**字化源廬州合肥人乾符中起兵據廬州景福二年爲淮南節度使天復二年封吳王共十五年後子渥僭位追稱太祖武帝

楊渥字承天行密長子嗣爲吳王立二年爲徐溫所廢弑之

楊隆演字鴻源行密第二子渥廢立之共十三年後溥僭位追稱高祖宣帝

楊溥行密第四子立六年僭帝位共十六年爲徐知誥所篡

南唐 **李昪**字正倫初爲徐溫養子名知誥後篡吳稱帝六年謚烈祖

李景字伯玉烈祖長子以齊王嗣位十九年去帝號稱國主者四年謚元宗

李煜字重光景第六子景遷南都留煜監國景卒煜嗣位金陵十四年宋太祖開寶八年克金陵俘至京師封違命侯

后妃

夏禹妃塗山氏　帝王世紀引連山易曰禹取塗山氏之子名曰攸女呂氏春秋禹巡省南土塗山氏之女候禹於塗山之陽

漢高帝呂氏　名雉其先單父人也後徙沛父呂公奇之以配高祖生惠帝及惠帝崩后臨朝稱制八年

孝文太后薄氏　吳人初爲魏王豹宮人高祖納之後宮生孝文帝文帝立追尊太后

蜀漢昭烈帝后甘氏　沛人帝任小沛納之生後主尊爲太后

吳大帝后步氏　臨淮人與丞相騭全族初爲夫人後追册爲后

景帝后朱氏　吳人朱據女初帝爲琅琊王納爲妃及即位立爲皇后甘露元年見逼薨

太子和妃何氏　句容人初大帝見而名入以賜子和生皓及皓即位追尊爲昭獻皇

后

晉景帝后夏侯氏名徽沛國譙郡人父尚魏征東大將軍母曹氏魏德陽鄉主后雅有識度帝以魏氏之甥心深忌之青龍二年遂以鴆殂

夏侯太妃譙人父莊淮南太守清明亭侯妃幼而明慧瑯琊恭王聘焉生元帝及即位稱

王太妃

穆帝皇后何氏名法倪廬江灊山人哀帝立稱穆皇后桓元篡位移后入司徒府路經太廟停輿慟哭元怒降爲零陵縣君及劉裕建義后還都卒

孝武帝安德太后陳氏太湖人名歸女以美色歌彈入爲淑媛生安恭二帝

宋孝穆皇后趙氏虹人父裔平原太守后以晉升平四年嬪於孝皇生武帝追上

尊

號

孝懿后蕭氏名文壽蘭陵人孝皇繼室武帝立尊爲皇太后

高祖后胡氏名道女淮南人生文帝文帝即位追尊太后

太祖后路氏名惠男建康人生武帝拜淑媛孝武立追尊太后

太宗后王氏瑯琊人廢帝尊爲太后

（齊）宣孝皇后陳氏名道正東陽人生高帝殂於建康縣舍高帝立追尊太后

太祖后劉氏名智容廣陵人后生太子及豫章王嶷宋泰豫元年殂後葬泰安陵

鬱林王妃何氏名婧英灊人鬱林王即位爲皇后帝被廢貶爲王妃

（梁）高祖貴嬪丁氏譙國人初產有神光之異故名令光生昭明太子統

（北魏）文成后李氏蒙縣人太武南征得之後入文成宮中生獻文帝拜貴人謚元皇后

隋煬帝后蕭氏梁明帝巋之女也煬帝嗣位爲皇后後亂流入突厥貞觀四年歸京師

唐憲宗后鄭氏丹陽人生宣宗及即位尊爲皇太后

後梁文惠后王氏碭山人少寡攜子傭食劉崇家太祖鎮宣武置酒爲壽啓曰有子爲節度使無忝先人也后曰汝可謂英特然行義未必如先人後追尊文惠太后

太祖后張氏碭山人生末帝后賢明精悍太祖剛暴亦畏之唐封魏國夫人後追謚皇后

宋英宗后高氏蒙城人英宗后生神宗及岐嘉二王神宗朝屢欲爲高氏營大第遷后弟士琳官皆不許哲宗嗣位尊爲太皇太后名用司馬光等罷熙寧新法之不便者有司請受册寶於文德殿后曰母后當陽非國家美事天子正殿豈所當御就崇政足矣人稱爲女中堯舜謚宣

仁

孝宗后謝氏丹陽人初爲貴妃成恭皇后崩因立爲后

明仁祖后陳氏盱眙人明太祖母也按御製世德碑云先考娶徐氏而祭外祖楊王文則陳姓也其楊王墳奉祀本姓李因外祖無嗣乃令易姓陳以續之泗盱志皆陳姓自有的據所云徐氏無考亦無封號姑以存疑

太祖后馬氏宿州閔子鄉人滁陽王郭子興初見太祖異之以撫養馬公女妻焉后慈仁恭儉與太祖起布衣同甘苦及貴太祖以武威治天下后濟以寛仁嘗前殿决事或震怒回宮后泣諫曰枉殺非國祚之福上多從之病劇不肯服藥太祖强之終不肯曰生死有命使服藥不瘳寧不以愛妾之故而殺諸醫乎帝痛悼終身不復立后謚孝慈

淑妃李氏霍丘人鎮國上將軍李傑女洪武甲子册爲妃攝宮中事高帝寢疾妃入侍帝

目妃妃日固知帝意在妾也遂入宮自縊

寧妃郭氏鳳陽人武定侯郭英女弟入宮進位爲寧妃攝宮中事

懿文皇太子元妃常氏開平王長女妃先卒諡敬懿建文即位追尊皇后

成祖后徐氏鳳陽人中山武寧王徐達長女歸成祖正位中宮諡仁孝

貴妃王氏蘇州人永樂七年册爲昭容尋封貴妃後薨諡昭獻

貴妃黄氏休寧人仁宗貴妃後進太妃諡莊靖

宣宗貴妃郭氏名愛鳳陽人賢而文宣宗聞之名入宮中二旬卒

淑妃劉氏鳳陽人左都督劉謙孫女宣宗妃

英宗后錢氏海州人正統七年册立後崩合葬裕陵

憲宗后王氏上元人中軍都督鎮之女初爲太子妃憲宗即位廢吳后立之後合葬茂

陵

武宗皇后夏氏上元人正德元年册立後世宗上尊號曰莊肅皇后

世宗貴妃王氏丹徒人性慧能詩後薨謚莊妃

懷宗皇后周氏蘇州人闖賊陷京城后死之